D1942569

1. PHILOSOPHIE

Was macht einen guten Garten aus? Und was eine gute Gärtnerin und einen guten Gärtner? Worauf kommt es dir beim Gärtnern an?

8. ERNTE

In einem Garten ernten wir mehr, als Obst und Gemüse: Glück, Gesundheit, Genuß und Gemeinschaft – wofür bist du dankbar?

WER TRÄUME VERWIRKLICHEN WILL, MUSS WACHER SEIN UND TIEFER TRÄUMEN

Karl Foerster, Staudengärtner und Gartenphilosoph

GÄRTNERN
FÜR EINE BESSERE WELT

RETTE DIE VIELFALT: EINE ANDERE WELT IST PFLANZBAR
DAS HANDBUCH FÜR IDEALISTEN UND GRÜNE HELDEN

VON ILONA KOGLIN UND MAREK ROHDE

KOSMOS

INHALT

PROLOG 6

PHILOSOPHIE 10

Das verlorene Paradies 12
Die Philosophie des Nichtstuns 15
Die neue Empfindsamkeit........ 18
Gelebte Allmende 19
Der größte Garten ist die Erde 21

Sepp Holzer: Das „Buch Natur“........ 13
Wolf-Dieter Storl: Ach, wie bist du schön 14
Christa Müller: Urbane Gartenbewegung 17
Monika Knebel: Heilsame Orte 20

ERDE 26

Auf dem Boden der Tatsachen 28
Humus schenkt Leben 30
Vom Boden zum Klimaschutz 32
Das neue Dorf im Waldgarten 35
Das Paradies zum Selbermachen 36

Edith Hammer: Geheimnisvolle Erde 29
Ralf Otterpohl: Die realistische Utopie 30
Haiko Pieplow: Schwarzes Gold 33
Schwester Christa: 1x1 der Bodenpflege 34

WASSER 42

Wasser und Pflanzen 44
Knapp und kostbar 46
Ozeane in Gefahr 47
Der Kreislauf des Wassers 48
Von der Idee zur Tat 50
Alles fließt! 53

Klaus Lanz: Wasser festhalten 45
Sarah Zierul: Wasser bewegt uns 46
Laura Allen: Nutze Wasser besser 49
Dorothée Waechter: Gieße mit Augenmaß...... 52

LUFT 58

Luft verbessern, aber wie? 60
Wetter beobachten 62
Klimazonen im Garten 64
Straße, Balkon und Wohnung 67

Marcel Langner: Es fliegt was durch die Luft.... 61
Edouard van Diem: Die Phänologie 62
Volker Kranz: Werde Klima-Meister 64
Conrad Amber: Stadtgrün steckt an 68

PFLANZEN 74

Mein Freund, der Giersch 76
Die Klimakrise 78
Grüne Wüsten 79
Wer die Saat hat, hat das Sagen 81
Wir sitzen alle im Glashaus 82

Heike Boomgaarden: Mach die Stadt lecker 77
Ursula Reinhard: Säe Buntes 80
Sarah Buron: Gärtnern ohne Gift 83
Reinhard Witt: Werde wild! 84

TIERE 90

Wollen, Wirken, Widersprüche 92
Zauberwort Naturgarten 95
Ein Plan für Vielfalt 96
Von Klein bis Groß 98
Wildes Leben lieben 101

Michael Schrödl: Wild, nicht giftig 93
Marja Rottleb: Tierreiche schaffen 94
Corinna Hölzer: Summ, summ, summ 97
Susanne Heine: Bio-vegan gärtnern 100

MATERIALIEN 106

Materialschlacht im Garten 108
Konstruieren statt konsumieren 111
Die verflixte Idee mit dem Müll 112
Recycling und Upcycling 113
Etwas für alle 117

Heiner Miller: Das Wunder Werkzeug 109
Svenja Nette: Machen statt kaufen 110
Ariane Krause: Energie für alle! 115
Manuela Barth: Teilen heißt Lernen 116

ERNTE 122

Gemüse aus Plastik 124
Supermarktmacht 127
Selbstversorgung macht stark 128
Wir ernten, was wir säen 131
Erntedank-Gedanken 132

Sebastian Copien: Genussvoll wachsen 125
Maria Hagmann: Balkon-Gärtnern 126
Hannelore Zech: Selbstversorger-Glück 129
Harald Lemke: Am Rande der Utopie 130
Anja Fiedler: Kultur pflanzen 133

REGISTER / MACH MIT! 139 / 144

PROLOG

EINE ANDERE WELT IST PFLANZBAR!

Was fühlst du, wenn du pure Natur erlebst? Wenn du siehst, wie Insekten von Blüte zu Blüte summen? Wenn dir bei einem Waldspaziergang auffällt, wie wunderschön die Sonnenstrahlen durch die Baumkronen fallen? Wenn du stehen bleibst, um eine bunte Blumenwiese zu bestaunen, die Rinde eines knorrigen, alten Baums zu berühren oder neugierig dem Treiben eines Ameisenhaufens zuzuschauen? Wenn du dem Rauschen des Windes in den Bäumen lauschst, dem Plätschern und Gurgeln eines Baches oder dem verheißungsvollen Zwitscherorchester der Vögel im Frühling? Läuft dir auch ein wohliger Schauer über den Rücken? Weitet sich dein Herz? Wirst du innerlich ganz ruhig und vergisst die Zeit? Bist du auch ergriffen bei dem Gefühl, dass das alles miteinander und mit dir in enger Verbindung steht? Uns geht es so. Deshalb waren wir auch sehr bedrückt, als wir für unser erstes Buch recherchierten und herausfanden, wie schlimm es tatsächlich um unsere Natur steht. Das Leben auf unserem Blauen Planeten ist in Gefahr, denn wir Menschen gehen schlecht mit ihm um. Obwohl wir selbst ein Teil davon sind. Wir vergiften die Böden, die Gewässer und die Luft. Wir verschwenden die Ressourcen und denken nicht daran, Kreisläufe zu bilden. Ja, wir beuten Tiere und Pflanzen aus, als wären sie kein Leben, das leben will. Trotz des massiven Artensterbens, der weitreichenden Folgen einer Klimakatastrophe und des gnadenlosen Raubbaus an allen natürlichen Ressourcen ändern wir nichts. Wir handeln so, als hätten wir unendlich viel Zeit, als sei der angerichtete Schaden noch überschaubar und als würden unser Wissen und unser Verstand alle Probleme lösen können. Doch wer sich wirklich damit auseinandersetzt, erfährt, dass wir jetzt gerade alles aufs Spiel setzen – insbesondere die Zukunft unserer Kinder und Enkel. Und das, obwohl wir heute schon ganz einfach einen Garten Eden auf Erden schaffen könnten: Die Menschheit weiß, wie sie so im Einklang mit der Natur leben könnte, dass alle auf der Welt ein gutes Leben hätten.

Was hält uns also davon ab? Warum ziehen wir nicht die Notbremse und richten uns neu aus? Warum lernen wir nicht von der Natur, die uns zeigt, wie es geht? Sie kennt keinen Müll. Sie ist ein riesiges, kooperierendes Netzwerk alles Lebendigen, indem doch alle ihren Platz haben. Diese Frage hat uns manchmal verzweifeln lassen und wir wollten dabei nicht stehen bleiben. Wir wollten herausfinden, wie es besser gehen kann. So haben wir uns in diesem Buch den großen globalen Entwicklungen zugewandt. Wir haben uns gefragt, was jede und jeder von uns im Alltag tun kann, um es besser zu machen. Das ist nicht banal und auch nicht sinnlos. Selbst wenn wir dadurch nicht gleich die ganze Welt retten können, wissen wir doch, dass alles im Kleinen beginnt, bei uns selbst. Bei unserer Recherche haben wir drei Krisen entdeckt, die zugleich auch unsere große Chance auf eine Veränderung sind. Eine Veränderung hin zu einer besseren Welt: Dem individuellen, sozialen und ökologischen Wandel. Jeder hat mit Gärtnern zu tun.

WACHSE ÜBER DICH HINAUS

Wir leben in einem globalen Gesellschaftssystem, in dem es um Geschwindigkeit geht, um Leistung und Selbstkontrolle. Ein System, das uns teilweise bis zum Äußersten fordert und immer mehr Menschen unglücklich, deprimiert, traurig oder sogar krank macht. Um zu bestehen, glauben viele, können wir uns keinen Stillstand leisten. Wir hetzen immer schneller durch das Leben und eine Welt, in der wir uns nur dann sicher fühlen, wenn wir uns und andere kontrollieren. Sich allein und abgetrennt von allem anderen zu fühlen, stößt uns als Individuum in eine innere Krise. All das entfremdet uns von uns selbst. Es tut sich eine Kluft in uns auf, zwischen dem Menschen, der wir glauben, sein zu müssen – und der Person, die wir eigentlich gerne wären.

Wozu bin ich eigentlich auf dieser Welt? Was gibt meinem Leben Sinn? Und was kann ich tun? Für Fragen wie diese bleibt heute oft keine Zeit. Doch um aus dieser Spirale auszubrechen, müssen wir uns Zeit nehmen, alleine mit uns selbst sein – am besten in der Natur. Wir müssen innerlich und äußerlich zur Ruhe kommen und uns tief im Inneren die Frage beantworten: Was möchte ich mit meinem Leben anfangen? Im Garten zu arbeiten kann dabei helfen. Denn Gärtnern kann Meditation und Entschleunigung sein. Sich mit den Pflanzen und Tieren im Garten zu beschäftigen und Fürsorge für andere zu haben, fördert die Fähigkeit, Verantwortung zu übernehmen, sich selbst als wirksam zu erleben und sich mit mehr Liebe zu begegnen. So kann die Natur zum Kleinod für die Seele werden – egal, ob auf der Fensterbank, dem Balkon oder einer Stadtbrache.

SÄE GEMEINSCHAFT

Wer sich selbst nicht kennt und schätzt, kann auch nur schwer eine echte Verbindung zu anderen aufbauen. Die individuelle Krise hat daher weitreichende Folgen für unser soziales Miteinander: Hierarchien und Konkurrenz durchziehen unser Miteinander. Immer mehr Bereiche in unserem Leben sind mittlerweile kommerzialisiert. Das schenkt uns scheinbar Unabhängigkeit und Freiheit. Doch der Preis ist, dass der soziale Zusammenhalt schwindet. Wo Geld im Spiel ist, verlieren wir Solidarität und Zusammenhalt: alles, was Freunde, Familie, Kollegen oder Nachbarn bislang einfach so ohne Gegenleistung füreinander getan haben. Längst ist unsere Gesellschaft in viele Gruppen zersprungen. Die Vorurteile, ja sogar Feindseligkeit, zwischen ihnen nehmen zu. Zwischen Jung und Alt, Arm und Reich, globalem Norden und Süden werden die Gräben immer tiefer. Der tägliche Kampf um's Dasein – real oder eingebildet – setzt sich in den Köpfen fest und fördert Angst und Misstrauen. Auch gegenüber den sozialen, politischen und wirtschaftlichen Systemen. Doch obwohl so große Probleme darauf warten, dass wir sie lösen, wenden viele ihren Blick ab und versuchen, wenigstens ihre eigene Gruppe zu schützen: ihre Familie, ihre Kinder, ihre Freunde und sich selbst. Doch wovor? Das haben wir uns ernsthaft gefragt. Denn was ist alle Sicherheit wert, wenn wir in Zukunft auf einem vergifteten, sterbenden Müllhaufen von Planeten wohnen? So kämpfen wir im Kleinen oft unerbittlich. Doch bei den großen Problemen sind wir stoisch – Problemen, die wir nur als Gemeinschaft lösen können.

Denn nur durch ein starkes Miteinander voller Vertrauen und gegenseitigem Respekt können wir uns den globalen Herausforderungen wie Klimakollaps, Artensterben, Übersäuerung der Meere oder dem Ende der Ressourcen stellen. Und auch hier kommt der Garten ins Spiel. Denn er ist nicht nur ein privates Refugium, er ist auch ein Lernort für Gemeinschaft. Wer gärtnert, braucht Kooperation, Vertrauen und soziale Kompetenz. Nicht nur den Tieren und Pflanzen gegenüber, sondern auch den Menschen. Denen, die man gut kennt, aber vielleicht auch mal denen, die man nicht so gut kennt. Das sind Dinge, die wir oftmals erst wieder lernen müssen. Ein Gemeinschaftsgarten ist dafür der ideale Ort. Durch gemeinsames Kümmern, Hegen und Pflegen, durch Tauschen, Teilen und Reparieren. Doch auch in einem Privat- oder Schrebergarten sind Nachbarn oft die idealen Partner für Kooperationen und Austausch.

IM ÖKOLOGISCHEN GLEICHGEWICHT

Kooperation findet in einem Garten aber nicht nur zwischen Menschen statt, sondern überall. Während du diese Zeilen hier liest, drehst du dich zum Beispiel mit rund 1.670 Kilometern pro Stunde um die Achse der Erde. Das sind 464 Meter in der Sekunde. Zur gleichen Zeit bewegt sich der Planet mit 30 Kilometern pro Sekunde um die Sonne. Beide zusammen legen sage und schreibe 220 Kilometer pro Sekunde auf ihrem Weg um das Zentrum der Milchstraße zurück. Und dennoch merken wir davon – nichts! Du kannst auf einer Blumenwiese, eine Blume betrachtend, in vollkommene Ruhe und tiefsten Frieden versinken, während du mit Billionen anderer Lebewesen gemeinsam durch das Weltall rauschst. Der Blick eines Astronauten aus dem Weltraum auf unseren Globus zeigt, wie einzigartig unser Planet in seiner Gastfreundschaft Leben aufnimmt und beschützt. Nur ein paar Grad Celsius mehr, nur eine etwas andere Zusammensetzung der Atmosphäre, nur ein geringes Schrumpfen lebenswichtiger Zonen, nur eine ausgestorbene Tierart mehr – und diese hochkomplexe und doch so filigrane Symbiose des Lebens könnte für immer vorbei sein. Und obwohl wir das wissen, machen wir einfach weiter mit unserer unbändigen Zerstörungswut. Eigentlich unbegreiflich. Und doch nachvollziehbar. Denn je mehr wir uns von uns selbst und unseren Mitmenschen entfernen, desto fremder wird uns auch die Natur – die Natur um uns herum und so auch unsere eigene.

DIE MACHT DER KLEINEN SCHRITTE

Viele Menschen denken daher angesichts so gewaltiger Entwicklungen wie dem Klimakollaps oder Artensterben, dass sie als Einzelne ohnehin nichts ändern können. Aber das ist falsch. Wir sehen bloß nicht mehr, dass wir eine große Gemeinschaft sind, auf vielfältige Weise miteinander verbunden. Wir alle verändern die Welt ohnehin schon jeden Tag aufs Neue. Jede Entscheidung, die wir – als Konsumentin oder Konsument, als Verbraucherin oder Verbraucher, als Mensch – treffen, hat weitreichende Folgen, irgendwo auf der Welt. Nicht wenige unserer Interviewpartnerinnen und -partner haben daran gezweifelt, dass ein kleiner Garten allein genug Veränderungspotenzial hat angesichts der dramatischen Lage unseres Planeten. Wir selbst haben uns das auch immer wieder gefragt. Und doch sind wir zu dem Schluss gekommen, dass wir uns das naturnahe Gärtnern als Lösungsansatz für globale Krisen nicht kleinreden lassen sollten. Selbst wenn klar ist, dass niemand die drei Krisen alleine lösen kann, so verändert so ein Garten doch nicht nur uns, sondern auch unsere unmittelbare Umgebung in einem Ausmaß, das wir in der Regel nicht überschauen können. Es macht einen Unterschied, ob wir Tieren in unseren Gärten einen Lebensraum bieten. Ob wir selten werdende Wild- und Nutzpflanzen anbauen oder ob wir mit Materialien, Ressourcen und Energie so sparsam umgehen, dass – würden alle dies tun – für unsere Kinder und Enkel ausreichende Lebensgrundlagen übrig blieben. Und es macht einen Unterschied, ob wir darüber mit anderen reden oder nicht. Denn alles ist miteinander verwoben. Alles hat Folgen, gute oder schlechte. Und so können wir in unserem eigenen kleinen Gärtchen erproben, was wir im größten aller Gärten tun sollten, den wir kennen: unserer Erde.

PARADIESISCHE AUSSICHTEN

Erfreulicherweise gibt es bereits auch schon sehr viele praktische Beispiele für den Wandel. Das zeigen etwa die Urban-Gardening-, die Do-it-yourself-, die Commons- und die Open-Source-Bewegungen weltweit. Millionen von Menschen überall auf der Erde haben schon viele tolle Ideen, Projekte und Methoden entwickelt, mit denen sich leicht und jetzt sofort die Welt ein Stückchen besser machen lässt. Viele davon stellen wir in diesem Buch vor und wir laden dich natürlich ein, mitzumachen und selbst zu der Veränderung zu werden, die du dir wünschst. Sie alle haben uns Mut gemacht und gezeigt, dass wir Menschen – trotz all der schlimmen Dinge, die wir hervorrufen – im Grunde keine zerstörerische Spezies sind. Wir werden nicht wütend, feindselig, gedanken- und gefühllos geboren. Und wir können uns unsere Sehnsucht nach Frieden und Glück, Gemeinschaften und ein Leben im Einklang mit der Natur erfüllen, wenn wir unsere Kreativität, unsere Fantasie, unsere Beobachtungsgabe, unser Einfühlungsvermögen und unsere Kooperationsfähigkeit entwickeln.

Stelle dir nur mal vor, wie es wäre, würden wir überall in großer Zahl öko-sozial gärtnern, unsere Städte begrünen, essbare Areale schaffen, Orte für Insekten, Bienen, Vögel und diverse andere Tiere. Was wäre, wenn wir all die Parks und Stadtbrachen, die Dächer und Parkplätze, die Verkehrsinseln und Schrebergärten, die Balkone und Fensterbretter dazu nutzen würden, um unsere Welt zu renaturieren, sie also in ihren ursprünglichen Zustand zurückzuversetzen? Wenn wir aus unseren Städten grüne Oasen machen würden, in denen heimische Pflanzen wachsen, in denen Tiere Rückzugsräume finden? Und wie würde sich das auf unsere Landwirtschaft auswirken – derzeit leider der Klima- und Artenkiller Nummer eins? Würden wir es weiterhin akzeptieren, dass Tiere und Pflanzen in grausamer Massenhaltung dahinvegetieren? Würden wir uns weiterhin mit künstlichen und ungesunden Lebensmitteln zufriedengeben? Oder würden wir nach Alternativen suchen – wie zum Beispiel mehr Selbstversorgung, Foodcoops, Solidarische Landwirtschaft oder Selbsternte-Äcker?

ES GEHT NUR GEMEINSAM

Wir leben in einer Zeitenwende. Einer Epoche unserer Geschichte, in der wir die Weichen für die Zukunft wahrscheinlich unwiderruflich stellen. Welchen Weg wollen wir gehen? Wollen wir in eine Welt hetzen, die bald nicht mehr bewohnbar ist? Oder wollen wir gemeinsam die Kurve kriegen, ein Leben in Einklang mit uns und der Natur finden? Wollen wir eine Welt, die wir ohne Schuld und Scham an unsere Nachkommen übergeben können? Eine rhetorische Frage? Sicher. Dennoch müssen wir sie stellen, denn viele Ablenkungen und Ausreden halten uns davon ab, die Antwort tatsächlich konsequent zu durchdenken. Es reicht eben nicht, an der Supermarktkasse mit dem Jutebeutel einzukaufen. Es reicht nicht, hin und wieder mal eine Naturschutzorganisation zu unterstützen. Es reicht nicht, die Welt nur ein bisschen zu retten. Nebenbei und wenn es nicht zu viel Zeit, Geld und Bequemlichkeit kostet. Eine bessere Welt ist zum Greifen nah, wenn wir Menschen uns unserer größten Stärke besinnen. Einer Stärke, die uns jahrtausendelang beim Überleben geholfen hat: Die Fähigkeit im Einklang mit der Natur zu leben. In ihr nicht eine Ressource, Naturkapital oder eine Ökosystemdienstleistung zu sehen – sondern in jeder Pflanze, in jedem Tier einen Verwandten auszumachen. Ein Leben, das leben will, wie wir. Die Geschichte zeigt, das wir dazu fähig sind. Wir müssen uns nur wieder daran erinnern und dann … einfach damit beginnen. Eine bessere Welt ist pflanzbar! Davon sind wir überzeugt. Machst du mit?

Ilona Koglin und Marek Rohde
Hamburg, Juni 2018

SO NUTZT DU DIESES BUCH

Du kannst dieses Buch auf drei Arten nutzen: Erstens liefert es dir als **Nachschlagewerk** übersichtlich Fakten, Hintergrundwissen und Ideen rund um alles, was globale Entwicklungen mit dem verbindet, was du lokal in deinem Garten, auf deinem Balkon, deinem Fensterbrett oder in deiner Nachbarschaft tun kannst. Als Zweites ist dies ein **Lesebuch** über unsere eigenen Gartenerfahrungen und die utopischen Gedankenspaziergänge, die wir dabei manchmal unternehmen. Wir hoffen, sie inspirieren dich zum Nachdenken. Außerdem findest du in jedem Kapitel Botschaften von erfahrenen Vordenkerinnen und Vordenkern sowie Praktikerinnen und Praktikern. Und drittens ist das Buch ein **Ratgeber**. Die Aktionen in den Kapiteln zeigen dir Schritt für Schritt, wie du die Welt gärtnernd Stück für Stück ein bisschen besser machen kannst. Dabei haben wir immer wieder darüber nachgedacht, wie du über die offensichtlichen Gartentätigkeiten hinaus auch all das hinterfragen kannst, was dein Bewusstsein über dich, die anderen Menschen und die Natur im Allgemeinen betrifft. In jedem Kapitel findest du daher auch immer mindestens eine Anleitung für eine Achtsamkeitsübung in diesem Bereich.

Und schließlich ist dieses Buch ein Teil der Initiative „Und jetzt retten WIR die Welt!“. Deshalb findest du etliche Aktionen in multimedialer Form auch auf der Website **jetztrettenwirdiewelt.de**. Bei den Aktionen gibt es dann immer einen Link zu den entsprechenden Unterseiten. Außerdem kannst du dich über die Webseite mit uns und anderen Menschen austauschen und deine Erfahrungen einbringen. Wir hoffen, du bist mit dabei, denn: Eine bessere Welt ist pflanzbar!

DEIN WANDEL

Aktionen mit diesem Zeichen zeigen dir neue Perspektiven auf dich und die Welt. Sie helfen vor allem, dich selbst zu verändern und dich für Neues zu öffnen.

SOZIALER WANDEL

Wenn du dieses Symbol siehst, geht es darum, die Gemeinschaft zu fördern. Hier geht es um Kooperation, Vertrauen, Solidarität und Mitgefühl.

ÖKOLOGISCHER WANDEL

Aktionen mit diesem Icon zeigen dir, wie du durchs Gärtnern etwas für den Schutz von Artenvielfalt, Klima und Ressourcen tun kannst.

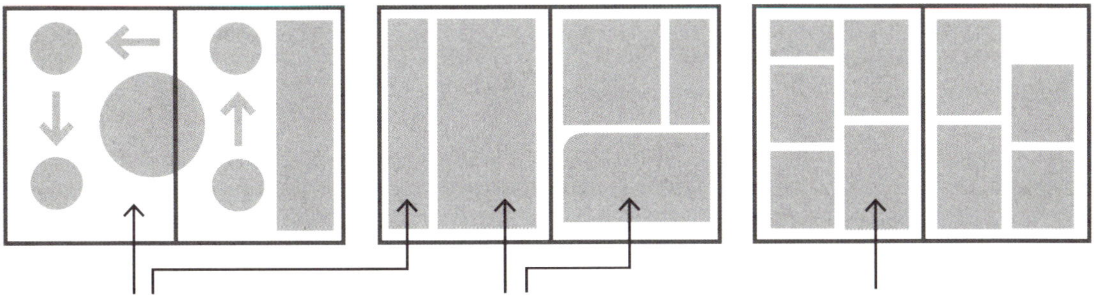

NACHSCHLAGEN

Infografiken und Linktipps helfen dir, Zusammenhänge schnell zu erkennen und passende Ideen für lokale Lösungen globaler Probleme zu entdecken.

NACHDENKEN

Warum lohnt sich die Mühe der Veränderung? Viele Anekdoten, Gespräche und Erlebnisse zeigen dir, wieso es so erfüllend ist, eine bessere Welt zu säen.

MITMACHEN

Viele Aktionen und Anleitungen helfen dir, ökologisch und fair zu gärtnern. Am Ende jedes Kapitels gibt es eine Doppelseite, die dir hilft, das Gelesene anzuwenden.

DIE VÖGEL
Eine von sieben Vogelarten ist vom Aussterben bedroht.
BIS 15 MILLIONEN
Tier- und Pflanzenarten gibt es nach Schätzungen auf unserem Planeten.
2 MILLIONEN
Tier- und Pflanzenarten sind bereits beschrieben. Davon kommen 78 % vom Festland, 17 % aus dem Wasser und 5 % leben als Parasiten oder Symbionten.
SÄUGETIERE
Eines von vier Säugetieren ist vom Aussterben bedroht.
FISCHE
93 % der Fischbestände im Mittelmeer sind überfischt.
DIE ARTENVIELFALT
ist zwischen 1970 und 2011 um 52 % zurückgegangen.

PHILOSOPHIE

VOM GARTEN EDEN: EINE ANDERE WELT IST PFLANZBAR!

Wir sitzen am Küchentisch und schauen durch das große Fenster über die Terrasse in den Garten. Die Wintersonne schickt ihre tief stehenden Strahlen über die große Wiese und das Staudenbeet, die still und mit Raureif überzogen in der Mitte unseres Gartens liegen. Die Grashalme, die Zweige und die vertrockneten Staudenstängel stehen alle steif da in ihrem frostigen Kleid und warten mit uns auf den Frühling. Wir sitzen im Warmen und planen das nächste Gartenjahr: Im hinteren Teil, dort, wo die Kompostmieten stehen, soll noch ein Insektenhotel hin. Auf der Wiese wollen wir hinter den Obstbäumen eine neue Wildblumenwiese anlegen. Rechts daneben wollen wir auf der Wiese das Moos in Schach halten. Das Hochbeet, das zwischen Wiese und Teich liegt, muss erneuert werden. Und wenn man am Teich vorbei aufs Haus hin zuläuft – wo links die große, alte, ehrwürdige Tanne steht und rechts der Schuppen – dort müssen wir unbedingt dem wild wuchernden Haselnussstrauch Einhalt gebieten. „Wozu nur die ganze Mühe?“, fragen wir uns. Sicher, ein Obst- und Gemüsegarten scheint darauf eine einfache Antwort zu geben: wegen der Ernte. Wir gehen den Katalog mit dem Saatgut durch und notieren, was wir uns für die kommende Saison Leckeres wünschen. Der Winter hat für Gärtner so seine ganz eigene Atmosphäre. Er hat etwas Verheißungsvolles. Wir verlieren uns in Planungen und warten mit Ungeduld und Sehnsucht auf den Frühling.

Und offensichtlich teilen immer mehr Menschen unsere Begeisterung. Auch sie wollen wissen, wie Obst und Gemüse aussieht, wenn es wächst. Wie es schmeckt, wenn man es selbst erntet. Von den mehr als 55 Millionen Menschen in Deutschland mit Garten oder Terrasse baut laut Umfragen jeder Zweite selbst Obst, Gemüse oder Kräuter an – junge Menschen genauso wie alte. Schrebergartenvereine – lange Zeit das Klischee spießiger Kleinkariertheit schlechthin – haben mittlerweile Wartelisten voll von jüngeren, ganz und gar nicht spießigen Menschen mit Kindern oder ohne. In allen Städten sprießen Stadt- und Gemeinschaftsgärten zwischen Asphalt, Glas und Beton: Hochbeete breiten sich in Parks, auf Parkplätzen, Dächern und Stadtbrachen aus. Dienstleister wie „meine ernte“ vermieten ihre Äcker parzellenweise an Städterinnen und Städter, die ihr eigenes Gemüse großziehen wollen – inklusive Hilfe bei der groben Arbeit und der Aufzucht der Pflänzchen. Andere schließen sich zu einer Solidarischen Landwirtschaft zusammen. Das ist ein Bauernhof, den eine Gemeinschaft von Menschen finanziert, die anschließend die Ernte unter sich aufteilt. Mit anpacken auf dem Acker ist dabei zwar kein Muss, aber möglich. Selbst auf kleinster Fläche möchten sich immer mehr Menschen zumindest ansatzweise selbst versorgen und natürliche Kreisläufe herstellen: Vielerorts gibt es bereits Kurse für das biologische Gärtnern am „Extremstandort" Balkon. Für Zimmergärten und Fensterfarmen finden Interessierte über das Internet weltweite Gemeinschaften mit hilfreichen Tipps und Open-Source-Anleitungen. Ja, es gibt Schätzungen, dass mittlerweile jede zweite in Deutschland verspeiste Tomate in einem Hobbygarten groß geworden sein soll! Das motiviert uns.

„Doch die Ernte allein kann nicht der Grund sein, warum so viele Menschen diese im Grunde doch anstrengende und monotone Arbeit auf sich nehmen", überlegen wir und vergleichen unser mühevolles Ackern im Garten mit dem entspannten Schlendern über den Wochenmarkt. Hier wartet doch biologisch angebautes Obst und Gemüse vom Bauern um die Ecke in Hülle und Fülle auf uns. Wieso also den Feierabend und die Wochenenden für das bisschen Ertrag opfern? Nein, hinter der ganzen Gartenlust steckt wohl auch großer Frust. „Gärten haben ja schon immer gezeigt, welches Verhältnis wir Menschen zur Natur haben", finden wir. Ein Blick in die Geschichte der Gartenkunst zeigt: Der Bauerngarten sollte der Natur vor allem so viel Essbares wie möglich entlocken, der barocke Garten den absolutistischen Herrschaftsanspruch des Menschen über die Natur zeigen. Der Englische Garten drückte die romantische Sicht der Menschen auf eine verwunschene Natur aus und der Moderne Garten sollte uns vor allem Raum für Erholung und Vergnügen schenken. Und heute? Heute scheint es uns, also ob naturnahe und urbane Gärten geradezu politisch Stellung beziehen. In einer Zeit der Agrarindustrie mit ihren Giften und Monokulturen, dem Artensterben und weltweiten Raubbau an so gut wie allen Ressourcen scheinen die so dringend notwendigen Lösungen außerhalb unserer Reichweite zu liegen. Haben sich Wirtschaft und Politik selbst Schach matt gesetzt? Keiner scheint zu wissen, wie man die zerstörerische Maschinerie, die wir Fortschritt nennen, anhalten kann. Für viele bleibt ein Garten damit als ein konkretes und praktisches Projekt übrig, mit dem sich zeigen und erfahren lässt, wie es besser gehen könnte. „Ist das zu banal, dieser Rückzug ins Private, zu naiv?", wir schauen uns an. Vielleicht. Doch die Veränderungskraft, die von diesen Gärtnerinnen und Gärtnern, ihren Oasen der Vielfalt ausgeht, könnte größer sein, als zunächst vielleicht vermutet.

DAS VERLORENE PARADIES

Gärtnern bedeutet nicht einfach nur Hochbeete zu errichten, Setzlinge auszupflanzen und Gemüse zu ernten. Gärtnern ist heute auch der Versuch, unser Verhältnis zur Natur neu zu erproben. Unsere unvorstellbare Entfremdung von der Natur irgendwie zurückzudrehen. „Menschen gärtnern heute nicht nur, um Essbares zu ernten und Schönes zu sehen", begreifen wir. „Sie wollen auch wieder zurückholen, was die Menschheit über Jahrhunderte an Fruchtbarem zerstört, an Wildem begradigt und an Lebendigem beseitigt hat." Wir gießen uns eine Tasse Tee ein und denken an Menschen, die zeigen, was sich so bewegen lässt. An den österreichischen Bauern Sepp Holzer zum Beispiel, der mit seinen ungewöhnlichen Anbaumethoden auf

1987
19. Dezember

2007
16. Oktober

2017
2. August

DIE ERDÜBERLASTUNG

Der Erdüberlastungstag zeigt an, wann wir die Ressourcen aufgebraucht haben, die die Natur pro Jahr kompensieren kann. Dann nutzen wir mehr von Feldern, Wäldern, Gewässern, Tieren und Fischgründen, als nachwachsen kann. 2018 war der Erdüberlastungstag von Deutschland der 2. Mai. overshootday.org

1,7 GHA
Nachhaltig

2,9 GHA
Ø Welt

5,5 GHA
Ø Deutschland

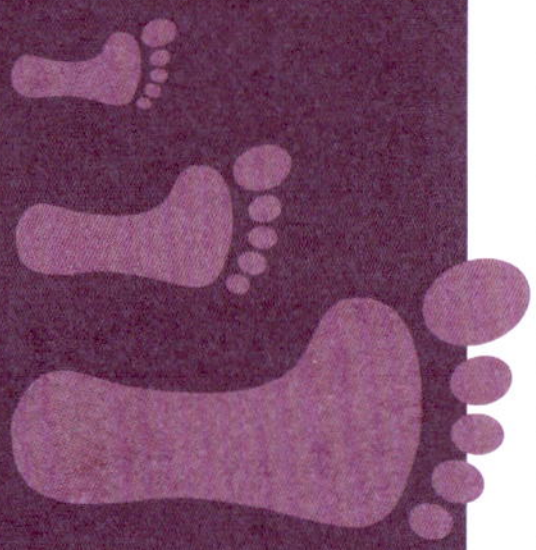

AKTION

DEIN FUSSABDRUCK

15 MIN. LEICHT

Der ökologische Fußabdruck umfasst alle Ressourcen des täglichen Lebens. Die Maßeinheit ist der globale Hektar (gha), die biologisch produktive Fläche. Berechne deinen Fußabdruck, vergleiche ihn und überlege, wie du ihn verringern könntest: fussabdruck.de

DAS „BUCH NATUR“

EIN GUTER GÄRTNER MUSS DIE NATUR LESEN KÖNNEN. WIE DAS GEHT, SAGT AGRAR-REBELL SEPP HOLZER

Das Wichtigste ist aus meiner Sicht, dass ein Gärtner in der Natur lesen lernt. Dass er fühlt, spürt, riecht und weiß, wie Natur funktioniert. Es ist in der Natur überall genug vorhanden. Wir müssen nur richtig mit ihr kommunizieren, um zu verstehen, wo was mit wem gedeiht. Dann braucht ein Gärtner beispielsweise keine Erde kaufen. Umfangreiche Arbeiten oder Vorbereitungen sind unnötig. Wichtig sind dagegen die richtigen Symbiosen. Verschiedene Pflanzen brauchen zu unterschiedlichen Zeiten verschiedene Nährstoffe. Kommen die richtigen Pflanzen zusammen, können sie sich wechselseitig fördern und schützen.

Wenn wir die Natur übernutzen und ausnutzen, ist das nur kurzzeitig ein scheinbar größerer Erfolg. Alles, was wir in den Boden einbringen, macht die Pflanze abhängig und die Tiere ebenso. Und dann ist die ganze Chemie und Belastung im Fleisch, im Gemüse oder in der Frucht. Das sind dann keine Lebensmittel mehr, die ja zugleich auch unsere Medizin sein sollten – und das auch sind, wenn wir sie richtig anbauen, ernten und verwenden. Doch die Leute merken gar nicht mehr, wie schlecht ihre Nahrungsmittel größtenteils sind, weil sie den Bezug zur Natur vollkommen verloren haben.

Unser größtes Problem ist, dass die meisten Menschen verlernt haben, im „Buch Natur“ zu lesen. Wir müssen der Natur wieder vertrauen und nicht denken, dass wir gescheiter wären. Das „Buch Natur“ ist immer weit aufgeschlagen. Es kostet mich nichts und es ist immer da. Um es zu lesen, muss ich nur hinausgehen und hinschauen und nachdenken: Wie funktioniert die Erde und das Leben? Um das zu erkennen, gibt es ein einfaches Patentrezept: Versetze dich in dein Gegenüber. In den Regenwurm zum Beispiel oder in die Pflanze oder in das Tier oder in den Menschen. Und frag dich dann: Wie würdest du reagieren, wenn du an seiner Stelle wärst? Wie wäre es, wenn man mit dir so umgehen würde? Wenn du zum Beispiel an diesem Ort als Pflanze stehen würdest, hättest du dann genug Feuchtigkeit? Stimmt deine Nachbarschaft? Hast du Partnerpflanzen um dich, die für dich da sind und nicht gegen dich?

Doch die Menschen nehmen keine Rücksicht. Vor lauter Gier, Geiz, Missgunst und Dummheit zerstören wir so vieles mutwillig. Das ist das ganz große Problem, das wir haben. Der verantwortungslose Umgang miteinander. Da kämpfen die Menschen dann einer gegen den anderen und jeder schiebt die Schuld dem anderen zu. Anstatt dass jeder sie bei sich sucht und Fehler nicht mehr macht. So entsteht Streit und dann geschieht genau das Gegenteil. Immer mehr Menschen werden abhängig und haben Angst. Denn es geht ja nicht nur bei den Pflanzen und Tieren um Symbiose, sondern bei uns allen. Um ein gedeihliches Miteinander von Menschen, Tieren, Pflanzen und der ganzen Natur. Die Menschen müssen erkennen, dass sie in der Natur nichts verbessern können. Sie können sie nicht bekämpfen, sie müssen sie begreifen. Wenn wir alle im „Buch Natur“ lesen könnten, dann würden wir über Nacht im Paradies leben.

Sepp Holzer wird auch Agrar-Rebell genannt und zeigt, dass Landwirtschaft durch Naturbeobachtung besser funktionieren kann. **seppholzer.at**

Wolf-Dieter Storl ist Ethnobotaniker und Kulturanthropologe und hat in seinem Leben ein tiefes Verständnis für die Natur erworben. In seinem Selbstversorgergarten setzt er diese Weisheiten um und gibt sie auch in Workshops weiter. **storl.de**

1.100 bis 1.500 Metern Seehöhe ein symbiotisches Paradies erschaffen hat, indem sogar Kiwis wachsen. Wir denken an Gemeinschaften wie den Kulturenergiebunker in Hamburg, der nicht nur einen Stadtgarten mit Kultur- und Lehrprogramm gegründet hat, sondern auch dafür kämpft, den benachbarten (leer stehenden) Bunker zu einem energieautarken Kulturraum umzubauen. Und wir denken an die Anwohner eines ganzen Stadtteils in San Francisco, die eine ehemalige Autobahnauffahrt in die städtische Hayes Valley Farm umgewandelt haben. Es gibt unzählige solcher Beispiele auf der ganzen Welt. Das alles kann nicht ohne Folgen bleiben! Ein Forscherteam aus Bologna schätzt zum Beispiel, dass die Dachflächen der Stadt ausreichen würden, um fast 80 % des Gemüses anzubauen, das die Stadtbewohner und -bewohnerinnen essen. Das würde 624 Tonnen CO_2 einsparen – und in dieser Zahl sind weder die klimaschädlichen Gase enthalten, die durch die weggefallenen Transporte eingespart werden könnten, noch die Energie für Klimaanlagen, die sich aufgrund der Kühlung durch die Dachbegrünung einsparen ließe. Wir lehnen uns in unseren Stühlen zurück, schließen die Augen und versuchen, uns vorzustellen, wie das wohl konkret aussehen würde (probier das doch auch gleich mal aus): Wäre eine solche Stadt voller Gärten nicht einfach wunderschön? Würde es dich nicht freuen, wenn du dein Obst und Gemüse frisch aus dem Hinterhof, vom Dach oder dem Stadtgarten um die Ecke holen könntest? Wärst du nicht glücklich, wenn du auf all den Verpackungsmüll verzichten könntest? Wie erholsam wäre es, wenn die Straßen frei vom Lärm und von den Abgasen der Transport-LKWs und Autos wären – und die vielen

ACH, WIE BIST DU SCHÖN

ÜBER DIE INNIGE BEZIEHUNG VON MENSCH UND NATUR

Eine echte Verbindung mit der Natur entsteht auf allen Ebenen. Das ist eine körperliche, eine somatische Begegnung mit allen Wesen. Wer barfuß läuft, den Boden fühlt, die Luft riecht und die Muskeln nutzt, um auf Bäume zu klettern erlebt, dass wir Teil der Natur sind. Dann kann man sich öffnen und erfahren, dass die Natur, die Pflanzen uns sagen, was zu tun ist. Doch viele sehen die Natur heute nur als Gegenstand. Als etwas, was uns getrennt von uns gegenüber steht und sich beobachten und analysieren lässt. So etwas lernt man in der Schule. Wer aber die Erde um sich herum bewusst wahrnimmt und weniger abstrakte Gedanken im Kopf hat, wie viele indigene Naturvölker oder auch Indianer, wird dadurch sehr naturweise. Das kann jede und jeder auch beim Gärtnern lernen. Doch dazu sind wir meist viel zu schnell unterwegs. Wir rasen durch unser Leben wie auf einer Autobahn. Die Welt ist nur so ein verwischtes Grün. Doch Pflanzen sind langsam und nur wenn wir uns verlangsamen, öffnet sich diese Welt. In unserem Garten mache ich daher alles von Hand. Das ist viel Arbeit, doch so sehe ich die Regenwürmer und ich fühle den Boden und ich erkenne, was er braucht. Das ist eben etwas ganz anderes, als wenn ich mit einer Maschine schnell drübergehe.

Wer sich die Zeit nimmt, sich seelisch und physisch zu verbinden, tut sich und der Natur etwas Gutes. Das geht nämlich in beide Richtungen – die Natur lehrt und nährt uns körperlich und seelisch. Aber wenn wir die Natur mit liebevollen Augen anschauen, stärken wir auch sie. Es gibt heute die Vorstellung, dass wir Menschen die Natur brauchen, aber sie uns nicht. Das ist völlig daneben. Wir sind Teil des Ganzen und wir haben darin eine wichtige Rolle: Wir sind die Natur, die sich ihrer selbst bewusst ist. Es ist die Natur selbst, die durch uns sagt: „Ach, wie bist du schön."

Pflanzen die Luft stattdessen frisch und duftend machen würden? Wäre es nicht schön, gemeinsam mit anderen ungeachtet sozialer Hierarchien, Religionen oder Biografien, einfach nur von Mensch zu Mensch, über das Gedeihen der Radieschen zu reden? Und wärst du nicht auch stolz zu sehen, dass du deine Welt ganz konkret mitgestalten kannst?

„Ja, das wäre schon eine Utopie, für die sich die Mühe lohnt", meinen wir. Aber noch sitzen wir bequem. Die harte Arbeit wartet noch auf uns: Wir müssen Pflanzen säen und großziehen, an trockenen Tagen die Gießkannen durch den langen Garten schleppen, das Schuppendach erneuern ... Wir notieren, was zu tun sein wird, und überlegen, dass es aber nicht nur darum geht, städtisches Leben anders zu denken. Es geht um mehr. Viel mehr. Es geht darum, dass wir Menschen die Natur überhaupt wieder sehen und verstehen lernen. Und auch uns selbst als einen Teil von ihr. Viel zu lange haben wir nun schon gedacht, dass wir etwas davon Abgetrenntes sind. Dass wir über der Natur stehen oder bestenfalls daneben. Dass wir von außen beobachten und abwägen könnten, wie das Ganze immer weiter zu optimieren sei. „Dabei rasen wir mit 150 Stundenkilometern durch die Landschaft und haben verlernt zu sehen, mit welcher Eleganz sich ein Grashalm unter dem Gewicht eines kleinen Käfers biegt", denken wir. Ein Garten zeigt uns all das.

DIE PHILOSOPHIE DES NICHTSTUNS

Ein Garten lehrt uns, dass uns Kooperation, Verbundenheit und Fürsorge sehr viel weiterbringen. Denn ein Garten verändert sich ständig. Laufend wächst irgendetwas oder stirbt und verrottet. Unablässig ist man als Gärtner dabei, ein Stück Land so zu beackern, dass es das bleibt, was man sich wünscht – ein kleines Paradies. Dabei weiß jeder, der jemals einen Garten hatte: Je mehr die Vorstellung vom Paradies von dem abweicht, was natürlich ist, desto härter die Arbeit. Die Gärtner der Rosen-Rasen-Koniferen-Fraktion haben deshalb auch alle Hände voll zu tun, um die Erde in ihren Beeten kahl und die Rasenmonokultur frei von „Unkräutern" zu halten. Mit chemischem Dünger, Insekten- und Pflanzenvernichtungsmitteln schaffen sie sich leider viel zu oft scheinbar Entlastung. Wohin das führt, das können wir in der Landwirtschaft in großem Maßstab längst schon sehen: Die menschengemachten Ökosysteme aus Monokultur und Chemie funktionieren nirgends. Am Ende stehen wir vor ausgelaugten Böden, verarmter Flora und tierleeren Flächen.

Natur strebt zu Vielfalt und Gleichgewicht. Sie hat über Jahrtausende bewiesen, dass sie unglaublich viel Leben auf unserem Planeten hervorbringen kann. „Sie ständig davon abzuhalten, ist mühsam und anstrengend", überlegen wir. Und es ist eben auch unnatürlich. Nichts zu tun und den Garten einfach mal sich selbst entwickeln zu lassen – zumindest in Teilen – ist so gesehen sehr viel besser. Wir legen den Stift beiseite, schauen uns unsere bisherigen Überlegungen an und uns fällt der Landwirt, Pflanzenpathologe und auch „Lao-tse unserer Zeit" genannte Masanobu Fukuoka ein. Nach einer Vision verließ der Japaner mit 25 Jahren seinen sicheren Posten als Zollinspektor

AKTION

NATUR ERKUNDEN

30 MIN. LEICHT

Geh in die Natur und entdecke sie mit Achtsamkeit: Such dir einen schönen Ort, an dem du gerne stehst.

1. AUF AUGENHÖHE
Dreh dich dort ganz langsam um deine Achse und beobachte deine Umgebung, als sähst du sie zum ersten Mal. Nimm dir dafür mindestens eine Minute Zeit.

2. IM HIMMEL
Dreh dich noch einmal ganz langsam um dich selbst. Richte deinen Blick dabei gen Himmel. Nimm die Formen, Strukturen und Farben wahr, als hättest du das noch nie zuvor gesehen.

3. AM BODEN
Dreh dich ein drittes Mal um deine Achse und betrachte den Boden vor deinen Füßen. Spüre, wie du ihn berührst und wie dich die Schwerkraft auf der Erde hält.

4. IM KLANGRAUM
Dreh dich nun ein letztes Mal langsam um dich selbst. Schließe die Augen und lausche auf die Klänge um dich herum: Welche sind neu? Welche schon Jahre, Jahrzehnte oder Jahrhunderte alt?

STUFE 4
Erst jetzt kann echte Gemeinschaft entstehen.

STUFE 1
Konflikte werden ignoriert, alles ist scheinbar harmonisch.

STUFE 3
In der Phase der Stille entsteht tiefes Verständnis.

STUFE 2
In der Chaos-Phase brechen Konflikte auf, es gibt Machtkämpfe.

Der Psychologe Scott Peck hat vier Phasen der Gemeinschaftsbildung identifiziert. gemeinschaftsbildung.com

AKTION

GEMEINSCHAFT SÄEN

1,5 STD. SCHWER

Menschen eines Gemeinschaftsgartens sollten sich überlegen, wodurch Gemeinschaft wächst. Beantwortet folgende Fragen:

ZIELE UND WERTE
Welche Ziele und Werte hat die Gemeinschaft?

GEMEINSCHAFT
Welche Form von Gemeinschaft soll es geben? Wie ist Teilhabe möglich?

KOMMUNIKATION
Wer bestimmt die Kommunikationsregeln? Wie entscheidet die Gemeinschaft und wie löst sie Konflikte?

NACHHALTIGKEIT
Was ist Nachhaltigkeit? Ist dieses Thema überhaupt zentral?

LERNEN
Wer will was im Garten lernen?

TIPP: Die Münchner Stiftung anstiftung bietet Beratung, Webinare und weitere Praxistipps.

und widmete sich der Landwirtschaft als spirituellem Weg. Über 50 Jahre lang entwickelte er die natürliche Landwirtschaft des „Mu", also des buddhistischen Nichtstuns. Anstatt ständig neue wissenschaftliche Methoden, Mittel und Maschinen einzusetzen, fand er nach und nach heraus, was er alles weglassen, der Natur überlassen und wie er dennoch zu besseren Ergebnissen kommen konnte als zuvor. Er pflügte seine Felder nicht und ging auch nicht gegen Unkraut vor. Stattdessen ließ er das Stroh der Reis- oder Getreideernte als Mulch und Dünger zugleich einfach auf den Äckern liegen. Er säte das eine aus, während das andere noch heranreifte und arbeitete dabei mit kleinen Kügelchen aus Saatgut und Lehm – weshalb er auch als der Erfinder der Saatgutbomben gilt, die später durch New Yorker Aktivisten der Urban-Gardening-Bewegung so in Mode kamen.

Für all das brauchte er weder Arbeitsvieh noch Maschinen, weder Kunstdünger noch Pestizide. All dies sah er als unnatürlich und wenig hilfreich an. Wir holen uns sein Buch heran und lesen nach: „Wenn man einmal innehält und darüber nachdenkt, dann ist es doch so, dass in den meisten Fällen, wo jemand sagt ‚das ist nützlich' … der Mensch die Vorbedingungen geschaffen hat, die dem Angepriesenen seinen Wert verleihen", begründet er seine Sichtweise. Ein gutes Beispiel dafür ist seiner Meinung nach das Pflügen. Wer pflügt, so Fukuoka, zerstört die Bodenstruktur und damit auch die vielen kleinen Lebewesen im Boden. Die Erde wird hart und undurchlässig – sie muss gepflügt werden, um wieder locker zu werden. Ein Traktor scheint da eine willkommene Arbeitserleichterung. Doch wer mit dem Pflügen gar nicht erst beginnt, meint Fukuoka, könnte das Bodenlockern einfach auch dem Regenwurm überlassen und sich den Trecker schenken. So seien wir Menschen am Ende die Narren: „Obwohl er hoffnungslos überfordert wäre, wenn er die unzähligen Aktivitäten der unendlich vielen Pflanzen, Tiere und Mikroorganismen alle ersetzen müsste, unternimmt der Mensch doch alle erdenklichen Anstrengungen, um diese Aktivitäten zu unterbinden. Dann studiert er sorgfältig all diese Funktionen und ist bestrebt, Ersatz dafür zu finden. Was für eine lächerliche Energieverschwendung", schreibt er.

Der beste Gärtner ist also der, der das natürliche Wachstum in seinem Garten nach besten Kräften unterstützt, erkennen wir. Und der bestmögliche Garten wäre in diesem Sinne der, der allen, die darin leben möchten – Pflanzen, Tiere und Menschen – Raum für ihre Entfaltung bietet. Wir denken an die Goldrute, eine Staude, die sich in unserem Garten breitmacht. Gegen sie haben die meisten anderen Stauden keine Chance. Eine Einschränkung scheint uns deshalb wichtig: „Wo es Interessenkonflikte gibt, muss sich ein guter Gärtner um den geringstmöglichen Schaden für alle bemühen", finden wir. Doch das braucht Wissen und Erfahrung. Das wusste schon Hermann Hesse, der in seinem Roman „Steppenwolf" schrieb: „Man stelle sich einen Garten vor, mit hunderterlei Bäumen und tausenderlei Blumen, hunderterlei Obst, hunderterlei Kräutern. Wenn nun der Gärtner dieses Gartens keine andre botanische Unterscheidung kennt als „essbar" und „Unkraut", dann wird er mit neun Zehnteln seines Gartens nichts anzufangen wissen, er wird die zauberhaftesten Blumen

DIE URBANE GARTENBEWEGUNG

GÄRTNERN KANN POLITISCH SEIN

Wer mitten in der Stadt gärtnert, sieht sich mit zentralen politischen Themen unserer Zeit konfrontiert: „Wem gehört das Land?" zum Beispiel. Oder: „Woher kommt unser Essen?". Das Gärtnern im öffentlichen Raum unterläuft zudem gängige Normalitätserwartungen. Als „normal" gelten im Stadtraum nach wie vor private Shopping Malls und der motorisierte Individualverkehr mitsamt der Flächen, die dies in Anspruch nehmen. Sobald aber Stadtgärtnerinnen und -gärtner an der U-Bahn-Station Gemüse ziehen, sich selbst ihre Hochbeete bauen, handwerken, reparieren und ihr Saatgut reproduzieren, verändert sich der Blick auf das, was Stadt auch sein kann: nämlich ein Ort, an dem Bürgerinnen und Bürger ihre Umgebung nach ihren Vorstellungen mitgestalten, Versorgungsfragen in die eigenen Hände nehmen und dabei möglichst viele Menschen einbeziehen. Urbane Gemeinschaftsgärten gehören zu den wenigen Orten, in denen Stadtbewohnerinnen und -bewohner aus unterschiedlichen Sozialmilieus zusammentreffen und sich gemeinsam für die Stadtnatur engagieren. Weniger privilegierte Menschen erhalten häufig erst über urbane Gartenprojekte Zugang zu Grün. Wilde Ecken für Kleinstlebewesen entstehen und Kinder wie Erwachsene bekommen ein Gespür für die Anliegen der Natur und die Herkunft der Lebensmittel.

Dies verändert die Lebensrealität vieler von ihnen zum Positiven. Aber dabei bleibt es nicht. Städtische Verwaltung und Stadtpolitik sehen sich plötzlich mit Wünschen und Anforderungen konfrontiert, die Raum beanspruchen und in Konkurrenz treten zu den etablierten Nutzungen. Die Kommunalpolitik muss erkennen, dass es gerade in wachsenden Städten nicht genügend Freiräume für zivilgesellschaftliche Aktivitäten gibt, und Lösungen dafür finden. Die zumeist freundlichen, aber auch zielgerichteten Aktivitäten von Stadtgärtnerinnen und -gärtnern setzen sie unter Handlungsdruck. Je mehr öffentliche Aufmerksamkeit ein Projekt bekommt, umso stärker gilt dies.

Die neue urbane Gartenbewegung weist schon im ersten Jahrzehnt ihres Bestehens viele Formen auf: Es gibt Kiezgärten und Nachbarschaftsgärten, Guerilla Gardening und mobile urbane Landwirtschaften, Gemeinschaftsgärten und Interkulturelle Gärten. Rund 700 Projekte gibt es derzeit allein in Deutschland. Sie begrünen Quartiere, schaffen offene Orte für alle, beleben die Nachbarschaften, bieten konsumfreie Räume des Selbermachens, betreiben Umweltbildung und thematisieren das Verhältnis von Stadt und Land. Das 2014 veröffentlichte Urban-Gardening-Manifest betont, wie wichtig ein frei zugänglicher öffentlicher Raum ohne Konsumzwang für die Stadtgesellschaft ist. Im Manifest steht: „So wie in der ‚autogerechten' Stadt alle das Recht auf einen Parkplatz hatten, sollte in der gartengerechten Stadt allen ein fußläufiger Zugang zur Stadtnatur garantiert werden."

Aber nicht alle urbanen Gärtnerinnen und -gärtner verstehen sich als politisch. Einige suchen einfach nur Kontakt, wollen mitgestalten oder sich handwerklich betätigen. Gärtnern in der Stadt ist allerdings schon deshalb per se politisch, weil es auf undefinierten Flächen gar nicht vorgesehen ist. Nicht zuletzt sind es solche konstruktiven Formen des „Handanlegens" und Veränderns, die helfen, unsere Gesellschaft zu demokratisieren.

Foto: Quirin Leppert

Dr. Christa Müller forscht zu nachhaltigen Lebensstilen und neuen Wohlstandsmodellen. Sie leitet die Münchener Forschungsgesellschaft anstiftung.
anstiftung.de
urban-gardening.eu

GARTENARTEN

GUERILLA-GÄRTEN
Guerilla Gardening ist eine Form des zivilen Ungehorsams, bei dem Menschen Pflanzen im öffentlichen Raum aussäen oder pflanzen.

VERTIKALE GÄRTEN
Das Vertical Farming ist ein in Stockwerken aufgebauter Garten, etwa an Fassaden, auf dem Balkon oder in Hallen.

ZIMMERGÄRTEN
An großen Fenstern lässt sich selbst in Zimmern in Kübeln und Töpfen ein Garten mit Gemüse und Kräutern anlegen.

BALKONGÄRTEN
Schon auf kleinstem Raum lässt sich viel anbauen. Dazu ist vor allem die Kombination von Vertikalem und Balkongarten ideal.

DACHGÄRTEN
Auch auf Terrassen oder Flachdächern können Gärten und Gemeinschaftsgärten entstehen.

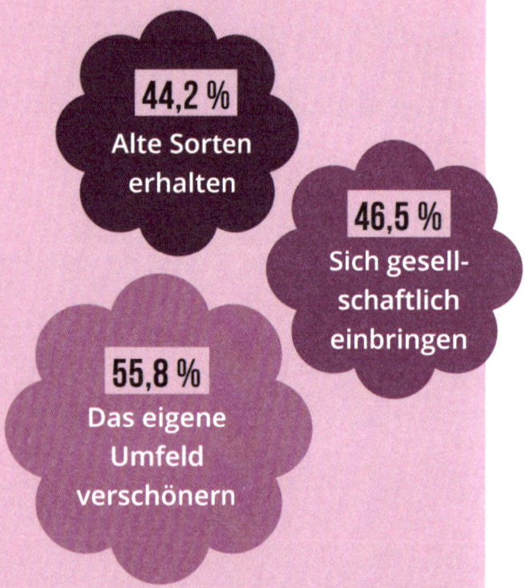

WARUM GÄRTNERN MENSCHEN IN GEMEINSCHAFTSGÄRTEN?

ausreißen, die edelsten Bäume abhauen oder wird sie doch hassen und scheel ansehen." Ein Teil der Goldrute darf also wachsen, entscheiden wir. Ein Teil muss aber leider auch immer wieder mal raus.

DIE NEUE EMPFINDSAMKEIT

Doch wie lernt man nun im „Buch Natur" zu lesen, wie es der Agrarrebell Sepp Holzer nennt? Zeit ist wohl auf jeden Fall notwendig und damit Geduld. Uns fällt das schöne Sprichwort ein: „Man kann an Gras nicht ziehen, damit es schneller wächst." So ist es auch beim Gärtnern. Wir brauchen den Willen, der Natur Achtsamkeit zu schenken. Für den Schriftsteller und Hochschuldozenten Andreas Weber ist das auch ein Schritt hin zu einer neuen Empfindsamkeit. Es ist ein politischer Akt. Es ist der Mut zu einer radikalen Liebe zum Leben. Nachdem wir durch die Aufklärung unseren Geist befreit haben, meint er, müssten wir Menschen nun auch unser Herz befreien und unserem Gefühl vertrauen. Dass wir uns in andere Lebewesen einfühlen und uns fragen können: „Wie geht es ihnen?", muss seiner Meinung nach wieder eine ernst zu nehmende Quelle unserer Erkenntnis sein. Derzeit gilt jedoch genau das „als sentimentale Einbildung, weil wir im Grunde Maschinen sind, die ihre Gene bestmöglich weitergeben wollen. Du kannst gern Gedichte darüber schreiben, aber wenn es wirklich um etwas geht – Bruttoinlandsprodukt, Arbeitsplätze oder wichtige Politik – dann ist das alles sentimentaler Quatsch", sagt Weber in einem Interview und fährt fort: „Aber es ist eben kein sentimentaler Quatsch, sondern es geht hier um das Leben auf diesem Planeten, in diesem Kosmos. Wenn wir erklären, das sei alles Quatsch, das sei alles unwichtig, dann empfinden wir das nicht mehr. Dann wird das alles Quatsch, den man vernichten darf, weil er eigentlich gar nicht existiert. Und diesen Weg gehen wir gerade."

Dieser Gedanke breitet sich allmählich aus. Nicht nur in uns, sondern in der ganzen Welt. Menschen probieren überall andere Anbaumethoden aus. Bekannt ist dabei vor allem die Permakultur. Ursprünglich sollte dieses Denk- und Gestaltungskonzept in der Landwirtschaft für naturnahe Kreisläufe, Vielfalt, Stabilität und Widerstandsfähigkeit sorgen. Doch mittlerweile nutzen Menschen die Permakultur auch, um ihre Gärten, Energieversorgung oder sozialen Gemeinschaften zu planen. Permakultur-Gärtnerinnen und -Gärtner sehen Lebensräume immer als komplexe Systeme. Ihr Ideal ist es, dass Menschen, Tiere und Pflanzen darin so zusammenleben, dass sie sich gegenseitig regulieren und keine Eingriffe von außen brauchen, um endlos weiter zu funktionieren – wie natürlich entstandene Ökosysteme eben auch. Heute etwas aufzubrauchen, was Generationen nach uns dadurch nicht mehr zur Verfügung steht, schließt diese Denkweise somit aus. Öffentliche und private Grünflächen sind aus dem Blickwinkel der Permakultur oft wie grüne Wüsten: „Rasen, Kirschlorbeer, Stiefmütterchen und Rosen – nichts, was Menschen oder Tiere ernähren würde", erklärte einmal unsere Bekannte, die Permakultur-Designerin Judith Henning. Den Rasen mähen, düngen und vertikutieren? Was für ein Aufwand für dekorative Zwecke! Permakultur-Gärtnerinnen und -Gärtner suchen lieber nach Orten für

Nahrung (für Menschen und für Tiere). Vorzugsweise in Ecken, die außer ihnen niemand beachtet. Und siehe da, auf einmal verwandeln sich Häuserschluchten in Anbaugebiete: „Wenn man in diese Richtung umdenkt, sieht man die Stadt plötzlich mit ganz anderen Augen: verglaste Bürofassaden – wunderbare Gewächshäuser; die Verkehrsinsel – eine Blumenwiese; die geschützte Südwand eines Hochhauses – ein Weinanbaugebiet?", so Judith und ergänzt, dass bei der Permakultur die Pflege meist auch schon die Ernte sei: „Schneide ich zum Beispiel eine Salbeistaude zurück, habe ich keinen Grünschnitt, den ich entsorgen muss, sondern zunächst noch einen Strauß Kräuter, die erst nach dem Genuss eines gesunden und leckeren Tees auf den Kompost kommen." Bei diesem Gedankengang fällt uns die Idee der Essbaren Städte ein: Warum nicht in öffentlichen Beeten Salat pflanzen statt Stiefmütterchen, Johannisbeeren statt Buchsbaum oder Apfelbäume statt Zierkirschen? Die Initiative „Incredible Edible" hat diese Frage in dem britischen Kleinstädtchen Todmorden wohl erstmals beantwortet: Möglichst alle öffentlichen und privaten Flächen sollen mit Essbarem begrünt werden. Vor der Polizeistation reift der Mais in Betonkübeln. Am Bahnhof kann man Salat und Erdbeeren ernten. Das hat die Stadt weltweit berühmt gemacht und jede Menge neugierige Touristen angelockt. Auch sie können gerne miternten.

GELEBTE ALLMENDE

Alles, was im öffentlichen Raum von Todmorden heranreift, können sich alle Menschen ungefragt einfach nehmen. Was die Todmordener da tun, ist damit mehr, als einfach nur gemeinsam zu gärtnern und sich lokal, gesund und umweltfreundlich zu ernähren. Sie stellen unsere übliche Geschäftslogik infrage: Sie verschenken ihre Ernte bedingungslos und beweisen so, dass zum grünen Daumen eben keineswegs immer auch die Faust gehört – dass also der Garten als Urform menschlicher Besitznahme von Natur nicht zwangsläufig die Blaupause für unser heutiges Gesellschafts- und Wirtschaftssystem sein muss inklusive all der negativen Dinge wie Gier, Neid, Ungerechtigkeit, Armut, Kampf, Konkurrenz und Gewalt. Der französische Philosoph Jean-Jacques Rousseau erkannte bereits das Dilemma: „Der Erste, der ein Stück Land eingezäunt hatte und auf den Gedanken kam zu sagen ‚das ist mein' und der Leute fand, die einfältig genug waren, ihm zu glauben, war der wahre Begründer der zivilen Gesellschaft. Wie viele Verbrechen, Kriege, Morde, wie viele Leiden und Schrecken hätte nicht derjenige dem Menschengeschlecht erspart, der die Pfähle herausgerissen oder den Graben zugeschüttet und seinen Mitmenschen zugerufen hätte: ‚Hütet euch davor, auf diesen Betrüger zu hören. Ihr seid verloren, wenn ihr vergesst, dass die Früchte allen gehören und dass die Erde niemandem gehört.'" Die Todmordener haben nichts herausgerissen und auch nichts gerufen. Sie haben es einfach anders gemacht und damit bewiesen, dass wir Menschen genauso gut zu Kooperation, Gemeinschaft, Großzügigkeit, kurz zur Liebe fähig sind. Diese Form des Widerstands ist typisch für die Gardening-Bewegung. „Mit klassischen Maßstäben gemessen, würde das öffentliche Gärtnern in Todmorden zu einem

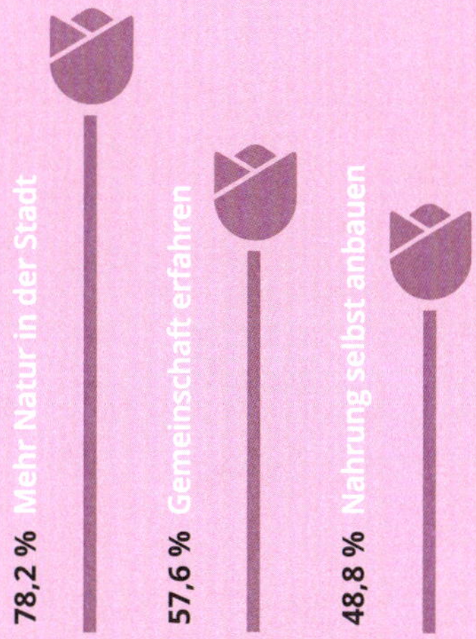

WARUM GÄRTNERN MENSCHEN IN GEMEINSCHAFTSGÄRTEN?

GARTENARTEN

GEMEINSCHAFTSGÄRTEN

Darunter versteht man einen kollektiv betriebenen Garten im urbanen Raum, der meist öffentlich zugänglich ist.

KLEINGÄRTEN

Die meist eingezäunten Parzellen sind Teil einer Schrebergartenkolonie.

INTERKULTURELLE GÄRTEN

Bei dieser Form der Gemeinschaftsgärten steht der Austausch zwischen Kulturen im Fokus.

SCHUL- UND KITA-GÄRTEN

Je früher Kinder mit Pflanzen und Tieren in Berührung kommen, desto besser. Immer mehr Schulen und Kitas nutzen Gärten daher als praktischen Lernort.

MEDITATIONSGÄRTEN

Seit jeher sind Gärten auch Orte der Stille, Kontemplation und Meditation. Auch ein normaler Garten kann einen Ruheort haben.

MACH DEINEN GARTEN ZU EINEM HEILSAMEN ORT

WIESO EIN GARTEN DIE BESTE MEDIZIN SEIN KANN …

Es ist das Beiläufige im Garten, das uns guttut: Die frische Luft, die durch den Sauerstoff nebenher automatisch Stress in unserem Körper und damit negative Gefühle und Spannungen abbaut. Die Farbe Grün, die uns entspannt, ohne dass es uns bewusst ist. Das Sonnenlicht, das auf unsere Haut scheint und unseren Körper Vitamin D produzieren lässt, sodass es uns physisch und psychisch besser geht. Der Regen auf der Haut. Die Wahrnehmung unserer Sinne: das Tasten und das Hören – allein die Vogelstimmen, das Plätschern von Wasser, die Ruhe. Vor allem die Ruhe, die wir uns sonst so selten gestatten. Das Schmecken, wenn wir etwas aussäen und erleben, wie es wächst, es ernten und genießen.

Ein Garten hilft uns auch persönlich zu wachsen. Zum Beispiel zeigt er uns, dass wir Geduld haben müssen und Dinge einfach immer wieder versuchen können, bis wir erfolgreich sind. Wenn wir zum Beispiel im Herbst Blumenzwiebeln pflanzen, dann gibt uns das einen Ausblick auf das kommende Frühjahr. Wir können uns darauf freuen, dass die Blumen wieder aus dem Boden kommen. Wer darüber nachdenkt, erkennt die Weisheit, die dahintersteckt: Das Leben geht immer und immer weiter. Nach den dunklen Stunden erwacht immer wieder neues Leben. Nichts bleibt ständig bestehen. Es gibt immer Hoffnung auf die Zukunft. Ein Garten ist immer im Wandel. Die Erkenntnis, dass ein Garten physisch und psychisch ein heilsamer Ort ist, macht sich die Gartentherapie zunutze. Doch jede und jeder kann einen Garten als einen wohltuenden Lernort begreifen und auch so gestalten. Dabei sollte er sich vor allem an die Gartenbewohnerinnen und -bewohner anpassen. Ich habe meinen naturnahen Garten mit Schwimmteich und Hochbeeten zum Beispiel vor allem zur Entspannung und für eine gesunde Ernährung angelegt. Man kann aber auch ganz einfach beginnen, etwa mit einem Kräutergarten, einer Schmetterlingsoase oder einem Sinnesgarten, in dem es Duftinseln und Barfußpfade gibt.

Bei meiner Arbeit stelle ich fest, dass es vor allem für Kinder wichtig ist, über einen Garten Zugang zur Natur und auch zu sich selbst zu finden. Viele Kinder wissen zum Beispiel gar nicht, dass aus einem Sonnenblumenkern eine zwei Meter große Blume wird. Ich sehe eine Entfremdung der Kinder von der Natur, die es früher nicht gab. Die Zusammenhänge in der Natur, wie zum Beispiel die Aufgabe von Insekten oder was gute Nahrungsmittel bedeuten, wissen viele Kindern heute nicht mehr. Das hat auch Auswirkungen auf die Gesundheit und die Fähigkeiten der Kinder. Sie lernen oft nicht mehr, sich zu bewegen. Anstatt auf Bäume zu klettern, fahren sie nur in geschützten Autos herum. Sie wissen nicht mehr, wie Lebensmittel entstehen, und können später deshalb auch nicht ihren Wert erkennen. Wenn wir künftig verantwortungsvolle Erwachsene in unserer Gesellschaft haben wollen, dann brauchen wir viel mehr Kita- und Schulgärten, in denen unsere Kinder lernen können – nicht nur, wie aus einem Samenkorn Gemüse wird, sondern auch warum es wichtig ist, dass sie Verantwortung für die Natur übernehmen, selbständig Aufgaben erledigen und etwas zu Ende bringen.

Monika Knebel ist Gärtnerin und Gartentherapeutin. Zusammen mit Menschen jeden Alters gestaltet sie Gärten in Kitas, Schulen, Jugendprojekten, Krankenhäusern und Seniorenheimen.
klatschmohn-gartentherapie.de

Negativwachstum des Bruttosozialprodukts führen", überlegen wir. Denn das Bruttosozialprodukt erfasst nur, was gegen Geld über die Ladentheke geht. Nach dieser Lesart würden beispielsweise Essbare Städte also unseren Wohlstand senken. In Wahrheit aber ist wohl jedem klar, dass so etwas wenig mit Verzicht oder Schrumpfen zu tun hätte. Tatsächlich würden die Menschen dabei unglaublich viel Lebensqualität gewinnen, nicht nur als einzelne Individuen, sondern auch als Gemeinschaft. In Todmorden ist zum Beispiel die Kriminalitätsrate um erstaunliche 12 % gesunken, seit die Bürgerbewegung aktiv ist. Kein Wunder, dass die Idee überall auf der Welt Nachahmer findet. In Deutschland fallen uns dazu entsprechende Bürgerinitiativen in Andernach an der Mosel ein, in Heidelberg, Halle, Minden oder auch Hannover.

DER GRÖSSTE GARTEN IST DIE ERDE

Wir schlagen die Gartenbücher zu und räumen den Saatgutkatalog weg. Unsere Planung für dieses Gartenjahr steht und wir können es kaum noch erwarten, denn wir wissen nun: Selbst der kleinste Garten kann ein großartiger Lehrmeister sein. Er tut uns nicht nur körperlich gut, sondern auch seelisch. Was in den Kübeln, Beeten und Töpfen wächst ist mehr als nur Gemüse. Es wachsen auch Achtsamkeit, Sinnhaftigkeit, vor allem aber auch das Selbstvertrauen und der Mut, stoisch immer weiterzumachen. Es wächst die Gewissheit, dass eine andere Welt voller Solidarität, Verantwortung und Gemeinschaft tatsächlich möglich ist. Und hinter allem steckt ein allgegenwärtiger Geist, der sich in den Dingen verkörpert, lebendig wird und schöpferisch. Der Inbegriff des Lebens. Wir schauen uns über den Küchentisch hinweg an und sind glücklich und dankbar. „Von alldem ein Teil zu sein und daran mitzuwirken, das Lebendige pflegen und schützen zu dürfen, das ist eine echte Bereicherung", finden wir.

Draußen wird es langsam dunkel und wir überlegen weiter: „Wie sieht das konkret aus?" Was müssen wir als Gärtnerin und Gärtner bedenken, um im Kleinen zu vermeiden, was im Großen derzeit leider viel zu oft schiefläuft? Wir beschließen, genau herauszufinden, was es mit den globalen Krisen und Katastrophen wie Artensterben, Klimawandel oder Ende der Ressourcen auf sich hat und was das für uns und unsere kleine Welt bedeutet. Wir nehmen uns vor, zu lernen, wie man das „Buch Natur" liest, um liebevoll und achtsam jedem Lebewesen die Möglichkeit zu seiner Entfaltung zu geben, uns als Teil des Ganzen zu spüren und die natürlichen Kreisläufe wieder ganz selbstverständlich zu fühlen. Dafür wollen wir uns zunächst die Lebensräume Erde, Wasser und Luft anschauen. Dann wollen wir uns den Dingen darin widmen, den Pflanzen und Tieren und all den Materialien, die wir für unseren Garten brauchen. Und wir freuen uns darauf, denn wir sind uns sicher, dass sich die Mühe lohnt: Ob Stadt oder Land, Fensterbrett oder Acker, Dach oder Laube – unsere Entscheidungen und Taten, unsere Interessen und unsere Fürsorge als gute Gärtnerin und guter Gärtner gelten eben immer zugleich auch dem weitaus schönsten und größten Garten, den wir kennen: dem Planeten Erde.

- ★ **Frieden**
- ★ **Demokratie**
- ★ **Gewaltfreiheit**
- ★ **Ökologische Ganzheit**
- ★ **Achtung vor dem Leben**
- ★ **Sorge für die Gemeinschaft**
- ★ **Soziale und wirtschaftliche Gerechtigkeit**

DIE ERD-CHARTA

In einem mehrjährigen Prozess haben Menschen aus aller Welt, den unterschiedlichsten Religionen und Kulturen gemeinsam die Prinzipien festgehalten, die wir für ein enkeltaugliches Leben auf diesem Planeten brauchen. erdcharta.de

AKTION

WAS IST GENUG?

1 STD. LEICHT

Wie kannst du nach den Prinzipien der Erd-Charta gärtnern? Notiere dir die Antworten auf die folgenden Fragen:

1. Wann und wo fühle ich mich der Natur verbunden?
2. Was brauchen Tiere und Pflanzen für ihr Leben?
3. Was brauche ich zum Leben? Sind menschliche Ansprüche tatsächlich das Maß der Dinge?
4. Wie kann und will ich mich für den Schutz der Natur einsetzen?

AKTION

LERNORT GARTEN

3 STD. SCHWER

Ein Garten ist ein toller Lernort, auch für Kinder. Hier kann man mit Kopf und Körper, mit allen seinen Sinnen und in unterschiedlichsten Formen lernen – das ganze Jahr hindurch, tagsüber oder auch nachts. Mach dich doch mal auf durch deinen Garten und überlege dir, wie Menschen in dort etwas über die faszinierenden Vorgänge in der Natur, über sich selbst oder über die Kunst des Gärtnerns lernen könnten.

WAS BIETET DER GARTEN?

Wenn du Teil eines Gemeinschaftsgartens bist, lade deine Mitgärtnerinnen und Mitgärtner ein. Wenn es um einen Privatgarten oder Balkon geht, dann frage deine Freunde oder deine Familie, ob sie mitmachen möchten. Erkläre ihnen, worum es dir geht: dass du gute Orte zum Lernen im Garten finden willst. Erkundet dann alleine das Terrain. Lasst euch dabei Zeit. Ideal ist es, wenn du einen Grundriss des Gartens vorbereitest, in den die Leute eintragen können, wo sie Gelegenheit zum Lernen sehen. An einem Komposthaufen? Bei einem Insektenhotel? An einem Gartenteich oder einer Kräuterspirale?

WO LERNT MAN WAS?

Kommt nach einem ausgiebigen Rundgang zusammen und tauscht euch aus. Am besten bereitest du einen großen Grundriss auf einem Stück Papier von mindestens DIN A0 vor. Dort kannst du alle Orte eintragen, die den Menschen in eurer Lerngruppe aufgefallen sind. Oder ihr legt das Papier plan auf einen Tisch und nutzt Steine, Holzstückchen, Stoff- und Pappereste, um die Elemente im Garten nachzubauen. Notiert euch zu allen Lernorten, was genau man dort erfahren kann. Könnte man an einem Ameisenhaufen etwas über Hierarchien lernen und an einem Hochbeet etwas über Gemüsesorten?

WER SOLL WAS LERNEN?

Entwickelt nun gemeinsam eine Vorstellung davon, wer an den unterschiedlichen Stationen etwas lernen kann: Wollt ihr euch zum Beispiel an Kinder wenden oder an Erwachsene? Sprecht ihr vor allem gartenerfahrene Menschen an oder Neulinge? Möchtet ihr nur Menschen ansprechen, die ihr schon kennt – oder euren Garten auch für noch unbekannte Menschen aus der Nachbarschaft öffnen?

WIE SIEHT LERNEN AUS?

Überlegt euch im nächsten Schritt, in welcher Form ihr dieses Wissen vermitteln möchtet: Sollen Schautafeln Dinge erklären? Gibt es Guckfenster oder -kästen, die einen Blick in Bereiche gewähren, die man sonst nicht zu sehen bekommt – etwa in einen Komposthaufen oder einen Bienenstock? Wollt ihr einen Barfußweg oder einen Duftparcours einrichten, der eher die Sinne anspricht? Wollt ihr ein Treffen für den Erfahrungsaustausch zwischen verschiedenen Gartenkulturen organisieren? Oder träumt ihr von einem Achtsamkeitskurs im Garten?

WAS BRAUCHT IHR?

Einigt euch auf die ersten Ideen, die ihr umsetzen wollt. Erstellt eine Liste von Dingen, die ihr braucht: Materialien, Werkzeug, Wissen, Fähigkeiten, Geld und vieles mehr. Überlegt euch, bis wann ihr was fertigstellen möchtet und was die nächsten Schritte sind. Teilt auf, wer für was zuständig ist. Überlegt euch möglicherweise auch, wie ihr die Ergebnisse eurer Lernorte prüfen könntet, um sie mit der Zeit zu verbessern.

MEINE LISTE:

- -

- -

- -

- -

- -

- -

PFLANZENSCHILDER

in (Hoch-)Beeten sind der Klassiker, um Lernorte in Gärten zu gestalten.

EIN KOMPOSTHAUFEN

ist ein guter Ort, um etwas über die Bedeutung von Boden und Bodenlebewesen zu erfahren. Mehr dazu kannst du im Kapitel „Erde“ lesen.

EINE BANK

am richtigen Ort lädt Menschen ein, sich zusammen hinzusetzen und sich zu unterhalten. Könntest du hier Inspirationen für spannende Gesprächsthemen geben?

EIN ORT DER STILLE

an einem abgeschiedenen Winkel des Gartens ist eine gute Gelegenheit, um Achtsamkeit sich und der Umwelt gegenüber zu üben.

EINE WETTERSTATION

mit Wetterhahn, Thermometer, Niederschlagsmesser und Tipps zur eigenen Wettervorhersage regt zum Nachdenken an. Weitere Infos dazu gibt's im Kapitel „Luft“.

EIN UNTERSTAND

mit Fernglas, Lupe, Malutensilien, Pflanzen- und Tierbestimmungsbüchern und vielem mehr macht Lust, die Natur im Garten genauer zu erkunden.

TIPP: WEITERE INFOS

und Vorlagen zu diesem Thema findest du unter **common-grounds.net**

FAZIT

WORAUF KOMMTS DIR BEIM GÄRTNERN AN?

TRAINING

NATÜRLICH ACHTSAM

Übe dich in Achtsamkeit gegenüber der Natur, zum Beispiel so:

- Nimm bei deinem nächsten Fußweg so viele Pflanzen wie möglich bewusst wahr.
- Sitze eine halbe Stunde am Fenster und beobachte ein oder mehrere Tiere.
- Nimm einen Baum mindestens 15 Minuten lang mit allen deinen Sinnen wahr.
- Zeichne eine Blüte, ein Blatt, eine Nuss, einen Stein oder Ähnliches ab.
- Säe Kresse oder andere Kräuter und beobachte sie beim Keimen und Wachsen.
- Lausche mit geschlossenen Augen im Grünen mindestens 15 Minuten lang.
- Sieh einer Schnecke zu, wie sie rund 30 Zentimeter ihres Weges zurücklegt.

TEST

ERWARTUNGEN KLÄREN

Damit dich Gärtnern glücklich macht, solltest du wissen, was dir wirklich wichtig ist. Bewerte die folgenden Punkte auf einer Skala von 1 (gar nicht) bis 10 (sehr), wie wichtig sie dir sind:

Essbares anbauen und ernten
1 2 3 4 5 6 7 8 9 10

Ruhe und Erholung
1 2 3 4 5 6 7 8 9 10

Natur schützen und hegen
1 2 3 4 5 6 7 8 9 10

Bewegung an der frischen Luft
1 2 3 4 5 6 7 8 9 10

Gemeinschaft erleben
1 2 3 4 5 6 7 8 9 10

Flexibel und pflegeleicht
1 2 3 4 5 6 7 8 9 10

Ein Kinderspielparadies
1 2 3 4 5 6 7 8 9 10

Experimentieren und lernen
1 2 3 4 5 6 7 8 9 10

Blühende Beete
1 2 3 4 5 6 7 8 9 10

NOTIZ: MEIN TRAUMGARTEN

Nimm dir einen Augenblick Zeit und überlege dir, was die fünf wichtigsten Dinge sind, die du in deinem Garten tun willst, und notiere sie hier:

TUTORIAL

DEIN GARTENPLAN

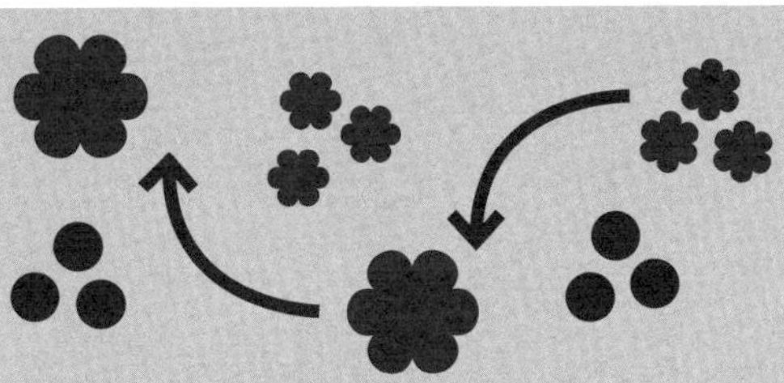

1. ABMESSEN UND AUFZEICHNEN

Vermesse deinen Garten und zeichne den Grundriss auf ein Millimeter- oder Karopapier.

2. BEOBACHTEN UND EINTRAGEN

Beobachte deinen Garten: Wann scheint die Sonne wohin? Welche Bereiche liegen im Schatten? Zeichne alles ein, was sich bereits auf dem Grundstück befindet, wie etwa Büsche oder ein Weg.

3. DEINE WUNSCHLISTE

Lege dir nun eine Wunschliste an mit allen Elementen, die dein Traumgarten haben soll (etwa einen Teich oder ein Hochbeet). Sie kann ruhig viel mehr enthalten, als in deinen Garten passt.

4. ABMESSEN UND AUFZEICHNEN

Nummeriere nun deine Liste entsprechend der Wichtigkeit durch. Übertrage nach und nach die wichtigsten Elemente in deine Skizze. Achte auf die richtigen Größenverhältnisse.

5. DETAILS PLANEN

Nun beginnt die Detailplanung, etwa die Auswahl der Pflanzen oder Materialien. Mehr dazu erfährst du in den folgenden Kapiteln.

TIPP: FLEXIBEL PLANEN

Ein Garten ist nie fertig! Denn nach und nach wirst du dein Grundstück und auch die Pflanzen immer besser kennenlernen. Du kannst deinen Plan flexibel machen, indem du ein oder mehrere Transparentpapiere über den Grundriss legst und so zum Beispiel verschiedene Varianten, Informations- und Notizebenen erzeugst.

CHECKLISTE

DAS STARTER-KIT

- ■ Mich über rechtliche Bestimmungen informieren
- ■ Die Bedürfnisse aller Gartenbenutzer auflisten
- ■ Einen idealen Zeitplan erstellen und mein regelmäßiges Zeitbudget einplanen
- ■ Unterstützung in Form von Wissen oder Tatkraft organisieren
- ■ Eine Prioritätenliste aller Aufgaben erstellen und Materialien dafür besorgen
- ■ Die Infrastruktur im Garten prüfen: Gibt es Wasser und Strom?
- ■ Meine Kosten auflisten und Alternativen wie Tauschen oder Leihen prüfen

NOTIZ: MEINE IDEEN

Was hast du gelernt? Welche Ideen hast du für dein Gartenprojekt?

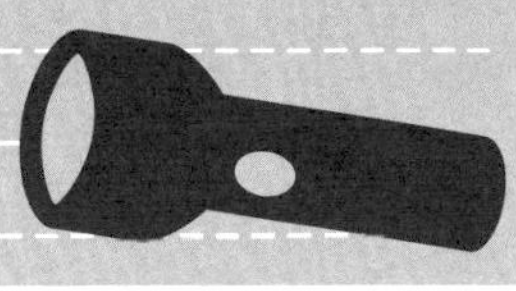

RUND 2 MRD. TONNEN

Erdboden werden jährlich durch Wind weggeweht, zum Teil weil der Boden ungeschützt brachliegt.

ETWA 20–30 MRD. TONNEN

Boden werden weltweit weggespült. Unter anderem weil der Boden durch schwere Maschinen so verdichtet ist, dass das Regenwasser nicht mehr schnell genug versickern kann.

95 % ALLER LEBENSMITTEL

sind direkt oder indirekt nur mit Hilfe fruchtbarer Erdböden möglich.

PILZE

gehören zu den ältesten und größten Lebewesen. Sie zersetzen organisches Material. In einer Mykorrhiza können sie ein symbiotisches Netzwerk mit den Wurzeln von Pflanzen bilden. Darüber tauschen sie Nährstoffe und Informationen aus.

100 JAHRE

kann es dauern bis 1–2,5 cm Humus entstanden sind. Heute geht er 10–100 Mal schneller verloren, als er sich nachbildet.

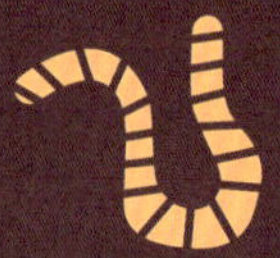

200 REGENWÜRMER

und mehr leben in einem Quadratmeter gesundem Erdboden. Sie machen ihn durch ihre Löcher locker, sodass er das 4- bis 10-Fache seines Gewichts an Regenwasser aufnehmen kann. Außerdem erzeugen 1 Kilo Regenwürmer pro Tag rund 500 Gramm Biomasse. Sie enthält bis zu 7 Mal mehr Stickstoff, 10 Mal mehr Kalium und 25 mal soviel Phosphor wie normale Erde.

1 LÖFFEL

gesunder Erde enthält mehr Lebewesen, als es Menschen gibt.

6 FAKTOREN

bestimmten bislang, ob ein Boden schwer oder leicht, fruchtbar oder unfruchtbar ist. Heute ist der Mensch als Faktor dazugekommen.

1. Das Gestein
2. Das Klima
3. Das organische Material
4. Die Topografie
5. Die Zeit
6. Die Bodenlebewesen

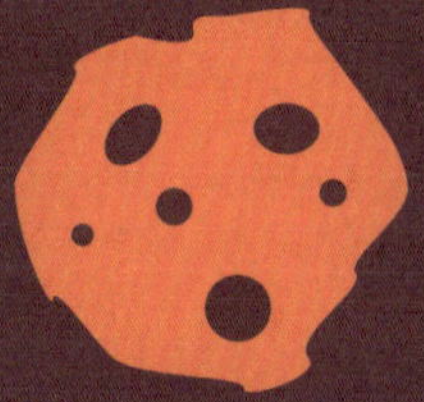

1 QUADRATMETER

gesunder Erdboden enthält in den obersten 30 Zentimetern rund 1 Billionen Bakterien, 500 Milliarden Geißeltierchen, 100 Milliarden Wurzelfüßler, je 1 Milliarde Pilze und Wimperntierchen, 1 Million Fadenwürmer, 100 Käfer und Larven, je 50 Schnecken, Spinnen und Asseln sowie noch viele weitere Lebewesen.

30 MIO. TONNEN CO_2

könnten die Kleingärtner Deutschlands kompensieren, wenn sie den Humusgehalt ihrer Böden auf 10 % steigern würden. Denn der ist ein riesiger CO_2-Speicher. Zum Vergleich: 2015 produzierte Deutschland rund 902 Millionen Tonnen CO_2.

KOHLENSTOFF

kann in Böden gespeichert sein und so das Klima schützen. Die Erdböden unseres Planeten speichern mehr Kohlenstoff als die Atmosphäre und die Pflanzen zusammen.

FOSSILE BRENNSTOFFE

wie Erdöl oder -gas sind vor über 100 Millionen Jahren entstanden. Meereslebewesen sind unter Gesteinsschichten bei hohem Druck und starken Temperaturen verrottet. Kohle enstand auf ähnliche Weise, nur aus Pflanzen. Das damals gespeicherte CO_2 entlassen wir nun durch Verbrennung wieder in die Erdatmosphäre.

ERDE

WIE DU MIST ZU GOLD VERWANDELST: DAS PARADIES ZUM SELBERMACHEN

Wir graben unsere Finger in die Erde. Die Frühlingssonne scheint uns wärmend in den Nacken. Unsere Rücken schmerzen. Wir sind im Garten zugange und gerade dabei, das Hochbeet neu zu befüllen: Nach einer Schicht Reisig kommt Kompost und danach gute Muttererde. Schweiß rinnt uns trotz der kühlen Frühlingstemperaturen den Rücken hinunter. Die dunkle, feuchte Erde klebt uns an den Händen und setzt sich unter unsere Fingernägel. Vorsicht! Bloß nicht den Regenwurm verletzen. Wir beugen uns vor, um genauer hinsehen zu können. In unserer behutsam gekrümmten Hand liegt ein kleines Häufchen Erde. Es riecht leicht nach Waldboden. Der Regenwurm ringelt sich zur Seite, will wieder in sein Erdreich zurück. Neben fast zerfallenen Blättern finden wir die dünnen, blassen Fädchen eines Pilzes, eine Spinne stakst davon. Ansonsten von Leben mit bloßem Auge keine Spur. Und doch befinden sich in diesem kleinen Stückchen Planeten mehr Lebewesen, als Menschen jemals auf der Erde gelebt haben. Uns erfasst auf einmal Ehrfurcht vor dem, was wir gerade relativ achtlos hin- und hergeschaufelt haben. „Was wir da in der Hand halten heißt zurecht Mutterboden", finden wir. Denn es ist die Heimat für eine unglaubliche Artenvielfalt. Hier wimmelt es von Bakterien, Mikroorganismen, Pilzen, Algen, Milben, Springschwänzen, Asseln, Spinnen und natürlich Regenwürmern. Sie alle sind tagein, tagaus damit beschäftigt, Pflanzenreste zu zersetzen und die Nährstoffe, die sich darin befinden, wieder in den Kreislauf des Lebens zurückzubringen. Pilze spalten zum Beispiel nicht nur alte Blätter, Holz und Pflanzenstängel in Nährstoffe auf, die die Pflanzen alleine nicht erzeugen können. Sie gehen auch enge Symbiosen mit fast allen Pflanzenarten ein: Die eigentlichen Pilze sind nämlich die dünnen Fädchen, die wir auch hier in unserer ausgestreckten Hand halten. Was wir im Herbst von den Pilzen sammeln, ist nur die Frucht, etwa wie ein Apfel an einem Baum. Unter der Erde vernetzen sich diese Pilzfädchen mit den Wurzeln von Pflanzen und tauschen so ihre Nährstoffe gegen die Glukose, die die Pflanzen durch die Photosynthese herstellen – also durch die Umwandlung von Licht in Zucker. Mykorrhizen nennen sich diese Netzwerke, die zum Teil riesig sind und auch Informationen von einer Pflanze zur nächsten verbreiten können. Ebenso wichtig ist der Regenwurm. Mit der Muskelkraft seines Darms kann er tote Pflanzenteile, kleine Steinchen und andere Dinge im Boden zu fruchtbarer Erde verdauen. „Charles Darwin will herausgefunden haben, dass ein einzelner Wurm pro Jahr rund 250 Kilo hochwertige Erde erzeugen kann", staunen wir. Dabei gräbt er unzählige Tunnel ins Erdreich. Das durchlüftet den Boden und macht ihn locker, sodass Pflanzenwurzeln leichter tiefer wachsen können,

WORAUS BESTEHT ERDE?

Der Idealfall sieht wie in der Grafik aus. Es gibt aber verschiedene Bodenarten, die sich durch die Zusammensetzung und auch die Art der Mineralien unterscheiden. Lehmiger Boden ist etwa schwerer als sandiger.

BAKTERIEN ZÜCHTEN

Pflanzen können den Stickstoff aus der Luft nicht direkt aufnehmen – sogenannte Knöllchenbakterien aber schon. Sie lagern sich an den Wurzeln von Schmetterlingsblütengewächsen oder Leguminosen an – also etwa Erbsen, Bohnen, Lupinen, Sojabohnen oder Kleesorten – und tauschen ihn gegen Wasser und organisches Material. Arbeitet man die Pflanzen mitsamt der Wurzeln und der Bakterien in den Boden ein, reichert sich der Stickstoff dort an und steht allen Pflanzen zur Verfügung. Deshalb ist Gründüngung so wichtig.

TIPP: PFLANZLÖCHER

Wenn du ein Pflanzloch gräbst, solltest du darauf achten, dass du die Erde wieder in der gleichen Reihenfolge einfüllst, wie du sie ausgehoben hast. Dann bringst du die Bodenschichten nicht zu sehr durcheinander.

Regenwasser abfließen kann und die winzigen Lebewesen im Boden Luft bekommen. Rund 200 bis 300 Regenwürmer pro Quadratmeter sollen zeigen, dass ein Gartenboden gesund und fruchtbar ist. Wir überlegen kurz, ob wir zählen sollen, machen dann aber doch weiter. Allerdings heben wir die Erde nun wesentlich sorgsamer und vorsichtiger in das Hochbeet: Was sich hier abspielt, ist nicht weniger als die Basis des Lebens. Auch für uns Menschen. Ungefähr 95 % unserer Lebensmittel sind direkt oder indirekt von fruchtbarem Erdboden abhängig. Kaum zu glauben, dass unser Planet einen Durchmesser von gut 12.000 Kilometern hat – doch ohne die vergleichsweise hauchdünne Schicht Muttererde von bis zu 30 Zentimetern, wäre Leben nicht möglich.

AUF DEM BODEN DER TATSACHEN

400 Millionen Jahre hat es gebraucht, bis das entstanden ist, was wir gemeinhin „Boden" nennen. In dieser Zeit haben Wind, Wetter und Wasser das Grundgestein zu kleinen Partikeln zerrieben. Pflanzen, Tiere, Pilze, Insekten und Mikroorganismen haben über Jahrtausende dafür gesorgt, dass aus dem Sand oder Lehm eine fruchtbare Bodenschicht entstanden ist, die entweder sandig, schluffig oder lehmig ist, sauer oder basisch, fruchtbar oder unfruchtbar. Wie alt die Erde unter deinen Füßen ist, hängt davon ab, wo du gerade stehst. Hier in Mitteleuropa gab es beispielsweise immer wieder Eiszeiten. Gletscher sind entstanden, haben den Boden umgepflügt und unter Geröll begraben. Vor rund 10.000 Jahren ist so ein relativ junger und vergleichsweise fruchtbarer Boden entstanden. Die rotbraune Erde von Afrika ist dagegen zum Beispiel schon mehrere Millionen Jahre alt und verhältnismäßig nährstoffarm.

Wir sind erstaunt und auch ein bisschen betroffen, dass wir uns das alles noch nie so richtig bewusst gemacht haben. Etwas achtlos sind wir bisher über den Erdboden gelaufen – ohne genau darüber nachzudenken, was wir da im wahrsten Sinne des Wortes mit unseren Füßen treten. Und wie sieht das bei dir aus? Leg doch mal für zehn Minuten dieses Buch beiseite, geh hinaus und nimm dir eine Handvoll Erde. Schau sie dir genau an, rieche an ihr und mach dir bewusst, wie alt und voller Leben sie ist. Ist das nicht faszinierend? Nun stell dir vor, wie ein zehn Tonnen schwerer Traktor kommt und alles plattwalzt. Mit scharfen Metallschwertern pflügt er in die Erde. Was unten war, landet unversehens an der Oberfläche. Die Gänge der Regenwürmer: zerstört. Die Mykorrhizen: ebenfalls. Pflanzen werden herausgerissen, Wurzeln vertrocknen an der Luft. Lebewesen im Boden werden zerquetscht, andere ersticken. Eine Pestiziddusche nach der anderen macht den letzten Überlebenden langsam, aber sicher den Garaus, bis der gesamte Boden tot ist. Ein Schock? Nun, wir Menschen haben schon seit Jahrtausenden auf der Erde buchstäblich unsere Spuren hinterlassen. Wir haben Böden fruchtbarer gemacht, aber auch zerstört. Ja, wir haben sogar ganz neue Bodentypen hervorgebracht: Da gibt es zum einen die Anthrosole. Das sind Böden, die durch das menschliche Leben entstanden sind. Dazu gehören zum Beispiel die Böden in Städten, die eine vollkommen an-

GEHEIMNISVOLLE ERDE

WIE PILZE UND PFLANZEN DEN KAPITALISMUS ERFANDEN

Der Erdboden ist etwas sehr Geheimnisvolles, man kann ja nicht hineinschauen. Das macht ihn für mich so faszinierend. Wenn ich durch den Wald laufe, schaue ich nicht nach oben, wie die meisten, sondern stelle mir vor, wie der Wald auf der anderen Seite der Oberfläche aussieht. Manchmal, wenn zum Beispiel Regen einen Teil des Bodens weggewaschen hat, ist man überrascht zu sehen, wie komplex und riesig das Wurzelsystem eines Waldes ist. Und in der Tat ist die Erde das komplexeste Ökosystem, das wir kennen: Nirgendwo gibt es eine größere Artendichte. Zum Beispiel gibt es in einem Löffel gesunder Erde mehr Lebewesen als Menschen auf der Erde sowie Pilze von Hunderten bis Tausenden von Metern.

In diesem Ökosystem gibt es verschiedene Gruppen von Mikroorganismen. Sehr viele recyceln totes, organisches Material und stellen die Nährstoffe für die Pflanzen wieder zur Verfügung. Wenn es diese Mikroorganismen nicht gäbe, würde das Leben auf diesem Planeten innerhalb weniger Jahre stillstehen, weil wir die Nährstoffe nicht wiedergewinnen könnten. Dann gibt es parasitische Mikroorganismen und zusammenarbeitende Mikroorganismen. Zu den Letzteren gehören die Mykorrhiza-Pilze. Sie wachsen in die Wurzeln von Pflanzen hinein und vergrößern damit deren Wurzelsystem. Das bedeutet, dass sie mit den Pflanzen zusammenarbeiten und nach mehr Nährstoffen im Boden für die Pflanzen suchen. Im Gegenzug bekommen sie von der Pflanze dann Zucker als Bezahlung. Das funktioniert im Grunde wie ein Handelssystem. Manche Forscher haben dabei so eine Art sozialistisches System entdeckt: Die Mykorrhiza-Pilze unterstützen auch kleine, zarte Pflanzen mit Nährstoffen und sogar zum Teil mit dem Zucker, den sie von größeren Pflanzen bekommen haben. Orchideen sind zum Beispiel im Jungstadium komplett auf die Versorgung durch solche Pilze angewiesen. Der Pilz ist also quasi ein Robin Hood, der von den Starken nimmt und es den Schwachen gibt. In anderen Systemen – auch in denen, an denen ich geforscht habe – funktioniert das System eher kapitalistisch. Hier schicken die Mykorrhiza-Pilze ihre Nährstoffe nur an große, starke Pflanzen, die mit Zucker bezahlen können. Die kleinen Setzlinge, die nicht viel Zucker haben, bekommen auch nicht so viel. Doch wenn die große Pflanze aus irgendeinem Grund stirbt, erben die Kleinen die gesamte Pilz-Infrastruktur ihres Vorgängers und haben dann einen großen Vorteil.

Die Forschung der letzten Jahre hat auch gezeigt, dass diese Netzwerke Informationen transportieren. Wenn etwa eine Pflanze von Fressfeinden angegriffen wird, setzen als Stressreaktionen automatisch chemische Veränderungen ein. Pflanzen, die über ein Mykorrhiza-Pilznetzwerk miteinander verbunden sind, können diese Informationen an ihre Nachbarpflanzen weitergeben, sodass diese schon mal ihre Abwehrmechanismen in Gang bringen können, bevor die Parasiten sie erreicht haben. Das ist ökologisch wichtig, weil eine Population besser überleben kann, wenn sich die Individuen gegenseitig vor Gefahren warnen können. Zurzeit wird auch erforscht, inwiefern Mykorrhiza-Netzwerke die Fitness von Nutzpflanzen stärken können, sodass diese zum Beispiel besser mit Trockenheit oder der Versalzung von Böden zurechtkommen.

Edith Hammer ist Bodenökologin und forscht an der Universität Lund in Schweden, welche Bedeutung die Mikrostrukturen und Mykorrhizzen im Boden haben. **biology.lu.se**

Prof. Dr.-Ing. Ralf Otterpohl leitet das Institut für Abwasserwirtschaft und Gewässerschutz an der Technischen Universität Hamburg. Er ist Pionier der Terra-Preta-Sanitation und hat das Konzept des „Neuen Dorfes" entwickelt.

tuhh.de/aww

ruvival.de

Foto: Anne Gärtner

dere Struktur und Zusammensetzung haben als die Böden, die ansonsten vorkommen. Zum anderen gibt es die Technosole. Das sind Böden aus Trümmern von Beton, Glas, Bausteinen, Schutt, Ziegeln und anderen Industrieabfällen. Heute reicht unsere Technik oftmals weiter als unser Wissen: Keiner kann mit Gewissheit sagen, wie sich unterirdische Atomtests, atomare Endlager oder das Aufbrechen tiefer Erdschichten zur Erdgasgewinnung (Fracking) langfristig auf das Leben im Boden auswirken. Eines lässt sich aber jetzt schon mit Gewissheit sagen: Wenn wir so weitermachen wie bisher, zerstören wir nicht weniger als eine Basis unserer Existenz, den Boden.

HUMUS SCHENKT LEBEN

Vorsichtig streichen wir die letzte Erdschicht mit den Händen glatt. Das Hochbeet ist fertig. Wir gönnen uns eine kleine Pause und setzen uns für einen Augenblick auf eine Gartenbank in die Sonne. Friedlich liegt der Garten vor uns. Vögel zwitschern, zwei Eichhörnchen huschen eilig über die Wiese und dann am Stamm einer der drei großen Birken am Rande unseres Gartens hinauf. Die Welt scheint in Ordnung. Bodenforscher sehen das anders. Fast ein Viertel der gesamten Erdoberfläche sind nach Schätzungen bereits degradiert. So nennen es Bodenwissenschaftler, wenn die Lebewesen in einem Boden sterben und das Zusammenspiel zwischen Pflanzen und Humus dadurch gestört ist. Und jedes Jahr soll es Lebewesen auf fünf bis zehn Millionen weiteren Hektar ebenso ergehen. „Das ist ja in etwa so, als würden jedes Jahr die Lebewesen

DIE REALISTISCHE UTOPIE

WARUM BODENSCHUTZ UND REAL-UTOPIE HAND IN HAND GEHEN

Die Lage der Böden ist dramatisch. Von 1950 bis 1990 haben wir ein Drittel aller fruchtbaren Böden verloren oder stark dezimiert. Diese Zahlen stammen aus dem UN Ecosystem Report. Seitdem gab es keine so genauen Zahlen mehr, aber es ist mit Sicherheit viel schlimmer geworden. Das sieht man überall: Die Böden verdichten sich zunehmend. Auch längere Zeit nach einem Regen steht dann das Wasser auf ihnen, weil sie es nicht mehr speichern können. Und bei starkem Wind fliegt der Boden weg, weil er so schnell austrocknet. Eine der Hauptursachen ist die agrochemische Landwirtschaft. Sie spritzt riesige Mengen an Gift auf die Böden und zerstört damit das Bodenleben und den Humus. Und wenn der Humus weg ist, ist der Boden eigentlich tot. In vielen Gegenden sind wir schon relativ nah an diesem Zustand dran. Dabei sind die Lösungen da und gar nicht so schwierig. Wir könnten in Hülle und Fülle leben und in fantastischer Natur. Dort, wo heute große Felder mit Monokulturen und tote Erdböden sind, könnten vielfältige Paradiese sein, die hochwertige Nahrung liefern. Die Politik müsste dafür statt der Agrochemie alternative Anbaumethoden fördern. Zum Beispiel die Permakultur, die Pflanzen mehrjährig anbaut. Oder auch Agroforstsysteme, die Bäume mit essbaren Früchten und Feldfrüchte kombiniert. Außerdem müssten wir die Tierhaltung verändern. Statt der Stallhaltung sollten wir Tiere in kleinräumiger Portionsbeweidung halten. Denn wenn die Tiere jeden Tag auf einer anderen kleinen Fläche weiden, fallen ihre Exkremente darauf und werden von den Hufen in den Boden eingearbeitet. So entsteht Humus und das Gras kann sich gut erholen. Das typische Argument, dass Tiere zu viele Ressourcen brauchen, stimmt so nicht. Man muss sehen, dass das sinnvoll zusammenhängt. Und Boden verbessern ohne Tiere ist sehr viel schwieriger.

auf einer Fläche so groß wie Österreich ihren Lebensraum verlieren", stellen wir bestürzt fest. Ein wesentlicher Grund für diese Entwicklung ist die industrielle Landwirtschaft. Obwohl die Böden in Europa von Natur aus eigentlich ziemlich fruchtbar sind, hat die Agrarindustrie bei fast der Hälfte aller Böden in der EU für einen deutlichen Rückgang von Humus und Bodenlebewesen gesorgt. Auch hier bei uns in Deutschland sollen schon 35 % aller landwirtschaftlichen Böden verdichtet und 17 % degradiert sein. Und wenn ein Boden verdichtet ist, bedeutet das, dass es nicht mehr so viele winzig kleine Hohlräume zwischen den ganzen Erdkörnchen, Pflanzenresten und Lebewesen gibt. Dann kann die Erde nicht mehr so gut Wasser aufnehmen und trocknet in regenarmen Zeiten viel schneller aus. Das Resultat sehen wir, wenn wir die Nachrichten einschalten: Meldungen berichten einerseits immer öfter von schlimmen Überflutungen. Andererseits trieb ein Sturm 2011 so viel ausgetrockneten Ackerboden auf die Autobahn zwischen Berlin und Rostock, dass es zu einer Massenkarambolage kam. Ohne einen lebendigen Boden bekommen die Pflanzen aber nicht mehr die Nährstoffe, die sie brauchen. Die Ernteerträge sinken. Konventionelle Bauern helfen mit Mineraldünger, Kalk und Phosphor nach. Das gibt zwar den Pflanzen einen Ausgleich dafür, dass sie immer weniger natürliche Nährstoffe bekommen. Doch die Bodenlebewesen verhungern im wahrsten Sinne des Wortes. Ohne sie sind die Pflanzen allerdings wesentlich anfälliger für Krankheiten und Parasiten. Pestizide und Insektizide, die auf den ersten Blick dagegen helfen, schließen den Teufelskreis – sie töten nicht nur die letzten Lebewesen im Boden, sondern auch die Insekten über der Erde. Und so ist das, was auf uns wie eine idyllische Kulturlandschaft wirkt, in Wahrheit vielleicht schon auf dem Weg zu einer grünen Wüste, auf der Nutzpflanzen auf einem toten Boden wachsen.

Da trifft es sich schlecht, dass die Nachfrage nach Ackerland steigt. Zum einen, weil wir mehr Fleisch und Milchprodukte essen. Zwei Drittel allen Getreides landen in Europa in den Futtertrögen von Tieren, die ein trostloses und grausames Leben in der Massentierhaltung fristen. Da wir beide selbst vegan leben, finden wir das natürlich absolut unethisch. Doch selbst wenn man kein Problem damit hat, Tiere auf diese Art und Weise zu halten und zu schlachten, ist es dennoch absolut ineffizient: Sie könnten nämlich helfen, unsere Erde wieder fruchtbar zu machen – wenn sie denn nur an der frischen Luft und auf der Weide Gras fressen und dabei den Boden düngen dürften. Zum anderen brauchen die Menschen immer mehr Ackerflächen, um die vermeintlich grüne Energieversorgung mit Bio-Kraftstoffen zu decken. Doch ob dies wirklich umweltfreundlich ist, lässt sich bezweifeln. Auch Energiepflanzen wachsen in riesigen Monokulturen, für die in vielen Fällen kostbarer Waldboden zerstört und Humus aufbauende Kleinbauern vertrieben wurden. Rund 70 Millionen Hektar zusätzliches Land bräuchten allein wir Europäer, wenn wir unseren Klima- und Energierahmen 2030 erfüllen wollen. Das ist so viel wie ganz Frankreich. Insgesamt bräuchten wir bis 2050 eine zusätzliche Fläche in der Größenordnung zwischen Indien und Brasilien, wenn wir so weitermachen. Kein Wunder, dass der Kampf um fruchtbares Land in vollem Gange ist. Und meist gewinnt der, der am besten

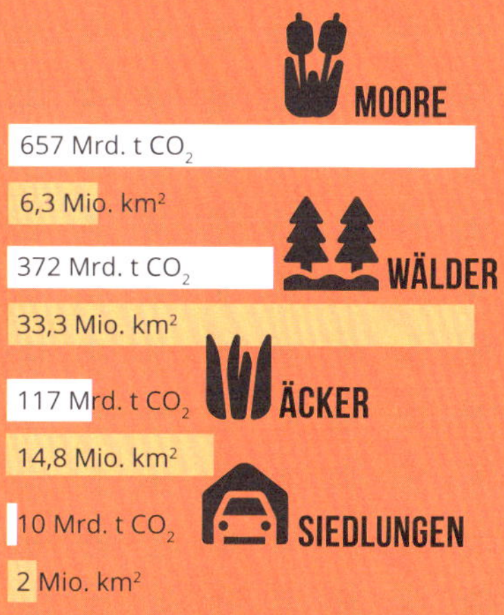

TORFFREI GÄRTNERN

Verschiedene Ökosysteme speichern unterschiedlich viel Kohlenstoff. Die Grafik zeigt, wo wie viel Milliarden Tonnen CO_2 lagern. Obwohl Moore nur wenig Fläche belegen, speichern sie am meisten Kohlenstoff. Nutze daher keine Gartenerde mit Torf, denn dadurch zerstörst du Torfmoore.

GIFTIGE DÜNGER

Handelsüblicher Minderaldünger kann dauerhaft zur Vergiftung von Böden beitragen, weil der in ihm enthaltene Phosphor oft hohe Konzentrationen von Uran und Cadmium enthält. Das sind gefährliche Schwermetalle, die über das Grundwasser und die Pflanzen auch in unsere Körper gelangen. Nutze diese Dünger daher nicht.

GLYPHOSAT

Das umstrittene Pflanzengift gelangt auf etwa 40 % aller Äcker in der ganzen Welt. Und das obwohl es unter dem Verdacht steht, Krebs zu erregen, es dazu führt, dass Insekten aussterben und 70 % der Deutschen dagegen sind. Es ist nur eines von vielen Gartengiften, die du unbedingt vermeiden solltest.

AKTION

BOKASHI

30 MIN. MITTEL

Beim Bokashi werden Küchenabfälle unter Ausschluss von Luft fermentiert, um Krankheitserreger zu verhindern.

DER EIMER

Ein Bokashi-Eimer hat in jeder Wohnung Platz und müffelt auch nicht. Du kannst ihn leicht selbst bauen oder kaufen. Anleitungen findest du etwa bei YouTube.

KÜCHENABFÄLLE SCHICHTEN

Sammle deine Küchenabfälle und schichte sie einmal wöchentlich im Eimer. Drücke die Schicht richtig fest.

MILCHSÄUREBAKTERIEN

Für die Fermentierung brauchst du nun noch Milchsäurebakterien. Diese kannst du als effektive Mikroorganismen kaufen oder in Form von Joghurt, Brottrunk oder Sauerkrautsaft aufsprühen.

DIE FERMENTIERUNG

Ist der Eimer voll, muss der Inhalt noch einen Monat reifen. Dann kannst du das Bokashi in einer Miete kompostieren oder direkt in die Erde einarbeiten.

TERRA PRETA

Mit einem Bokashi kannst du auch Terra Preta herstellen. Wie das geht, steht auf Seite 41.

FILM-TIPP: UNDUNE

Wie ließe sich der Mars fruchtbar machen? Die Doku liefert unterhaltsam Infos zu Terra Preta. **bit.ly/undune**

zahlt. Würden wir die 1,4 Milliarden Hektar globaler Ackerfläche fair unter allen Menschen aufteilen, bekäme jeder 2.000 Quadratmeter, um sein Leben zu bestreiten (das ist ein knappes Drittel eines Fußballfeldes). Tatsächlich aber verbraucht ein durchschnittlicher Europäer sage uns schreibe sechs Mal so viel.

Umso kritischer ist es, dass wir durch unseren Lebensstil dazu beitragen, dass jedes Jahr wertvoller Erdboden verloren geht. Zum Beispiel dadurch, dass wir mit Städten und Straßen den Boden versiegeln. Heute bedecken Städte etwa 1 bis 2 % der Erdoberfläche, 2050 sollen es rund 4 bis 5 % sein. Nicht viel anders sieht es mit den Folgen unseres unstillbaren Hungers nach immer mehr fossilen Brennstoffen aus: Allein die kanadischen Teersandabbaugebiete haben eine Fläche von 15 Millionen Hektar fruchtbaren Bodens in eine Mondlandschaft verwandelt. Etwas, was sich vielleicht nicht wieder so einfach rückgängig machen lässt, wie die Erfahrungen in Deutschland zeigen: 40 % der Braunkohletagebaue sind hierzulande geflutet worden und daher oft nur noch für Wassersportler interessant. Den toten Boden wieder zum Leben zu erwecken, scheitert meist am Geld. Darüber hinaus ist aber auch fraglich, ob man die ursprüngliche Qualität der Ökosysteme überhaupt wieder herstellen könnte.

Neben Artenverlust und Ernteausfällen ist der Klimawandel eine Folge dieser Entwicklung: Überall dort, wo Erdöl oder -gas gefördert und verbrannt werden, Wälder gerodet und Humus vernichtet wird, gelangt der bislang im Boden und in den Pflanzen gespeicherte Kohlenstoff wieder in die Atmosphäre. Mit 1.500 Milliarden Tonnen speichert allein die dünne Humusschicht fast dreimal mehr Kohlenstoff als alle Lebewesen auf der Erde. Doch durch Pflügen und Ernten beschleunigt sich die Freisetzung von Kohlendioxid. Der Reisanbau setzt Methan frei, ein Gas, das das Klima wesentlich stärker gefährdet als Kohlendioxid. Stickstoffdünger führt zu Distickstoffmonoxid (N_2O), einem noch schädlicheren Gas.

VOM BODEN ZUM KLIMASCHUTZ

Wir sitzen auf unserer Bank und sind trotz Frühlingssonne und Gartentag ganz verzagt. Angesichts dieser Zahlen kommen wir ins Grübeln. Wut überkommt uns. „So vieles läuft schief in unserer Welt!", hadern wir. Was wir bräuchten, wäre ein Umdenken im großen Stil: Hundert Prozent Ökolandbau wäre ein Schritt in die richtige Richtung. Denn eine Landwirtschaft mit möglichst wenig Pflügen, Erosionsschutz, Gründüngung oder Kompost und Dung würde nicht nur den Boden lebendig und die Pflanzen gesund und widerstandsfähig machen – es würde dem Boden auch wieder Kohlenstoff zuführen und damit der Klimakrise entgegenwirken. Gesunde Böden könnten zudem bis zum Vierfachen ihres Eigengewichtes an Wasser speichern. Eine wesentliche Eigenschaft, um die Wetterextreme auszugleichen, die wir im Zuge des Klimawandels erleben. Ein Ökolandwirt verbraucht dadurch im Schnitt pro Hektar rund ein Drittel weniger fossile Energie als ein konventioneller Bauer, speichert dafür aber im Schnitt rund doppelt so viel CO_2 im Boden. „Wir hätten gesünderes Essen, dem Boden ginge es besser und wir könnten, ohne auf

SCHWARZES GOLD

WIE DAS ALTE WISSEN UM TERRA PRETA AKTUELLE PROBLEME LÖSEN KANN

Terra Preta ist Portugiesisch und bedeutet „Schwarze Erde". Schwarzerden sind besonders fruchtbar, kommen aber nicht überall vor. Das Besondere an Terra Preta ist, dass sie von Menschen gemacht ist. Ihr hoher Dauerhumusgehalt kommt von der Pflanzenkohle, die zusammen mit organischen Abfällen fermentiert und anschließend zu Dauerhumus vererdet wird. Mit einem bodenschonenden Anbau entsteht dann in kurzer Zeit die Terra Preta. Bekannt wurde die Erde durch Funde im brasilianischen Amazonasgebiet ab 2000. Die Böden dort sind von Natur aus eigentlich unfruchtbar. Doch fand man inselweise diese Schwarzerde – dort nämlich, wo es Siedlungen früherer Hochkulturen gab. Seit der Jahrtausendwende erforschen wir, wie sich Terra Preta herstellen lässt und was dies für uns bedeutet.

Terra Preta ermöglicht eine für uns neue, giftfreie Form der Lebensmittelproduktion, bei der wir viele Probleme beim Klimawandel durch Steigerung der Bodenfruchtbarkeit lösen könnten. Wir könnten auf Pestizide und Mineraldünger verzichten und mit unseren organischen Abfällen viel intelligenter umgehen. Wenn man Terra Preta als Kreislauf vom Essen zum Essen betrachtet – und nicht auf einzelne Elemente wie die Pflanzenkohle oder den Humusaufbau reduziert – dann ist es eine ausgesprochen wirtschaftliche Form. Allerdings entzieht sie sich den großen industriellen Strukturen: Die industrielle Landwirtschaft kann die notwendige Biomasse nicht wirtschaftlich erschließen. Stattdessen bräuchten wir kleinbäuerliche Strukturen. Der Weltagrarbericht dokumentiert, dass diese Bewirtschaftungsform die Lebensmittelproduktion sicherstellen kann. Es ist also nicht wahr, dass nur die industrielle Landwirtschaft die Menschheit ernähren kann. Sie kann zwar von einem Produkt wie Weizen oder Fleisch große Mengen erzeugen. Aber dabei zerstört sie die Natur und vor allem auch die Bodenfruchtbarkeit. Biodiversität beim Lebensmittelanbau durch Mischanbau und im Boden erhöht die Erträge. Dafür gibt es erfolgreiche Beispiele, etwa im Chiemgau, in Mecklenburg oder in Schleswig-Holstein.

Zudem müssten wir die Städte grüner machen und Lebensmittel auf Dächern und an Fassaden anbauen. So könnten wir den Flächenbedarf für die Lebensmittelpoduktion deutlich reduzieren. Das ist auch das Geheimnis der alten Hochkulturen. Sie haben praktisch alle Lebensmittel in und um die Städte angebaut. Das Wissen um Terra Preta wird mit der Zunahme der Stadtbevölkerungen weltweit also immer aktueller. Seit 2005 nutze ich Terra Preta deshalb auch in meinem Garten am Rande von Berlin. Spannend ist für Gärtner vor allem, sich erst mal klarzumachen, was sie an organischem Abfall im Garten so haben. Zu Beginn sollte man möglichst viel selbst herstellen und nichts dazu kaufen. Man braucht eigentlich nur das Wissen – alles andere ist da. Im Internet gibt es viele Anleitungen, wie man die Pflanzenkohle selbst herstellen kann und behandeln muss. Ich kann sie nicht direkt in den Boden einbringen, sondern muss sie fermentieren und zu Dauerhumus umwandeln. Wichtig ist dann, dass es immer darum geht, das Bodenleben zu fördern. Das heißt, ich kann nicht einmal Terra Preta machen und dann eine Wirkung erwarten. Ich muss die ganze Bewirtschaftung darauf einstellen. Wenn ich zum Beispiel in meinem Garten mit Mineraldüngern und Pestiziden arbeite oder sogar Glyphosat einsetze, dann brauche ich mich nicht wundern, dass das auch mein Bodenleben schädigt.

Dr. Haiko Pieplow ist promovierter Bodenkundler. 2005 gelang es ihm, mit einem internationalen Netzwerk die Geheimnisse um Terra Preta zu entschlüsseln. Er arbeitet im Bundesumweltministerium und lebt in einem abwasserlosen Bio-Solar-Haus in Berlin.

ithaka-institut.org

1X1 DER BODENPFLEGE

DAS KLEINE EINMALEINS FÜR EINEN GESUNDEN BODEN

Ein kranker Boden ist oft ein verdichteter, strukturgeschädigter Boden. Er kann weder Wasser noch Nährstoffe speichern und gibt den Wurzeln nicht genug Luft. Früher sind die Landwirte nach einem starken Regen über den Acker gelaufen. Wenn da sehr viel Erde an den Schuhen klebte, stimmte etwas nicht – wenn nicht, war der Boden in Ordnung und es gab genug Regenwürmer. Denn je mehr Regenwürmer auf einem Quadratmeter Boden zu finden sind, desto besser geht es ihm. Ein altes Wort für einen Boden, der Wasser gut speichern kann, ist die Bodengare oder garer Boden. Heute kommt es nach einem starken Regen oft zu Überschwemmungen, weil das meiste Wasser oberflächlich abläuft. Denn viele Luft- und Wasserporen im Boden sind durch schwere Maschinen oder falsche Bodenbearbeitung mittlerweile stark verdichtet. Auch im Garten sollte man aufpassen, dass man nicht unnötig über den Boden geht oder zum Schutz vor Bodenverdichtung Bretter zwischen die Beete legt.

Einen verdichteten Boden sollte man jedoch nicht umgraben. In Umstellungsphasen oder bei schweren Böden kommt man nicht darum herum. Doch verdichteten Boden sollte man wenn möglich nur lockern. Wer umgraben muss, sollte die Flächen anschließend unbedingt mit Mulch, organischem Material oder zur Not auch mit auseinandergerissener Pappe abdecken. Die Abdeckung schützt den Boden bei heftigen Regenfällen, im Sommer vor dem Austrocknen und im Winter vor zu scharfem Frost. Mulch ist darüber hinaus ein guter Nährstofflieferant für die Bodenorganismen. Das ist ganz wichtig, denn es geht nicht darum, aus einem Düngebeutel die Pflanzen direkt zu versorgen. In einem umweltfreundlichen Garten wollen wir die Bodenorganismen zufüttern, damit sie die Nährstoffe bereitstellen, die die Pflanzen brauchen. Daher ist Gründüngung auch ein gutes Mittel, um Böden zu lockern und Bodenorganismen Nahrung zu liefern. Dabei baut man Pflanzen an, die man in der Küche eigentlich nicht braucht. Sie erzeugen Hohlräume für Bodenorganismen und Regenwürmer, verrotten und geben dadurch wieder Nährstoffe ab. So werden die oberirdischen Teile – zum Beispiel beim Senf oder bei der Phacelia – einfach abgeschnitten, bleiben den Winter über auf dem Boden liegen und können auch erst im Frühjahr eingearbeitet werden.

Der wichtigste Garant für Bodengesundheit ist jedoch der Humus. Er steigert die Krankheitsresistenz der Pflanzen, und zwar nicht nur durch die verbesserte Nährstofflage. Organische Substanzen im Boden können auch bestimmte Parasiten verdrängen und von Pflanzen Infektionen abhalten oder gar beseitigen. Bakterien und Pilze können sogar antibiotische Stoffe bilden. Dazu muss man nur richtig guten und reifen Kompost immer wieder in den Boden einbringen. Dieser entsteht aus der richtigen Mischung. Kompost aus nur einer einzigen Art gelingt oft nicht so gut. Vielmehr soll man Hartes mit Weichem mischen, Frisches mit Trockenem. Entsteht Fäulnis, ist der Kompost zu nass. Dann kann man Trockenes daruntermischen oder etwas zerkleinerte Pappe. Ist der Kompost zu trocken, kann man ihn mit Brennnesseljauche übergießen, sodass genug Feuchtigkeit da ist. Damit die Rottebakterien ihre Arbeit tun können, muss auch Luft zirkulieren. Früher hieß es, man solle den Kompost festtreten. Das ist falsch. Man soll ihn lieber immer mal wieder mit einer Grabgabel auflockern, damit Luft einströmen kann.

Schwester Christa ist Benediktinerin und Gartenbau-Ingenieurin. In der Benediktinerinnenabtei zur Heiligen Maria in Fulda bewirtschaftet sie den Klostergarten. Daneben gibt sie Workshops, hält Vorträge und schreibt Bücher über den ökologischen Gartenbau.
abtei-fulda.de

irgendetwas zu verzichten, eine ganze Menge für den Klimaschutz tun", erkennen wir. Doch davon sind wir meilenweit entfernt. Der Ökolandbau nimmt zwar zu, führt mit rund 7,5 % aller Ackerflächen in Deutschland aber immer noch ein Nischendasein. Was können wir als Einzelne da schon tun, außer Lebensmittel vom Bio-Bauern aus der Gegend kaufen? Spielt es da überhaupt eine Rolle, wie wir unseren Garten bestellen oder was wir auf unserem Balkon anbauen? Welche Veränderungen können wir mit den paar Quadratmetern Grünfläche schon bewirken? Wir sitzen auf der Bank, schauen uns im Garten um und spüren die tiefe Verbundenheit zu all dem, was da vor uns wächst und lebt. Und in uns reift trotz dem, was uns manchmal bedrückt, der starke Wunsch all das zu beschützen – ganz egal, ob wir es perfekt schaffen oder nicht. Es noch nicht einmal hier auf diesem kleinen Fleckchen Erde zu versuchen, wäre geradezu beschämend. Also packen wir unsere Schaufeln und machen uns daran, den Kompost umzusetzen.

DAS NEUE DORF IM WALDGARTEN

Es tut gut, sich nach diesen bitteren Gedanken körperlich zu verausgaben. In einem gleichmäßigen, steten Rhythmus schaufeln wir den Kompost vom vollen in den leeren Holzrahmen. Beide haben wir vor etlichen Jahren aus altem Holz gezimmert. Sie stehen mittlerweile etwas schief und krumm, mit Moos bewachsen, unter den alten Tannen am Ende unseres großen Gartens. Die Arbeit bringt uns ins Schwitzen und wir freuen uns über den Schatten. Es riecht etwas modrig nach altem Laub und verrottendem Holz. Wir schaufeln und denken an unser Gespräch mit Ralf Otterpohl. Er ist Institutsleiter an der Technischen Universität Hamburg und hat das Konzept „Das Neue Dorf" entwickelt. „Ein industriell-ökologischer Anbau allein reicht nicht aus", hat er uns gesagt. Denn Humus entsteht zwangsläufig nur dort, wo sich der Kreislauf zwischen Pflanze und Boden schließt. In der Natur würden ja alle Pflanzenteile, die auf den Boden fallen, den Bodenlebewesen als Nahrung dienen und zu Humus umgewandelt. In einem Garten, in dem wir Obst und Gemüse ernten, Rasenschnitt entsorgen oder Laub zusammenrechen, ist das natürlich nicht mehr der Fall. Und noch viel weniger, wenn Bauern große Äcker mit Monokulturen abernten und die Erzeugnisse in die ganze Welt verschicken. Dem Boden das organische Material für den Aufbau von Humus wieder zurückzugeben, ist dann eine teure und aufwendige Sache, die sich viele Bauern schlicht nicht leisten können, auch wenn sie es gerne würden. Anders sieht das laut Otterpohl bei Mini-Farmen mit Mischkulturen und Ag-

AKTION

KOMPOSTIEREN

1–3 STD. MITTEL

Baue 3 Kompostmieten mit einer Fläche von rund 1x1 m aus Holz, Gitter oder Ziegelsteinen an einem halbschattigen Ort.

DIE BELÜFTUNG

Schichte 10–20 cm grobes Material wie Heckenschnitt oder Zweige zur Belüftung.

DIE MIETE

Darauf kommen Garten- und Küchenabfälle, Rasenschnitt, Laub und Komposterde. Achte auf eine gute Mischung und genug, aber nicht zu viel Feuchtigkeit.

DIE ABDECKUNG

Bedecke den Kompost mit Rasenschnitt, einem Brett oder einem alten Teppich. Wenn die Miete voll ist, kann das Ganze reifen.

UMSETZEN

Bringe nach etwa 2 Monaten das Innere nach außen und das Äußere nach innen. Dann lasse ihn weiter reifen.

AUSBRINGEN

Nach 3–12 Monaten ist der Inhalt krümelig und riecht nach Waldboden. Du kannst ihn im Garten ausbringen.

9,8 MIO. TONNEN BIO-ABFÄLLE werden in Deutschland zu rund 3,5 Tonnen Kompost verwandelt. Die Grafik zeigt, wer ihn nutzt

Mulch schützt vor Wetter, hält die Erde feucht, verhindert Beikräuter, spart Zeit, Mühe und Geld und wird zu Humus.

GUT MULCHEN

kannst du mit Stroh, Laub, Häcksel, Rasenschnitt oder Pappe.

AKTION

STATT UMGRABEN

1–2 STD. LEICHT

Um ein neues Beet anzulegen, musst du den Boden nicht umgraben. Einfacher und schonender ist ein Schichtmulchbeet, das in der Permakultur üblich ist.

1. WIESENSTÜCK VORBEREITEN

Mähe dazu das Stück Rasen oder Wiese, das zum Beet werden soll und breite darauf Küchenabfälle und/oder groben Kompost aus.

2. KARTONS AUFSCHICHTEN

Schichte nun eine 5 cm dicke Lage Kartons auf und gieße sie, bis sie richtig feucht ist: ein tolles Zuhause für Regenwürmer!

3. STROH VERTEILEN

Dann gibst du eine etwa 40 cm hohe Schicht Stroh darauf. Es gehen auch trockene Häcksel.

4. ANPFLANZEN

Am besten legst du das Schichtmulchbeet im Herbst an, dann kannst du im Frühjahr direkt loslegen. Schiebe einfach das Stroh auseinander, fülle das Loch mit Mutter- oder Komposterde und pflanze deine Setzlinge ein.

roforstsystemen aus – also einer Anbauweise, bei der fruchttragende Bäume und Nutzpflanzen gemischt wachsen. Sie sind aus seiner Sicht die Lösung, um massiv Humus aufzubauen, denn die Blätter der Bäume sorgen automatisch für den Nahrungsnachschub der Bodenlebewesen. „Wir brauchen eine neue Art von Bauernhof. Im Moment sind die Bauern oft hoch verschuldet und kommen da nicht mehr raus. Für sie wäre es eine Zukunftsperspektive, wenn nicht mehr eine Familie 100 Hektar bewirtschaften würden, sondern 100 Familien jeweils einen Hektar", erklärt er uns per Skype. Wenn diese Familien die Lebensmittel in Mischkulturen anbauen, stärken sich die Pflanzen gegenseitig, so, wie das in der Natur ja eigentlich üblich ist. Das ist die Grundlage für einen nährstoffreichen und fruchtbaren Boden. Andere Bodenforscher sehen die Zukunft nicht nur auf dem Land, sondern auch in der Stadt. Denn hier wird bereits weltweit eine ganz beträchtliche Menge an Nahrungsmitteln angebaut: 15.000 Tonnen Gemüse kommen zum Beispiel jedes Jahr auf 22.800 Hektar Land in Mexiko-Stadt zusammen. In manchen Vierteln von Detroit soll es mittlerweile über 1.000 Gemüsegärten geben, darunter einer in der Innenstadt mit mehr als 8.000 Quadratmetern.

„Und jeder Quadratmeter humusreicher Boden zählt", stellen wir fest, denn wir erinnern uns an unser Gespräch mit dem Bodenkundler Haiko Pieplow. Seit Jahren untersucht er zusammen mit Hans-Peter Schmidt, wie Menschen die besonders fruchtbare Schwarzerde Terra Preta herstellen können. Über das Ithaka Institut veröffentlichen die beiden ihre Ergebnisse und stellen auch Anleitungen und Baupläne bereit, mit denen jede Hobbygärtnerin und jeder Hobbygärtner Terra Preta aus organischen Abfällen und Pflanzenkohle selbst erzeugen kann. Denn sie ist nicht nur unheimlich nährstoffreich, sondern speichert auch besonders viel Kohlenstoff – ein wahres Wundermittel für den Klimaschutz also. Wer den Humusgehalt seines Gartens mit Hilfe von Terra Preta zum Beispiel von 2 auf 10 % steigert, kann auf einer Fläche von 100 Quadratmetern etwa 8 Tonnen CO_2 speichern, hat Pieplow in seinem Buch „Terra Preta" vorgerechnet. Bei einem Humusgehalt von 20 % wären es also schon 18 Tonnen pro Quadratmeter. Würden das alle Kleingärtnerinnen und -gärtner in Deutschland tun, könnten wir bei einem Humusgehalt von 10 % gemeinsam gut 30 Tonnen CO_2 dauerhaft im Boden binden. Und würden sich dann auch noch die Landwirte anschließen, kämen wir insgesamt auf 10 Milliarden Tonnen Kohlenstoff.

DAS PARADIES ZUM SELBERMACHEN

Das macht uns Mut. Wir knien uns hin und untersuchen den halb verrotteten Kompost: Was wir da tun, hat wirklich Sinn! Natürlich finden wir haufenweise Regenwürmer (ein gutes Zeichen!), aber auch andere kleine, weiße Tierchen mit vielen Füßchen. Sie kringeln sich erschrocken zusammen und stellen sich dann tot. Wir legen sie vorsichtig an den Rand ihres neuen Zuhauses und hoffen, dass es okay ist, den Komposthaufen vorsichtig über ihnen aufzuschichten. Eine Assel hastet unters Laub, als wir ein altes, morsches Stück Holz umdrehen. Wer genau hinschaut, sieht das pure Leben in so einem Komposthaufen. „Und wir Menschen sind nun mal ein Teil dieses Kreislaufes zwischen Pflanze und Boden“, stellen wir fest. „Wir dürfen diesen Kreislauf nur nicht länger (aus Unwissenheit) unterbrechen“. Was wir dem Garten entnehmen, müssen wir ihm so weit wie möglich wieder in irgendeiner Weise zurückgeben. Haiko Pieplow und viele seiner Mitstreiter setzen sich deshalb auch dafür ein, menschliche Fäkalien nicht einfach mit wertvollem Trinkwasser wegzuspülen: Was für eine maßlose Verschwendung! Stattdessen hat Pieplow in seinem Haus eine Komposttoilette (die tatsächlich kein bisschen müffelt, wie wir aus eigener Erfahrung durch unsere Besuche im Ökodorf Sieben Linden sagen können, wo es auch ausschließlich Komposttoiletten gibt). Dort wandelt er die verdauten Pflanzen aus seinem Garten mittels Fermentierung zu Terra Preta um, weil dies mögliche Krankheitskeime verhindert.

Solch ein Kreislauf lässt sich auch in großem Stil denken, wie ein Pilotprojekt in Hamburg zeigt, an dem auch Ralf Otterpohl beteiligt ist: Rund 200.000 Menschen schenken über knapp 200 öffentliche Toiletten ihre Nährstoffe meist unwissentlich einem weltweit bisher einmaligen Terra-Preta-Kreislaufsystem. Im Untergrund werden die Hinterlassenschaften automatisch mit Pflanzenkohle und effektiven Mikroorganismen fermentiert und zu Humus kompostiert. Hochgerechnet auf alle öffentlichen Toiletten Deutschlands wäre das ein gigantischer Gewinn an Nährstoffen für den Boden – und eine Einsparung an Kosten für Wasser- und Energieaufbereitung. Auf den Spaten gelehnt sehen wir uns an und sind uns einig: Eine Komposttoilette steht für dieses Jahr nicht auf unserer To-do-Liste, noch nicht jedenfalls. Und das braucht es auch nicht, denn Humus kannst du auch weniger konsequent aufbauen. Ja, du brauchst noch nicht einmal einen Garten dazu. In einer Wurmkiste oder einem Bokashi-Eimer kannst du geruchsfrei in der Küche oder auf dem Balkon deine Küchenabfälle kompostieren oder fermentieren. Damit kannst du dann deine Pflanztöpfe, den Garten deiner Freunde oder ein Grünstück vor deinem Haus bereichern.

Geschafft! Der Komposthaufen ist umgesetzt. Noch einige Monate und wir können die Beete mit neuen Nährstoffen verwöhnen. Das Thema Erde hat uns fasziniert. Zwar haben uns manche Erkenntnisse auch schockiert, aber vor allem sind wir ermutigt: Wir haben erfahren, was für ein sinnvolles und positives Steinchen wir in dem globalen Mosaik einer gesünderen und schöneren Welt sein können. Und wir haben gelernt, dass wir Menschen schon längst wissen, wie wir diese Welt zu einem Garten Eden, zu einem Paradies für alle machen können. Dabei geht es gar nicht darum, noch eine neue Technologie zu entwickeln. Vielmehr müssen wir uns nur auf das zurückbesinnen und wieder entdecken, so scheint es uns, was unsere Vorfahren bereits wussten und angewandt haben. Wolken ziehen auf. Dick und schwer fallen erste Regentropfen. Wir strecken unsere schmerzenden Rücken und gehen zum Haus zurück. Wir kommen an unserem Teich vorbei und sehen, wie die Tropfen auf die Seerosenblätter platschen. Wir schauen zum Himmel hinauf, der uns immer stärker mit seinem Nass beglückt. Wasser! Eine weitere Quelle des Lebens und die nächste Station auf unserer Entdeckungsreise.

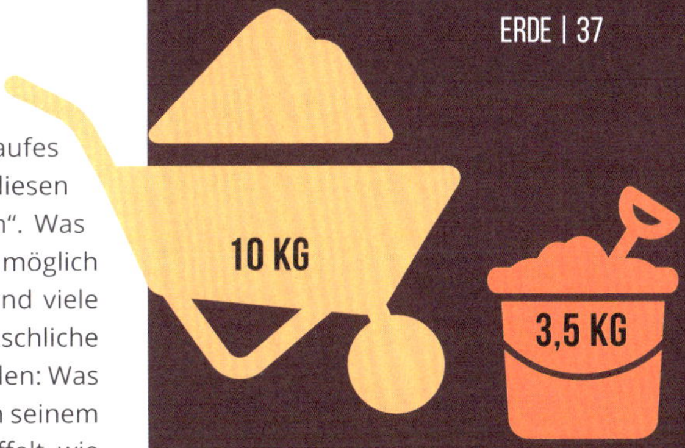

GARTENABFÄLLE = KOMPOST

AKTION

KOMPOST-TEE

15 MIN. LEICHT

Kompost-Tee ist ein guter Dünger und schützt Pflanzen vor Pilzkrankheiten.

GUTER KOMPOST

Siebe rund 1 Liter nach Waldboden duftende Komposterde in einen Eimer. Achte beim Ansetzen des Komposts darauf, dass du feuchte und trockene Zutaten gut mischst.

ZUR STÄRKUNG

Gieße rund 5 Liter kalkfreies Regenwasser dazu und rühre die Mischung gut durch. Lasse die Mischung mindestens 4 Stunden stehen. Fülle den Tee dann in eine Gießkanne und gieße die Pflanzen an der Wurzel.

GEGEN PILZBEFALL

Um Kompost-Tee gegen Pilzkrankheiten einzusetzen, lässt du die Mischung 1 Woche stehen, siebst sie durch ein Tuch, füllst sie in eine Sprühflasche und besprühst die Pflanze.

TIPP: TOPFPFLANZEN

Gewächshauspflanzen wachsen oft auf sterilem Torfmaterial. Gib ihnen gesunden Erdboden mit vielen Mikroorganismen.

AKTION

WURMKISTE BAUEN

1–3 STD. MITTEL

Eine Wurmkiste funktioniert ähnlich wie ein Komposthaufen, findet aber auf jedem Balkon und in jeder Etagenwohnung Platz. Sie kompostiert alle organischen Abfälle. Das spart die Energie für den Transport des Mülls und ergibt eine tolle Erde, die besser ist als gekaufte!

1. DIE KISTE

Finde eine Kiste, die ungefähr 50 cm lang, 40 cm breit und 30–40 cm tief ist. Außerdem sollte sie einen Deckel haben, damit die Würmer nicht abhauen können. Holz oder Plastik sind am besten geeignet. Holz hat den Vorteil, dass es ein natürliches, schönes Material ist, das eine gute Atmosphäre für die Würmer erzeugt. Plastik hält dagegen die Feuchtigkeit besser. Überlege auch, ob du eine Kiste zweitverwerten kannst, anstatt eine neue zu kaufen. Es gibt aber auch speziell zu diesem Zweck hergestellte Wurmkisten zu kaufen.

2. DER ORT

Die Kiste sollte an einem Ort stehen, der zwischen 15 und 25 °C warm ist. Du solltest sie also im Sommer nicht auf dem Balkon in die pralle Sonne stellen und im Winter ins Haus holen. Ein Standort im Keller oder auf dem Dachboden bedeutet natürlich auch einen weiteren Weg für dich. Die Küche ist ideal. Mit einem Kissen drauf, fällt sie anderen vielleicht auch gar nicht auf.

3. DIE WÜRMER

Fehlen noch die Würmer, genau gesagt, die Art *Eisenia fetida*. Sie sind rötlich mit gelblichen Furchen zwischen den Ringeln und werden rund 7 cm groß. Am einfachsten ist es, wenn du eine Handvoll Würmer aus einer anderen Wurmkiste bekommen kannst. Ansonsten kannst du die Würmer auch bei Regenwurmfarmen bestellen, zum Beispiel unter www.regenwurm.de. Selbst Würmer aus einem Komposthaufen auszugraben ist nicht nur aufwendig, sondern auch schwierig: Es gibt bis zu 46 Regenwurmarten und für manche wäre so eine enge Kiste eine echte Qual.

4. DIE KISTE FÜLLEN

Mische klein gerissenen Karton mit trockenem Laub oder Stroh und weiche alles in einer Schüssel Wasser ein. Gib die Mischung leicht ausgedrückt rund 5 cm hoch in die Kiste. Mische darunter etwa eine Handvoll sandige Gartenerde und setze die Würmer hier hinein. Das ist ihre Wohnung. Neben den Würmern kommen durch die Gartenerde, die du zum Start in die Kiste gibst, noch viele weitere Lebewesen wie Springschwänze, Asseln, Tausendfüßler oder Milben dazu. Darauf gibst du zirka 500 g Küchenabfälle: das erste Wurmfutter. Decke diese mit einer weiteren Handvoll Erde ab. Zum Abschluss zerreißt du das Papier von ein bis zwei alten Tageszeitungen, weichst es in Wasser ein, drückst es leicht aus und schichtest es auf die Erde. Decke die Erde gut ab und verschließe die Kiste so, dass Würmer nicht raus- und Fruchtfliegen nicht reinkommen. Es ist aber wichtig, dass Luft in die Kiste gelangt.

5. RICHTIG FÜTTERN

In eine Kompostkiste der hier genannten Größe passen rund 1.000 Würmer. Erfahrungsgemäß futtern sie zwischen 1,5 und 2 Kilo organische Abfälle pro Woche. Füttere aber zu Beginn lieber oft und wenig und sammle deine eigenen Erfahrungen. Ungeeignet für Wurmkisten sind Knoblauch, Schalen von Zitrusfrüchten, Ingwer, Brot oder gewürzte Speisen. Ansonsten passt fast alles. Wichtig ist, dass in der Kiste immer ausreichend Feuchtigkeit herrscht. Das brauchen die Würmer. Achte darauf, dass die Kiste immer gut nach „Waldboden" riecht.

6. DIE ERDE ERNTEN

Bis die erste Komposterde fertig ist, dauert es mindestens 3–4 Monate. Um die Würmer von der Erde zu trennen, kannst du die Kiste mit Hasengitter in zwei Teile trennen. 2–3 Monate vor der Ernte befüllst du nur eine Seite. Die Würmer wandern zur Nahrung. Andernfalls kannst du die Erde zu einem Hügel (auf einer Plastikplane) aufhäufen. Die Würmer meiden das Tageslicht und ziehen sich ins Hügelinnere zurück. Ernte die Erde außen herum vorsichtig und häufe den Rest wieder zu einem kleineren Hügel auf. Wiederhole dies, bis der Rest in die Kiste zurückkann.

1. 1–2 eingeweichte, zerkleinerte Zeitungen
2. 1 Handvoll sandige Gartenerde
3. 500 g Küchenabfälle
4. 1 Handvoll sandige Gartenerde
5. 5 cm feuchtes Laub oder Stroh
6. Hasengitter
7. reifer Kompost

DIESE ANLEITUNG

zum Bau einer Wurmkiste stammt von der Permakultur-Gärtnerin Judith Henning. Eine ausführliche Beschreibung der Schritte findest du unter: **bit.ly/wurm-kiste**

FAZIT

ACKERN FÜR MEHR MUTTERBODEN!

TRAINING

ERDREICH ERKUNDEN

Um einen Boden verbessern zu können, musst du ihn erst einmal kennen: Nimm eine Handvoll feuchter Erde und forme sie zu einer Wurst.

TONBODEN

Bleibt sie so, ohne zu bröseln, hast du einen Tonboden. Du hast schweren Boden, der viel Wasser speichert. Möglicherweise braucht er Sand, damit deine Pflanzen und Bodenlebewesen besser darin zurechtkommen.

SCHLUFFBODEN

Bleibt die Wurst zwar, bricht aber leicht, hast du einen Schluffboden. Schluff sind Mineralteilchen, die von der Größe her zwischen Ton und Sand liegen. Dein Boden kann zum Verdichten neigen. Lockere ihn ausreichend.

SANDBODEN

Wenn es dir nicht gelingt, eine Wurst zu formen, dann hast du einen Sandboden. In den großen Zwischenräumen verschwinden Wasser und Nährstoffe leicht in tiefe Schichten. Mit Humusgaben, Mulch und Gründüngung kannst du ihn anreichern und die Zwischenräume verkleinern.

TUTORIAL

GRÜN DÜNGEN!

Gründünger schützt den Boden, reichert ihn mit Nährstoffen an, verbessert seine Struktur, hält Unkraut fern und zieht Insekten an. Wann willst du grün düngen?

1. BODEN VORBEREITEN

Lockere den Boden ein bisschen und ziehe ihn falls nötig mit dem Rechen glatt.

2. AUSSÄEN

Säe je nach Pflanzenart zwischen März und Oktober breitwürfig aus. Senf, Phacelia und Roggen eignen sich für fast alle Böden. Gieße nach der Aussaat.

3. WACHSEN

Mähe den Gründünger spätestens, wenn er blüht, sonst verbreiten sich die Samen im ganzen Garten. Am besten nimmst du dazu eine Sichel.

4. EINARBEITEN

Lass den Schnitt einige Tage liegen, bis er getrocknet ist, und arbeite ihn dann mit einer Kralle in den Boden ein.

NOTIZ: ZEIGERPFLANZEN

Zeigerpflanzen geben auch Auskunft über einen Boden. Ackerringelblumen zeigen Kalkboden an, Ackerwinden schweren Tonboden und Gänseblümchen sauren Boden. Eine Liste findest du unter https://fuereinebesserewelt.info/zeigerpflanzen. Welche gibt es in deinem Garten?

TUTORIAL

TERRA PRETA MACHEN

1. PFLANZENKOHLE

Du kannst Pflanzenkohle mit einem (selbst gebauten) Mikrovergaser selber machen oder kaufen. Mische die Kohle zusammen mit effektiven Mikroorganismen (EM) und etwas Wasser in einem 5-Liter-Eimer, der sich luftdicht verschließen lässt.

2. FERMENTIEREN

Fermentiere Küchenreste in einem 10-Liter-Eimer, indem du jede Pflanzenschicht mit der Kohlenmischung bedeckst. Ist der Eimer voll, schließt du mit einer Kohlenschicht ab und lässt den Inhalt 4 Wochen stehen.

3. KOMPOSTIEREN

Dann kannst du den Inhalt mit etwa 10 Litern Kompost vermischt kompostieren oder als untere Schicht in einem Hoch- oder Hügelbeet ausbringen. Wichtig: Das Material darf noch nicht direkt mit Pflanzen in Berührung kommen. Die Terra Preta entsteht erst durch die Kompostierung.

TIPP: HOLZKOHLE SELBER MACHEN

Du kannst Holzkohle in deinem Garten mit Pflanzenresten relativ leicht selber erzeugen. Dazu kannst du eine Erdkuhle nutzen, einen Mikrovergaser bauen oder einen Pyrolysekocher kaufen, mit dem du kochen und zugleich Pflanzenkohle erzeugen kannst. Bei YouTube findest du jede Menge anschauliche Anleitungen dafür.

CHECKLISTE

HUMUS AUFBAUEN

Was willst du tun, um das Bodenleben in deinem Garten oder deinen Töpfen zu fördern?

- ☐ Ich lege mir eine Wurmkiste zu.
- ☐ Ich fermentiere Küchenabfälle in einem Bokashi-Eimer.
- ☐ Ich baue eine Kompostmiete in meinem Garten.
- ☐ Ich stelle Pflanzenkohle her und erzeuge Terra Preta.
- ☐ Ich mulche meine Beete.
- ☐ Ich baue eine Komposttoilette.
- ☐ Ich lockere den Gartenboden regelmäßig.
- ☐ Ich pflanze Gründüngung an.
- ☐ Ich entsiegele Fläche und regeneriere das Bodenleben durch die Zugabe von Muttererde und Humus.
- ☐ Ich dünge mit Pflanzenjauchen, etwa aus Brennnesseln.

NOTIZ: DAS BRAUCHE ICH

Welche Geräte und Materialien brauchst du noch, um deine Vorhaben zu verwirklichen?

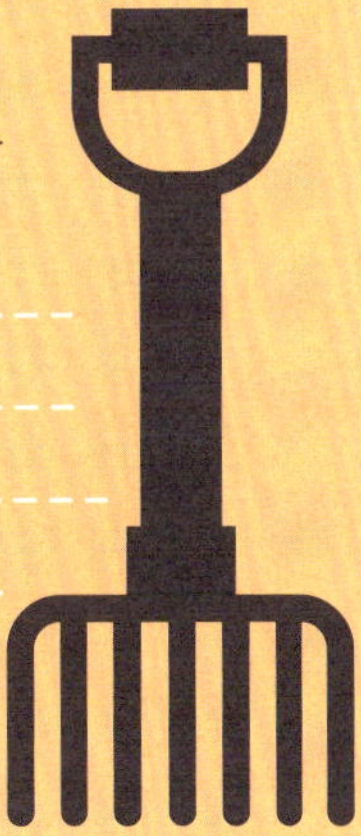

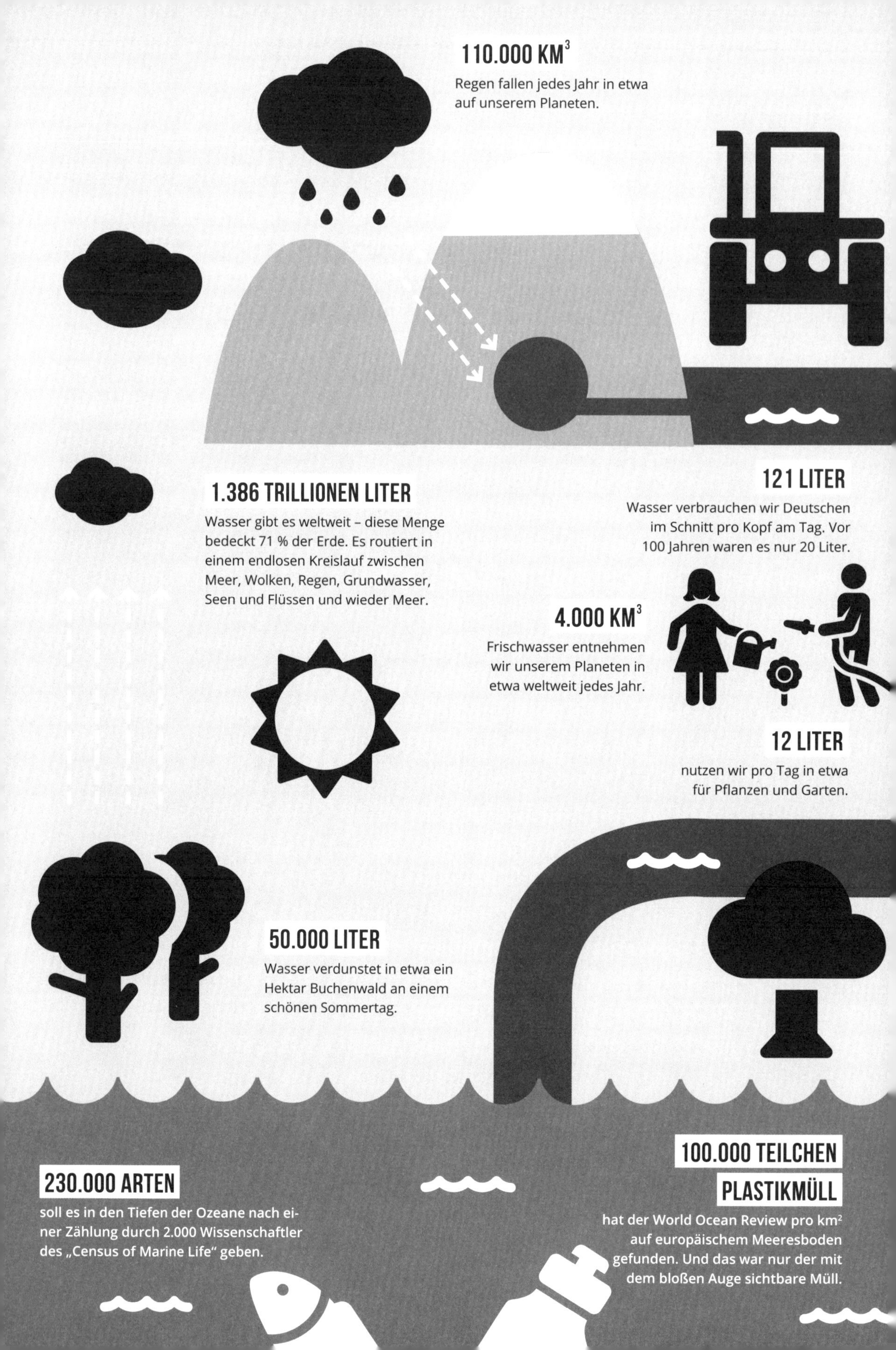
110.000 KM³
Regen fallen jedes Jahr in etwa auf unserem Planeten.
1.386 TRILLIONEN LITER
Wasser gibt es weltweit – diese Menge bedeckt 71 % der Erde. Es routiert in einem endlosen Kreislauf zwischen Meer, Wolken, Regen, Grundwasser, Seen und Flüssen und wieder Meer.
121 LITER
Wasser verbrauchen wir Deutschen im Schnitt pro Kopf am Tag. Vor 100 Jahren waren es nur 20 Liter.
4.000 KM³
Frischwasser entnehmen wir unserem Planeten in etwa weltweit jedes Jahr.
12 LITER
nutzen wir pro Tag in etwa für Pflanzen und Garten.
50.000 LITER
Wasser verdunstet in etwa ein Hektar Buchenwald an einem schönen Sommertag.
230.000 ARTEN
soll es in den Tiefen der Ozeane nach einer Zählung durch 2.000 Wissenschaftler des „Census of Marine Life“ geben.
100.000 TEILCHEN PLASTIKMÜLL
hat der World Ocean Review pro km² auf europäischem Meeresboden gefunden. Und das war nur der mit dem bloßen Auge sichtbare Müll.

70 %

FRISCHWASSER

verbraucht die Landwirtschaft, 20 % die Industrie und 10 % die Kommunen in Deutschland.

BIS 100 LITER

Wasser braucht eine ausgewachsene Kastanie ungefähr pro Tag.

97,5 % DES WASSERS

ist Salzwasser. Nur 2,5 % ist Süßwasser, von denen wir lediglich 0,3 % nutzen können.

WASSER

ALLES FLIESST: VOM WERDEN UND WANDELN EINES URQUELLS

Ein wunderschöner Maitag. Wir haben es uns auf den hölzernen Liegen gemütlich gemacht und genießen den Garten, lesen, unterhalten uns oder schauen einfach dem bunten Treiben zu. Nach einiger Zeit stehen wir auf und schlendern herum. Unser Rundgang führt uns vorbei an den Blumen- und Hochbeeten, an den Johannisbeersträuchern, den Quitten und dem Apfelbaum und endet an unserem kleinen Teich. Einem drei mal fünf Meter großen Becken am Rande des Gartens. Umsäumt von einer Felsenbirne, Storchschnabel, Frauenmantel und hohen Gräsern, bewohnen eine Teichrose und eine beachtliche Anzahl Molche das Gewässer. Immer wieder sieht man, wie die kleinen Schwanzlurche an die Wasseroberfläche geschwommen kommen. Manche lassen sich dort treiben und gucken uns neugierig an. Andere verweilen im Schutz der Uferböschung. In diesem Monat endet die Hauptlaichzeit. Dann wird es nicht mehr lange dauern, bis die Nachkommen schlüpfen. Die Larven, so wissen wir, brauchen noch mal rund zehn Wochen, bis sie ihren Eltern ans Ufer folgen können. Bis dahin haben sie Kiemen und ihre Welt sind allein die schätzungsweise 11.000 Liter Wasser unseres Gartenteichs. Immerhin. Wir kontrollieren den Wasserstand, fischen und retten ein Insekt, das zappelnd auf der Oberfläche umhertreibt. Nach kurzer Zeit ist aus unserem Entspannungsnachmittag eine Teicherkundung geworden. Wir sind fasziniert von dem Lebensraum für Tiere und Pflanzen, zugleich Tränke und Badestelle. Obendrein übt der kleine Teich einen ganz eigenen, sehr positiven Einfluss auf uns aus. Er beruhigt und belebt zugleich. Das leise Plätschern, wenn der Wind über seine Wasseroberfläche streicht, das Gluckern und Glucksen, wenn ein Vogel darin planscht. Das Pladdern des Regens. So ein Teich zeigt uns das Element Wassser von der besten Seite.

Als wir uns mit der Erde beschäftigt haben, haben wir schon gesehen, wie wichtig Wasser ist. Nun möchten wir mehr über das Element erfahren. Nicht nur über Gartenteiche wie den unseren, sondern auch über Flüsse, Seen und Meere: Was ist Wasser überhaupt? Woher kommt es und wo geht es hin? Warum ist es so wichtig für das Leben auf unserem Planeten? Wir wollen wissen, wie sich der Klimawandel auf den Wasserkreislauf auswirkt und welche Folgen das für Pflanzen, Tiere und Menschen hat. Vor allem aber wollen wir wissen, wie wir mit Wasser im Garten noch besser umgehen können. Wie immer hilft es, die Sache vom Großen ins Kleine zu denken. Sich erst ein umfassenderes Bild zu machen und dann die eigene Situation näher zu betrachten. Beim Wasser ist das gar nicht so einfach, denn es ist wirklich ein sehr weit fließendes Thema. Das fängt schon damit an, dass niemand so richtig weiß, woher das Wasser auf unserem

Planeten eigentlich stammt: War es immer schon da? Kommt es vom Dampf der Vulkane der Urzeit? Oder hat es ein Komet auf die Erde gebracht? Bis heute sind die Antworten auf diese Fragen ein wissenschaftliches Rätsel. Fest steht jedoch: Menschen, Tiere oder Pflanzen – wir alle brauchen Wasser. Täglich. Und auf der Welt gibt es auch wirklich viel davon. Etwa 1,386 Milliarden km^3 bedecken rund 71 % der Erdoberfläche. Dazu kommt der Wasserdampf in der Luft und das Grundwasser in den verschiedenen Schichten des Bodens. Doch der Schein trügt: die größte Menge – nämlich 97,5 % – ist Salzwasser. Gerade mal 2,5 % sind Süßwasser, wovon nur 0,3 % als sogenanntes „blaues Wasser" den Durst der Welt stillt – damit ist das Wasser aus Flüssen, Feuchtgebieten, Seen und das Grundwasser gemeint. Diese planetare Gesamtmenge ist konstant. Nichts geht verloren, aber es kommt auch nichts hinzu. Wasser wechselt lediglich seinen Ort und den Aggregatzustand. Denn es ist die einzige chemische Verbindung auf unserer Erde, die natürlicherweise im festen, flüssigen und gasförmigen Zustand vorkommt. Wenn du also das nächste Mal draußen im Regen nass wirst, ärgere dich nicht. Werde dir einfach nur darüber gewahr, dass du dich gerade inmitten eines gigantischen, ewigen Kreislaufs befindest. So beeindruckend zu beobachten wie die Gezeiten. Wie Ebbe und Flut, die periodischen Bewegungen des Ozeans an seinen Küsten. Denn Wasser, das ist Bewegung, Verwandlung und Kreislauf: Aus den großen Meeren, aus den kleineren Gewässern, wie Flüssen, Seen, Teichen und Tümpeln, und auch aus den Blättern der Pflanzen verdunstet das Wasser und steigt als Dampf in die Atmosphäre auf. Eine unzählbare Menge kleiner Tröpfchen sammelt sich und formt sich zu Wolken, die der Wind weiterträgt. Sobald sie auf kältere Luftmassen treffen, wandeln sie sich vom gasförmigen zurück in den flüssigen Zustand. Sie kondensieren und es regnet. Das Wasser fällt auf die Erde, gelangt über Flüsse und Bäche wieder in die Meere. Einiges versickert im Boden. Pflanzen nehmen es mit ihren Wurzeln auf und können es nun weiterverwenden.

WASSER UND PFLANZEN

Eine Pflanze verbringt ihr ganzes Leben an einem Ort. Da ist es verständlich, dass sie Mittel und Wege hat, um für ihren Erhalt zu sorgen. Hier kommen die Wurzeln ins Spiel. Es gibt die unterschiedlichsten Wurzelformen. Manche funktionieren wie eine „Nährstoff-Spardose", wie es die Bio-Gärtnerin Marie-Luise Kreuter in ihrem Buch „Der Biogarten" beschrieb. Manche verankern sich tiefer im Erdreich, als die Pflanze oberirdisch hoch ist. Das Wurzelwerk ist eine der wichtigsten Strategien, um Wasser aus der Umwelt zu erhalten. Während alte, verholzte Stränge die Pflanze im Boden verankern, nehmen die feinen Haarwurzeln die im Wasser gelösten Nährstoffe aus dem Erdreich auf. Auf der Suche danach verzweigen sie sich in alle Richtungen. Sie tasten sich vor, umgehen mit ihrer hochfeinen Sensorik Hindernisse. Ohne das Element Wasser würde der fein abgestimmte und intelligente Versorgungsapparat der Pflanzen zusammenbrechen. Es transportiert wichtige Nährstoffe durch sie hindurch, ermöglicht ihr Wachstum und sorgt für gut gefüllte Zellen.

REFILL DEUTSCHLAND

Mit Online-Karte und Aufklebern an Schaufenstern zeigt die Refill-Bewegung, wo du deine Wasserflasche kostenlos auffüllen kannst. **refill-deutschland.de**

WASSER FESTHALTEN

WIE WIR MIT DEN FOLGEN DER KLIMAKRISE KLARKOMMEN

Beim Wasser beschäftigt mich das, was an Land passiert, auf den Kontinenten. Vieles davon ist kaum sichtbar, aber doch tiefgreifend und dramatisch. 90 % der Feuchtgebiete und Sümpfe, die die europäischen Landkarten von 1800 noch verzeichnen, sind heute verloren: drainiert, überbaut, zugeschüttet. Gerade entlang den begradigten Flüssen nutzen die Landwirte die ehemaligen Auen heute als Ackerland. Das Resultat ist eine immer trockenere Landschaft. Die Folge: Viele Tier- und Pflanzenarten, die auf Gewässer angewiesen sind, verschwinden. Gleichzeitig fließt das Wasser bei Regen immer schneller ab, weil der trockene und durch Maschinen verdichtete Boden es nicht mehr aufnehmen kann. Das bekommen auch die Menschen zu spüren: Bei Trockenwetter fehlt es an Wasser, bei Regen kommt es zu Hochwasser.

Dazu kommt der Klimawandel, der die Gewässer in Europa enorm verändern wird. Weil die Schneegrenze ansteigt, wird es im Frühjahr und Sommer weniger Schmelzwasser in den Flüssen geben. Hitzewellen und Trockenperioden könnten sich häufen und bisher unbekannte Wasserkrisen auslösen. Dies wird zuerst die Landwirtschaft zu spüren bekommen. Auf genug Regen und Bodenfeuchtigkeit kann sie sich nicht mehr jederzeit verlassen. Doch statt Kulturen anzubauen, die weniger Wasser benötigen, setzt die Landwirtschaft in großem Stil auf künstliche Bewässerung. Im Sommer sieht man das immer öfter. Sogar Kartoffeln und Zuckerrüben beregnen sie. Das ist ein großer Aderlass für das Grundwasser, das zugleich die wichtigste Quelle für unser Trinkwasser ist. Die Landwirtschaft muss sich an den Klimawandel anpassen, indem sie Wasser sparsamer, effizienter als heute verwendet. Zum Beispiel durch Tröpfchenbewässerung. Auch die Massentierhaltung verbraucht enorm viel Wasser für die Bewässerung von Futtermittelfeldern. Ein großer Teil davon wird im Ausland verbraucht. Aber auch in Deutschland bewässern wir Futtermaisfelder. Ineffizienter kann man mit Wasser eigentlich kaum umgehen: Wenn man Gemüse bewässert, erhält man pro Liter Wasser ein Vielfaches des Nährwerts, als wenn man Mais anbaut, der als Tierfutter für Fleisch sorgen soll.

Außerdem sollten wir Flüsse, Seeufer und Feuchtgebiete schützen und so viele Gewässerflächen wie möglich wiederherstellen. Zum Glück gibt es in Deutschland Umweltverbände wie den Bund für Umwelt und Naturschutz (BUND) oder den Naturschutzbund (NABU). Sie befassen sich intensiv mit der Renaturierung von Gewässern und verhindern, dass weitere natürliche Flussstrecken verbaut oder aufgestaut werden. Was aber kann jede und jeder im eigenen Garten bewirken? Wer mit Boden zu tun hat – sei es um Lebensmittel anzubauen oder auch nur, um einen Garten mit Blumen zu gestalten – trägt auch Verantwortung dafür, wie es dem Wasser auf dieser Fläche geht. In sparsam und organisch gedüngten Böden kann sich Humus entwickeln, und Humus ist die Grundlage dafür, dass der Boden Wasser speichern kann. Pflanzen bieten Schutz vor übermäßiger Sonnenstrahlung und Verdunstung. Humusreiche, gut beschattete Böden brauchen keine oder nur wenig Bewässerung – und sie können den Regen länger speichern. Sie machen unsere Gärten widerstandsfähig und robust gegen Trockenheit und Hitze. Wenn wir hierzulande auch in Zukunft genügend Lebensmittel anbauen wollen, müssen auch die Landwirte diese Grundsätze beherzigen.

Dr. Klaus Lanz ist Chemiker, Wasserforscher und Publizist. Er befasst sich seit über 20 Jahren mit Wasserthemen und hat das unabhängige Institut international water affairs gegründet.
klaus-lanz.ch

Sarah Zierul ist Journalistin, Dokumentarfilm-Produzentin und Buchautorin. Sie berichtet über Themen, die ihr am Herzen liegen, wie Nachhaltigkeit, Globalisierung und Umweltschutz. **laengengrad.de**

Etwa 0,5 m^3 Wasser braucht eine Pflanze bei ihrer Photosynthese, um rund ein Kilogramm Masse aufzubauen. Für uns Menschen fällt dabei nicht nur Nahrung ab, sondern auch der Sauerstoff, den wir zum Atmen brauchen. Hier schließen sich gleich mehrere Kreisläufe. Die Natur hat es so eingerichtet, dass nichts verkommt. Kein Müll entsteht. Alles greift ineinander. Unser Planet ist wie ein riesiges Mobile, in dem alles seinen Platz und seine Aufgabe hat. „Warum nehmen wir uns nicht endlich ein Beispiel daran?", überlegen wir und blicken zu den Molchen. Im Gegensatz zu ihnen ist der Mensch ein Meister der Verschwendung. Das müsste gar nicht sein. Wir müssten auf nichts verzichten, wenn wir unsere Welt so gestalten würden, wie die Natur es uns vormacht. Und Wasser ist dafür ein exzellentes Beispiel.

KNAPP UND KOSTBAR

Ohne Wasser geht bei uns nichts. Wir brauchen stetig Nachschub. Der menschliche Körper besteht, zumindest nach der Geburt, zu 70 bis 80 % aus Wasser. Unser Blut zu mehr als der Hälfte. Wir haben das kostbare Nass in unseren Zellen und unser gesamter Stoffwechsel funktioniert nur, wenn dafür hinreichend Wasser zur Verfügung steht. An einem einzigen Tag scheidet ein Erwachsener bis 2,5 Liter Wasser über Haut, Nieren, Lungen und Darm aus. Doch obwohl wir auf sauberes Süßwasser angewiesen sind und es auf der Erde knapp ist, verschwenden wir immer mehr. Während der direkte private Pro-Kopf-Verbrauch in Deutschland in den letzten Jahren zurückging und sich bei rund

WASSER BEWEGT UNS

DER MEERESBODEN IST FÜR VIELE GEFÜHLT SO WEIT WEG WIE DER MOND

Ich habe mehrere Dokumentarfilme über die Tiefsee gedreht und dafür einige Jahre die Meeresforschung intensiv begleitet. Nachdem ich an mehreren Expeditionen teilgenommen hatte, habe ich schließlich mein Buch „Der Kampf um die Tiefsee" über Rohstoffe und Lebewesen in der Tiefsee geschrieben.

Irgendwann wurde mir aber klar, dass das Thema für die meisten Leute im Alltag gar nicht vorkommt. Der Meeresboden ist gefühlt weiter weg als der Mond. Doch was sich in den Meeren der Welt abspielt, ist dramatisch. Nicht einmal die Tiefsee ist noch unberührt. Auch dort hinterlassen wir unsere Spuren. Am Boden der Arktis liegt Plastikmüll. Der Fischfang hinterlässt Spuren. Die Netze gehen teils Tausende Meter tief und machen viel kaputt. Das große Problem in der Tiefsee ist, dass sich dort alles viel langsamer entwickelt. In der kalten Dunkelheit sind die Lebenszyklen etwa 20 Mal so lang wie in wärmeren Bereichen. Zudem sind viele Arten und Lebensgemeinschaften dort bisher kaum erforscht, ständig wird noch Neues entdeckt.

Es wäre wichtig, dass Staaten nicht warten, bis internationale Vereinbarungen zum Umwelt- und Naturschutz strenger werden, sondern selbst aktiv werden. Denn in Sachen Meeresschutz gibt es wirklich noch viel zu tun. Wir vergessen die Schönheit des Wassers. Jenen Aspekt, der uns alle in der Seele berührt, wenn man an einem schönen See steht, am Meer oder über einen Fluss fährt. Da bewegt uns etwas in unserem Innern, das zeigt, dass wir mit allem verbunden sind. Wir dürfen nicht vergessen, dass es beim Meeres- und Gewässerschutz auch darum geht, das zu erhalten. Wir Menschen kommen evolutionär aus dem Wasser. Alles Leben hat im Meer begonnen. Wenn wir das Wasser kaputt machen, machen wir uns kaputt. Daran sollten wir uns immer erinnern.

121 Litern einpendelte, ist unser Verbrauch in anderen Bereichen mehr als bedenklich. Im Weltagrarbericht steht, dass allein die Landwirtschaft 70 % des blauen Wassers verbraucht. Dreimal mehr als noch vor 50 Jahren. Bis 2050 soll der Bedarf sogar noch um 19 % wachsen. Zu dem, was wir täglich durch Trinken, Essen, Waschen, Baden und Putzen verwenden, kommt noch mal das bis zu 40-Fache hinzu, was die Herstellung von Produkten verbraucht – das sogenannte virtuelle Wasser. Nahrungsmittel, aber auch Industrieprodukte. Eine fatale Situation, wie uns Wasserexperte Klaus Lanz erklärt: „Ein großer Teil des virtuellen Wasserverbrauchs entsteht bei Produkten, die mit Bewässerung angebaut werden – vor allem bei der Herstellung von Futtermitteln." Nur logisch, dass es den Wasserfußabdruck enorm verringert, wenn man weniger Fleisch isst oder sogar auf Eier, Fisch, Fleisch oder Milchprodukte verzichtet.

Als Daumenwert, so lernen wir, verbraucht ein Industrieprodukt aus den USA pro Dollar in etwa 100 Liter, eines aus Westeuropa rund 50 und eines aus dem asiatischen Raum immerhin um die 20 Liter virtuelles Wasser. Bei einem Auto kommen so satte 400.000 Liter Wasser zusammen. Eine einzige Tasse Kaffee verbraucht rund 132 Liter Wasser. Zusammen genommen benötigt der weltweite Kaffeeanbau somit anderthalbmal so viel Wasser, wie jedes Jahr den Rhein hinunterfließt. Und zwar Wasser in Regionen, in denen es knapp ist. Laut UNICEF-Monitoring-Bericht 2017 und der Welthandelsorganisation haben weltweit drei von zehn Menschen zuhause keinen Zugang zu sauberem Trinkwasser, das sind 2,1 Milliarden. „263 Millionen Menschen müssen mehr als eine halbe Stunde pro Weg in Kauf nehmen, um zu einer Wasserquelle zu gelangen. 159 Millionen Menschen trinken noch immer unbehandeltes Wasser von Oberflächengewässern wie Flüssen, Bächen oder Seen", so der Bericht. Wasser wird also auf der einen Seite ganz unsinnig vergeudet und auf der anderen fehlt es in vielen Regionen dieser Welt. Wir fragen uns, wie sich diese Ansprüche um das Wasser gerecht regeln ließen. Eigentlich sieht das internationale Wasserrecht eine ausgewogene und angemessene Nutzung vor. Aber was heißt das genau? Klaus Lanz sieht dringenden Handlungsbedarf: „Wir gehen heute noch immer davon aus, dass wir das Wasser, das die Industrie verwendet und verschmutzt, einfach nur durch eine Kläranlage schleusen müssten, und alles wäre in Ordnung. Was sich heutzutage nicht herausfiltern lässt, darf nach offizieller Lesart in die Flüsse. Das ist der Status in Europa", meint er. Dabei haben wir seiner Meinung nach heute die Technik, um jedes Gewerbe- und Industrieabwasser so zu reinigen, dass sich das Wasser im Kreis führen ließe.

OZEANE IN GEFAHR

Schlimm genug, wenn es nur das wäre. Neben der Süßwassersituation gibt es aber noch ein zweites, ziemlich großes Problem: den Zustand unserer Meere. Einerseits versauern sie durch ihre Erwärmung immer mehr, mit fatalen Folgen für kalkbildende Organismen, wie Korallen oder Muscheln. Andererseits verschmutzen sie durch giftige Substanzen wie Industrieabfälle, Düngemittel, multiresistente

TAGESZEITUNG
6 Wochen

BAUMWOLLSHIRT
2–5 Monate

STYROPORBECHER
50 Jahre

GETRÄNKEDOSE
250 Jahre

PLASTIKFLASCHE
450 Jahre

WIE LANGE BLEIBT UNSER MÜLL IM MEER?

AKTION

PLASTIK ADIEU

1 WOCHE · SCHWER

Plastik belastet über Gewässer die Tier- und Pflanzenwelt. Prüfe, wie du es einsparen kannst:

1. VERPACKUNGEN
Wo kannst du Plastikverpackung vermeiden: Kannst du mit Tasche und Behältern auf dem Wochenmarkt, beim Bäcker oder an der Frischetheke lose einkaufen?

2. ALLTAGSGEGENSTÄNDE
Deko, Besteck, Wasserflaschen: Wie kannst du deinen Alltag plastikfrei gestalten?

3. PUTZMITTEL UND KOSMETIK
Finde heraus, welche der Produkte frei von Mikroplastik sind.

4. TEXTILIEN WASCHEN
Rund ein Drittel des Mikroplastiks geht durch Waschen von Synthetikfasern in die Umwelt. Finde Alternativen. Weitere Ideen unter **bit.ly/ohne-plastik**

AKTION

WASSER SPAREN

1 WOCHE · SCHWER

Mache deinen Garten mit den folgenden vier Schritten zum Wasserspar-Ort:

1. EINE REGENTONNE

Fange in so vielen Tonnen wie möglich Regenwasser auf. Nutze dazu alle Regenrinnen am Haus, Schuppen und Gewächshaus etc.

2. BODEN MULCHEN

Mulch ist nicht nur gut für deinen Boden, sondern spart auch Wasser, weil er die Verdunstung verringert. Mulche also offenen Erdboden.

3. RICHTIG GIESSEN

Gieße morgens. Gieße zudem nicht die Pflanzen, sondern die Erde. Gieße selten und intensiv, um das Wachstum der Wurzeln anzuregen. Achte darauf, dass das Wasser die Umgebungstemperatur hat.

UNSER WASSERVERBRAUCH

121 Liter Wasser verbrauchen wir im Schnitt jeden Tag für:

Essen/Trinken 4 %
Putzen/Garten 6 %
Geschirrspülen 7 %
Wäsche 13 %
Toilette 30 %
Körperpflege 40 %

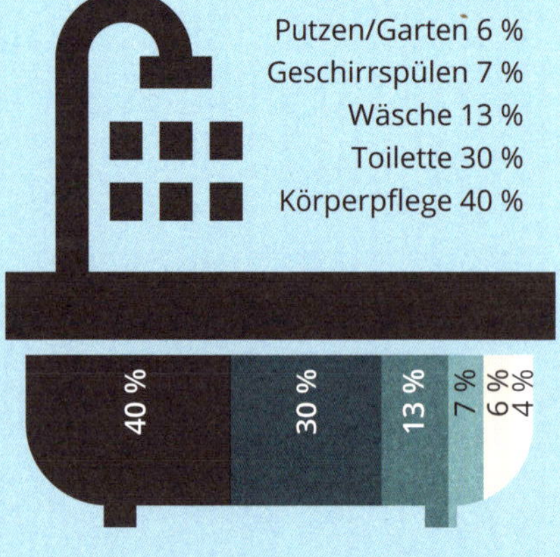

Keime und Unmengen an Müll. So erzählt uns Meeresbiologin Cornelia Oedekoven von einem verendeten Schnabelwal, in dessen Bauch man 30 Plastiktüten fand – er war mit vollem Bauch verhungert! Und die Dokumentarfilmerin Sarah Zierul schildert uns, dass es auf dem Boden der Arktis überall Plastikmüll gibt. Uns schaudert. Doch das sichtbare Plastik ist nicht das einzige Problem: Winzig kleine Plastikteilchen, sogenanntes Mikroplastik, reichern sich im Wasser an. An manchen Stränden kommt auf jedes zehnte Sandkorn bereits ein Mikroplastikteilchen. Diese kleinen Partikel binden Giftstoffe aus der Umwelt an sich – und sind laut Untersuchungen der technischen Universität Berlin mittlerweile durch Verdunstung und Regen im gesamten Wasserkreislauf angekommen: Sie wies bereits hohe Konzentrationen von Mikroplastik in Mineralwasser und Bier nach.

DER KREISLAUF DES WASSERS

Wir schauen auf unseren Teich, dieses malerische kleine Idyll, und lassen die düsteren Gedanken ziehen. „Warum uns davon abschrecken lassen?“, fragen wir uns und fischen Blätter und Algen aus dem Teich. Jede unserer Entscheidungen hat doch Auswirkungen. Positive oder negative. Es liegt bei uns. „Genauso wie bei der Erde gibt es auch beim Wasser vielleicht noch mehr Handlungsspielraum, als wir auf den ersten Blick sehen“, überlegen wir. Bisher haben wir in unserem Garten drei Berührungspunkte mit Wasser – durch den Regen, unseren Teich und das Gießen unserer Pflanzen. Der Regen kommt von oben, ohne dass wir darauf einen Einfluss haben. Das Teichwasser haben wir vor Jahren einmal eingefüllt und dann sich weitestgehend selbst überlassen. Abgesehen davon, dass wir hineingefallene Blätter herausfischen und den Teich vom allzu argen Wildwuchs der Seerose befreien. Doch was das Gießwasser angeht, sind wir bereits sorgsam: Wir holen es fast immer aus der großen Regentonne, die neben unserem Schuppen steht. Wir denken an die Sache mit den Wasserkreisläufen und fragen uns, warum das Wasser im Haus so gar nichts mit dem Wasser draußen zu tun hat. Warum leiten wir eigentlich alles Wasser nach der Nutzung aus dem Haus und verwenden das Regenwasser nur zum Gießen? Könnten wir unser Brauchwasser nicht intelligenter nutzen? Wir suchen nach Beispielen und lesen etwas über Laura Allen in den USA. Sie lebt in Kalifornien. Dort gibt es massive Wasserprobleme. Von 2011 bis 2017 hatte der Bundesstaat mit einer langen Dürrephase zu kämpfen. Mit schweren Folgen für die Landwirtschaft, die Wildtiere, die Wälder und den Trinkwasserbestand. Rund 100 Millionen Bäume überlebten diese Zeit nicht. Deshalb gründete Laura Allen das Greywater-Action-Projekt. Damit zeigt sie zusammen mit Pädagogen, Bewohnern und Handwerkern, dass es einfache und wirksame Haushaltswassersysteme gibt. Systeme, die den Wasserverbrauch drastisch reduzieren und eine nachhaltige Wasserkultur fördern. Mit ihren Workshops und Präsentationen hat die Organisation bereits Tausende von Menschen durch die Planung und den Bau eigener Grauwassersysteme geführt. Sie arbeitet mit Politikern und Wasserwerken zusammen, um Anreize für die Nutzung von Grauwasser, Regenwasser und Komposttoiletten zu geben.

NUTZE WASSER BESSER

VERHINDERE, DASS WASSER ZUR UMWELTVERSCHMUTZUNG WIRD

Die meisten Menschen sind komplett abgetrennt vom Wasserkreislauf. Sie drehen einfach den Wasserhahn in ihrem Haus auf und das Wasser sprudelt heraus. Wir könnten das Wasser, ohne nachzudenken, für immer laufen lassen. Wir würden zwar eine dicke Rechnung bekommen, aber wie sich das auf unsere Umwelt auswirkt, das würden wir nicht zu sehen bekommen. Denn wir realisieren kaum, wo das Trinkwasser aus dem Hahn herkommt oder das benutzte Wasser hingeht. Und da wir nicht wirklich viel für Wasser zahlen, können sich die Leute so viel Wasser leisten, wie sie wollen – auch wenn sie es unnötigerweise durchfließen lassen. Das ist ein großes Problem. Denn das ermutigt nicht gerade zu einem sparsamen Umgang oder dazu, dass man darüber nachdenkt, wie wir Wasser besser verwalten könnten.

Neben diesem System, das zur gedankenlosen Verschwendung von Wasser verführt, gibt es aber auch noch das Problem, dass viele Regelungen und Vorstellungen die Menschen davon abhalten, Wasser mehrfach zu verwenden. Zum Teil ist dies sogar illegal. Doch wenn wir uns anschauen, dass durch den Klimawandel Wasser teilweise extrem knapp wird, sollten wir die Menschen viel mehr dazu ermuntern, ihr Wasser auf sinnvolle Weise weiterzuverwenden. Wir sollten sie darüber informieren, wie das gut funktioniert, und sie dabei unterstützen, das umzusetzen. Denn neben dem Aspekt des Wassersparens verbraucht unser Wassersystem auch noch eine Menge Energie. Meist stammt sie von fossilen Energieträgern, die eine Menge Treibhausgase freisetzen, was wiederum den Klimawandel begünstigt. Das ist ein negativer Kreislauf.

Eine Alternative dazu ist die Verwendung von Grauwasser. Das ist Wasser, das die Menschen eines Haushalts bereits genutzt haben. Es kann zum Beispiel vom Waschbecken kommen, aus der Dusche oder von der Waschmaschine. Grauwasser ist nur leicht verschmutzt, etwa mit Seife. Der Vorteil eines solchen Systems ist, dass man auf einmal anfängt, darüber nachzudenken, was man ins Wasser gibt. Nutze ich die richtigen, pflanzenfreundlichen Produkte zum Waschen und Putzen? Dann kann ich Grauwasser bedenkenlos zum Bewässern meines Gartens verwenden. Dafür brauche ich nur ein relativ einfaches Rohrsystem, das zum Beispiel das Wasser aus der Waschmaschine nach draußen leitet. Von dort gelangt es über ein System zu ausgewählten Pflanzen. Das ergänzt sich prima. So ein Grauwassersystem erinnert uns daran, dass wir das nutzen, was wir ohnehin schon haben. Natürlich kann man mit Grauwasser auch die Toilette spülen. Doch dafür ist ein komplizierteres Rohrsystem erforderlich, wenn es gut funktionieren soll.

Eine weitere Lösung ist ein Regengarten. Das ist ein Bereich im Garten, in den man Regenwasser leitet und im Boden speichert. Regenwasser ist eine wichtige Ressource, die wir nutzen und nicht in der Kanalisation verschwinden lassen sollten. Ein Regengarten ist darüber hinaus auch einfach hübsch: Er ist eine leichte Senke in der Landschaft, die besonders wasserdurchlässigen Boden hat und mit Pflanzen bestückt ist, die mit viel Wasser klarkommen. Dann leitet man das Regenwasser von den Dächern in diesen Bereich. So ein Regengarten kann eine Menge Wasser auffangen, das mit der Zeit dann im Erdboden versickert. Die erste Devise beim intelligenten Umgang mit Wasser ist: Verhindere, dass Wasser zur Umweltverschmutzung wird.

Laura Allen ist US-amerikanische Buchautorin und Gründerin der Organisation Greywater Action, die sich mit dem ökologisch sinnvollen Einsatz von Brauchwasser beschäftigt. **greywateraction.org**

AKTION

MIKRO BEWÄSSERN

3 STD. MITTEL

Die Tropfbewässerung bringt das Wasser direkt zu den Wurzeln. Je nach Topografie kannst du sie leicht selbst bauen.

WO SOLL DAS WASSER HIN?

Lege einen ausreichend langen Schlauch aus und markiere, wo welche Pflanze steht. Der Schlauch sollte bergab führen.

WOHER KOMMT DAS WASSER?

Damit das Wasser aus der Regentonne fließt, muss genug Druck vorhanden sein. Stelle die Tonne gegebenenfalls auf ein Podest.

WIE VIEL LÖCHER SIND NÖTIG?

Bohre mit Hilfe eines dünnen Nagels kleine Löcher in den Schlauch. Je geringer der Druck und je durstiger die Pflanze, desto größer die Löcher.

WO SOLL DAS WASSER HIN?

Verschließe das Schlauchende, fülle den Schlauch mit Wasser. Lege ihn aus, bringe ihn an der Tonne an und entferne ihn, wenn genug gegossen ist.

TIPP: TONKEGELTRICK

Mit einem Tonkegeltropfer kannst du kleine Pflanzengruppen punktuell versorgen. Einmal in die Pflanzenerde gesteckt, reagiert er auf deren Feuchtigkeitsgehalt und gibt entsprechend Wasser ab.

Das interessiert uns sehr. Wir verabreden uns mit Laura Allen für ein Skype-Gespräch. Dabei erklärt sie uns, dass so einiges schiefläuft in unserem derzeitigen Wassersystem. In den USA genauso wie hier bei uns in Europa: Auf der einen Seite gilt Regenwasser als problematisch, weshalb wir es in riesigen Mengen einfach versickern lassen. Auf der anderen Seite sehen wir nicht, wie sich unser Verbrauch von sauberem Trinkwasser auf die natürlichen Kreisläufe auswirkt. Wir machen uns keine Gedanken, woher das Wasser kommt und wohin es geht, dass da so bequem aus dem Wasserhahn fließt. Deshalb gibt es auch kein wirkliches Verantwortungsgefühl.

Im Moment finden es viele ganz selbstverständlich, für die Toilettenspülung, Autowäschen, Reinigungen im und am Haus Trinkwasser zu verwenden. Und die Pflanzen im Garten damit zu gießen. Obwohl es sich bei nur 0,3 % der gesamten Wassermenge auf der Erde um gut zugängliches Trinkwassser handelt. Wir verlassen uns einfach auf ein zentralisiertes Wassersystem, das höchst anfällig ist für klimatische Veränderungen, wie Laura Allen aus eigener Erfahrung weiß. Sie schlägt deshalb vor, dass wir uns an den Wasserkreisläufen und natürlichen Ressourcen orientieren, anstatt zu versuchen, die Natur zu überwinden. Ein Gedanke, der uns ja auch gerade sehr umtreibt. Stattdessen fordert Laura Allen die Menschen auf, Trinkwasser zu sparen, wo es geht – und damit übrigens auch Energie. Denn „jeder Tropfen Trinkwasser verbraucht Energie für die Reinigung, die Bereitsstellung und gegebenenfalls für die Erwärmung im Haus“, erklärt sie. Warum, so fragt uns Laura Allen, sollten wir wertvolles Trinkwasser verkommen lassen, das wir nur einmal im Haushalt benutzt haben? Wieso sollten wir dieses Grauwasser nicht anderweitig nutzen? Statt das Wasser und die Nährstoffe aus dem persönlichen Lebensraum einfach abfließen zu lassen, könne eine Weiterverwendung und Umleitung viel bewirken, meint sie und berichtet von Grauwassersystemen für Waschmaschinen, Bewässerungsanlagen oder Toilettenspülungen.

VON DER IDEE ZUR TAT

In ihrem Buch „Wasserklug leben & wohnen“ beschreibt Laura Allen genau, wie man sich so ein Grauwassersystem anlegen kann. Wir sind etwas enttäuscht, denn es ist nicht so einfach und preiswert, sich so eine Grauwassernutzungsanlage zu installieren. Man braucht einen Erdtank oder Kellerspeicher mit zwei Sektionen, eine Pumpe, eine Filteranlage und zwei unabhängige Rohrsysteme – eines für das Grauwasser und eines für das gereinigte Wasser, das Brauchwasser. Uff. Wir entschließen uns dazu, das Projekt erst in zwei Jahren anzugehen, wenn wir ein bisschen mehr Zeit haben – und bis dahin darauf zu sparen. „Außerdem müssen wir auch fragen, ob unser Vermieter überhaupt damit einverstanden ist“, fällt uns ein. Darüber hinaus gibt es immer mal wieder Zuschüsse vom Land, da sollte man sich vorab informieren. Wir stecken die Füße in unseren kleinen Teich und überlegen: Was wir jetzt gleich machen können, ist unser Wasser im Haus und auch im Garten besser zu nutzen. Da gibt es schon noch ein paar Schräubchen, an denen wir drehen könnten.

Fangen wir mit dem Garten an. Bei uns in Deutschland gibt es zwar noch keine so heftigen Dürrezeiten wie in Kalifornien und als Hamburgerin und Hamburger können wir uns meistens nicht über zu wenig Regen beklagen. Doch in Südeuropa sieht es schon anders aus. Dort sinken die jährlichen Niederschlagsmengen. Dafür steigen die temperaturbedingten Verdunstungen durch den Klimawandel. Es gibt künftig einfach immer weniger Wasser. Und zwar nicht nur in Südafrika, Mittelamerika oder Südaustralien, sondern auch bei unseren Nachbarn im Mittelmeerraum. Selbst in vielen Regionen Deutschlands könnte das Wasser in Zukunft zumindest im Sommer knapp werden. Wetterexperten rechnen mit zunehmend extremen Gegensätzen zwischen starken Niederschlägen und dauerhaften Trockenphasen. „Das ist doch ein guter Grund, um sorgsamer mit Wasser umzugehen. Auch im Garten", meinen wir.

Also gehen wir gemeinsam die Punkte durch, die wir in einem Gespräch mit der Staudengärtnerin und Expertin für Gartenbau Dorothée Waechter erfahren haben. Sie hat sich mit der Frage auseinandergesetzt, wie man mit möglichst wenig Wasser im Garten auskommt. Ein ganz wichtiger Punkt, bei dem jeder ansetzen kann, ist ihrer Meinung nach das Gießwasser. Wir sind froh zu hören, dass wir genau richtig liegen, wenn wir fast nur Regenwasser nutzen. Doch es gibt auch Dinge, die wir besser machen könnten. „Entscheidend für einen sparsamen Umgang mit Wasser ist, dass das Wasser wirklich an die Pflanze gelangt und man die Wasserspeicher im Boden auffüllt", betont Dorothée Waechter. Pflanzen brauchen nämlich Wasser, das sie mit ihren Wurzeln aufnehmen können. „Wenn die Blätter ständig nass werden, ist das schlecht für die Pflanzen. Denn dann sind die Spaltöffnungen, die für den Gasaustausch zuständig sind, geöffnet. Und das ist dann eine Eintrittspforte für Pilz- und Bakterienkrankheiten, die sich über die Wassertröpfchen verbreiten", erklärt sie uns. Ein Grund, warum sich Mehltau bevorzugt nach einer Regenperiode ziemlich schnell breitmacht. Außerdem empfiehlt sie uns, die Pflanzen im Frühjahr zu gießen, wenn wir sie pflanzen, und vor dem Gießen stets zu prüfen, wie viel Wasser die einzelne Pflanze braucht. „Ich gieße morgens und dann gezielt nicht die Zwischenräume, sondern nur welke Pflanzen. Aber die dann auch richtig mit einem weichen Strahl, der zur Erde führt, oder mit einem Tropfsystem", fährt Dorothée Waechter fort. Das bedeutet, notieren wir uns, lieber erst mal weniger gießen und dann nachschauen, wie es der Pflanze bekommt. Das Wasser muss langsam nach unten sickern. Dennoch gilt: Lieber einmal in der Woche gießen und dann richtig viel als jeden Tag ein bisschen.

Außerdem, so meint Dorothée Waechter in unserem Gespräch, gehe es nicht darum, an welchem Standort eine Gärtnerin oder ein Gärtner eine Pflanze haben will, weil sie dort so schön aussieht. „Es geht darum, wo sich die Pflanze wohlfühlt", sagt sie. Manche Pflanzen, wie zum Beispiel die Hortensien, gehören eben nun mal in den Schatten. Und noch ein wichtiger Hinweis gilt für den Garten genauso wie für den Balkon oder ein Hochbeet: Hat eine Gärtnerin oder ein Gärtner überhaupt genug Zeit, um die Pflanzen zu gießen? Wenn wir gar nicht dazukommen, weil wir unterwegs sind, hilft auch der

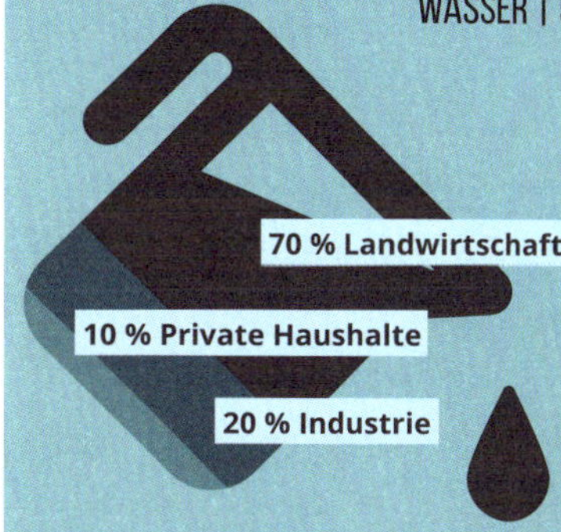

WASSERVERBRAUCH WELTWEIT
Die Landwirtschaft im globalen Süden verbraucht am meisten Wasser. Vieles von dort könnten wir auch bei uns anbauen.

AKTION

SCHLAU ANPFLANZEN

1–12 MON. SCHWER

Spare Wasser und Arbeit, indem du die richtige Pflanze zur richtigen Zeit am richtigen Ort pflanzt.

DER RICHTIGE ORT
Im Kapitel „Luft" findest du Tipps, wie du herausfindest, welche Regionen deines Gartens trocken oder feucht sind.

DIE RICHTIGEN PFLANZEN
Finde für jeden Standort die richtige Pflanze. Setze Trockenheit liebende Arten an höhere Stellen, Feuchtigkeit liebende in tiefere Gebiete. Junge, durstige Pflanzen brauchen vielleicht Halbschatten.

DIE RICHTIGE ZEIT
Die beste Zeit zum Einpflanzen ist der Herbst. Die Pflanzen können den herbstlichen Regen nutzen und bis zum nächsten Sommer tiefe Wurzeln bilden.

ODER BESSER AUSSÄEN?
Pflanzen im Frühjahr zu säen braucht weniger Wasser, als Topfpflanzen einzupflanzen.

GIESSE MIT AUGENMASS

WIE DU DEINE PFLANZEN SO ERZIEHST, DASS DU WENIG GIESSEN MUSST

Wasser ist neben Licht ein Grundelement, das die Pflanze braucht, um Energie zu gewinnen und damit letztlich zu wachsen. Bei der Photosynthese spaltet die Pflanze mit Hilfe der Lichtenergie Wasser. Zusammen mit Kohlendioxid gewinnt sie daraus Glukose, also Energie in Form von Zucker. Dabei setzt sie auch noch Sauerstoff frei, der für uns so wichtig ist. Wasser konkurriert im Boden aber auch mit der Luft. Wenn der Boden mit Wasser gesättigt ist, sind seine Hohlräume schnell mit Wasser gefüllt. Sie verdrängen die Luft, die die Wurzeln aber genauso brauchen. Denn die Photosynthese findet nur oberirdisch statt. Unterirdisch atmen Pflanzen genauso wie wir Sauerstoff ein – und das 24 Stunden lang. Wenn eine Pflanze zu viel Wasser im Wurzelbereich hat, gerät sie also ebenfalls in Stress. Pflanzen brauchen Wasser, aber nicht zu viel. Doch oft gießen wir einfach nur drauflos. Wir gehen davon aus, dass, wenn uns Menschen warm ist, auch die Pflanzen durstig sein müssten. Dadurch entwickeln viele Gärtnerinnen und Gärtner eine Routine und schauen gar nicht mehr genau hin, was wirklich los ist. Doch wenn man sich mal ansieht, warum Blätter welken, dann erkennt man, dass es sich hierbei auch um einen Schutzmechanismus der Pflanze handelt. Denn ein welkes Blatt hängt mehr oder weniger vertikal nach unten. Auf diese Weise kann nicht mehr so viel Sonnenlicht darauf scheinen. So verhindert eine Pflanze bei trockenem Boden und heißen Temperaturen, dass sie über ihre Blätter zu viel Wasser verdunstet. Dabei kann es aber vorkommen, dass Pflanzen, die mittags im Hochsommer noch welk waren, über Nacht auch ohne Gießen bis zum nächsten Morgen wieder frisch sind. Dann stellt sich die Frage: Warum gießt man denn eigentlich?

Natürlich muss ich eine Pflanze, die frisch eingepflanzt ist, gießen. Sie konnte mit ihren Wurzeln noch nicht in die Tiefe wachsen. Damit sie das dann aber tut, muss ich den Boden richtig tief durchdringend wässern. Dann haben die Wurzeln den Anreiz, nach unten zu wachsen. In der Tiefe ist mehr Wasser vorhanden, das die Pflanze aufnehmen kann. Wenn ich später wenig gießen will, dann muss ich sie also so erziehen, dass sie sich selbst versorgen kann – in Notzeiten oder im Sommer, wenn der Boden im oberen Bereich trocken ist. Deshalb sollte man auch lieber nicht täglich gießen, sondern eher alle drei bis sieben Tage – und dann aber richtig viel. Denn wenn ich nur die Oberfläche gieße, entsteht auch nur dort ein Wurzelgeflecht. Doch trocknet die Oberfläche im Sommer extrem schnell aus. Der Pflanze fehlt dann Wasser und sie verdurstet …

Ein weiterer Aspekt beim Gießen ist der Standort. Je sonniger eine Pflanze steht, desto mehr Gießwasser braucht sie, weil der Boden schneller austrocknet. Klar! Im Schattenbereich hält sich die Feuchtigkeit besser im Boden, dort muss ich Pflanzen nicht so oft gießen. Auch eine geschlossene Pflanzendecke hält die Feuchtigkeit und verhindert die Verdunstung. In vielen Gärten sieht man ja Zwischenräume zwischen den Pflanzen, die zeigen, dass da geharkt und gehackt wurde. Aber genau das ist ein Fehler. Man muss die Pflanzendecke schließen und den Boden schattieren. Dann bleibt das Wasser. Darüber hinaus spielt natürlich auch die Charakteristik einer Pflanze eine Rolle: Wie sieht die Pflanze aus? Was hat sie für Blätter? Sind sie weich, frisch und grün, sodass viel Wasser verdunstet? Oder haben sie eine Wachsschicht, die das verhindert?

Dorothée Waechter ist Fachjournalistin und Staudengärtnerin. Sie befürwortet den sparsamen Umgang mit Wasser im Garten.

richtige Standort nicht weiter. Denn ohne Wasser geht auch die trockenheitsresistenteste Pflanze irgendwann ein. „Gießen ist also Verantwortung – dem Wasser gegenüber und den Pflanzen“, fassen wir für uns zusammen.

ALLES FLIESST!

Unsere Katze Lilly schleicht um den Teich. Sie schnuppert mal hier und mal da, blinzelt in die Sonne und schaut mit ihrem Schwanz, die Luft peitschend, einer Libelle nach. Irgendwann gesellt sie sich zu uns und legt sich in die Sonne. Auch sie liebt den Platz am Teich. Wir kraulen sie ein bisschen und ziehen dann unsere Aufzeichnungen der Wetterbeobachtungn hervor: Welche Standorte in unserem Garten liegen in der Sonne und sind dem Wind ausgesetzt, also eher trocken? Welche Abschnitte liegen im Schatten oder in einer Senke und sind deshalb eher feucht? Wo ist die Erde eher durchlässig für Wasser und wo speichert sie es gut? Das alles sind wichtige Hinweise, um die richtigen Pflanzen für den richtigen Standort auszuwählen. Doch wir wissen nun auch: Wasser muss fließen, und zwar in Kreisläufen.

Deshalb denken wir darüber nach, was wir über das Sammeln von Wasser in unserer Regentonne hinaus konkret noch tun könnten, um das Element sinnvoll zu nutzen. Zum Beispiel haben wir noch gar nicht, so fällt uns auf, darüber nachgedacht, dass wir in unserem Haus jedes Mal viele Liter Wasser ungenutzt durchlaufen lassen, wenn wir den Wasserhahn von kalt auf warm umschalten. Unser Boiler braucht eine ganze Weile, um das Wasser zu erhitzen. Jetzt überlegen wir, dass wir dieses „Umstellwasser“ doch auch auffangen und anderweitig nutzen könnten. Etwa zum Gießen von Pflanzen. Das ist sicherlich etwas aufwendig, aber dennoch sehr effektiv. Außerdem fällt uns ein, dass wir – da wir schon seit einiger Zeit unsere Putzmittel und Kosmetik selber machen und dabei nur abbaubare Zutaten verwenden – das Wasser aus der Badewanne sogar für die Bewässerung unseres Gartens nutzen könnten. Und die Toilette könnten wir damit allemal spülen. Man müsste nur ein System haben, dass das alles in der Handhabung einfacher macht. Denn mit Eimern und riesigen Gefäßen zu hantieren, ist nicht gerade alltagstauglich …

Wir sitzen am Teich und unsere Gedanken fließen. Jetzt, wo wir erst mal angefangen haben, fallen uns immer mehr Dinge ein, wie wir Wasser noch weiterverwenden könnten. Auch im Garten. Dabei erinnern wir uns an den Spruch des griechischen Philosophen Heraklit: „Alles fließt und nichts bleibt; es gibt nur ein ewiges Werden und Wandeln.“ Wir schauen uns an und wissen: So ist es. Eine leichte Brise ist aufgekommen und weht eine Wolkendecke über unseren Köpfen zusammen. „Ohne Wind wäre es wohl schnell vorbei mit dem Fließen im Wasserkreislauf“, denken wir und bemerken, dass uns die Idee der Kreisläufe und des ewigen Wandels auch beim dritten Element, der Luft, begleiten wird. Die Welt um uns herum ist ständige Veränderung, Neuschöpfung und Ausdruck fließender Kräfte. Im besten Fall sind wir ihre Gärtnerin und ihr Gärtner. Dann dürfen wir in aller Bescheidenheit zu Mitschöpfern und helfenden Händen im großen Ganzen werden. Das merken wir uns.

SELBER BAUEN

Es gibt viele weitere Ideen, wie du im Garten sinnvoll mit Wasser umgehen kannst:

BRUNNEN BOHREN

Wenn dein Grundwasserspiegel nicht tiefer als 7–8 m ist, kannst du einen Brunnen bohren. Anleitung:
bit.ly/brunnen-bohren

REGENWASSERSEGEL

Spanne eine viereckige Plane so auf, dass eine Ecke zusätzliches Regenwasser in eine Tonne leitet. Anleitung:
bit.ly/regensegel

SEILPUMPE

Mit dieser Seilpumpe aus Fahrradpedalen kannst du ohne Strom und Benzin Wasser nach oben pumpen. Anleitung:
bit.ly/seilpumpe

GRAUWASSERTURM

Damit kannst du Grauwasser aus der Badewanne oder der Waschmaschine im Garten filtern. Anleitung:
bit.ly/grauwasserturm

KOMPOST-TOILETTE

Eine Komposttoilette spart wertvolles Trinkwasser und lässt sich überall aufstellen. Anleitung:
bit.ly/komposttoilette

AKTION

PFLANZE EINEN REGENGARTEN

1–2 TAGE SCHWER

Ein Regengarten ist eine bepflanzte Senke, über die der Regen leicht ins Erdreich sickert. Das tut dem Garten gut und verhindert, dass gutes Regenwasser in der Kanalisation verschwindet.

1. DEN RICHTIGEN ORT FINDEN

Ein Regengarten sollte mindestens 3 m vom Haus entfernt sein und an einem Ort mit einem saisonalen Grundwasserspiegel von über 70 cm liegen. Außerdem sollte sich das Regenwasser natürlich gut dorthin leiten lassen und der Weg keine Hindernisse enthalten, wie etwa Baumwurzeln. Je flacher der Ort ist, desto einfacher lässt sich der Regengarten dort anlegen. Um zu testen, ob der Boden an der ausgesuchten Stelle Wasser auch gut durchlässt, kannst du ein 15–20 cm tiefes Loch graben und mit Wasser füllen: Das Wasser sollte nach 12 Stunden versickert sein.

2. DIE GRÖSSE BESTIMMEN

Die Größe eines Regengartens hängt davon ab, wie viel Wasser er aufnehmen soll. Messe dazu die Flächen aus, von denen aus der Regen in deinen Regengarten abfließen soll. Das können Dächer, Terrassen und anderes sein. Hast du einen wasserdurchlässigen Boden sollte dein Regengarten maximal ein Fünftel dieser Fläche betragen. Ist dein Boden eher undurchlässig, sollte er mindestens halb so groß sein. Doch das sind nur Daumenwerte. Ein Regengarten kann weder zu groß noch zu klein sein – er hilft immer, Wasser abzuleiten.

3. DIE SENKE AUSHEBEN

Stecke in deinem Garten die Fläche mit Hilfe von Stöcken ab und verbinde diese mit einer Schnur. Ein leicht gebogenes Oval ist eine gute Form für einen Regengarten. Achte darauf, dass die lange Seite lotrecht zu einem möglichen Gefälle liegt. Grabe die Senke aus. Je stärker das Gefälle des Geländes, desto tiefer musst du graben. Möglich sind 20–60 cm.

4. LOTRECHT GRABEN

Es ist wichtig, dass die Senke gerade ist, damit sich das Regenwasser nicht an einer Stelle sammelt. Wenn das Gelände ein Gefälle hat, kannst du am obersten und untersten Punkt einen Stock in den Boden stecken und dazwischen eine Schnur spannen. Prüfe mit einer Wasserwaage, dass sie gerade ist. Messe beim Ausgraben immer wieder den Abstand vom Boden zur Schnur.

5. KOMPOST ZUGEBEN

Je nach Boden solltest du Kompost hinzufügen, um den Boden aufzulockern und seine Durchlässigkeit zu fördern. Eine 5–7 cm dicke Schicht Kompost reicht. Mische sie vorsichtig mit der normalen Erde. Ebne zum Schluss alle Unebenheiten ein.

6. PFLANZEN AUSWÄHLEN

Wähle am besten heimische Pflanzen aus – und zwar solche, die streckenweise mit viel Wasser gut zurechtkommen. Pflanze an die tiefen Stellen Pflanzen, die auch mal einige Stunden im Wasser stehen können. Mulche sie nach dem Einpflanzen.

7. DEN REGENFLUSS STEUERN

Baue aus der ausgehobenen Erde eine Berme, also einen kleinen Hügelwall, um deinen Regengarten, damit überschüssiges Wasser nicht weiterfließt. Wenn das Wasser von Dächern oder Terrassen nicht von alleine in deinen Regengarten fließt, kannst du es mit Rohren leiten. Es kann aber auch sein, dass dein Regengarten so gelegen ist, dass bei Starkregen ein wahrer Sturzbach auf ihn niedergeht. Diesen solltest du durch leichte Erhebungen unbedingt abbremsen, weil sonst dein Regengarten leidet.

DAS BRAUCHE ICH:

WIE VIEL WASSER

soll der Regengarten aufnehmen können? Entscheidend dafür sind die Regenflächen wie Dächer oder Terrassen.

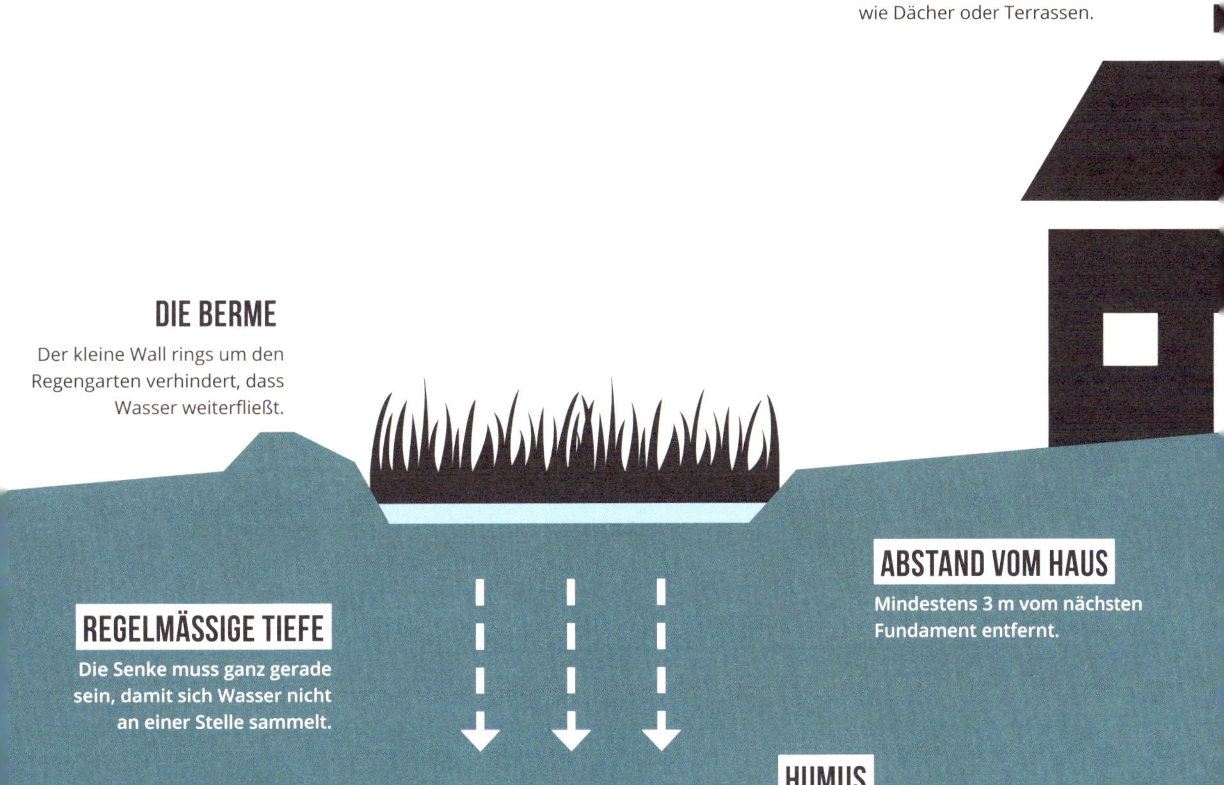

DIE BERME

Der kleine Wall rings um den Regengarten verhindert, dass Wasser weiterfließt.

ABSTAND VOM HAUS

Mindestens 3 m vom nächsten Fundament entfernt.

REGELMÄSSIGE TIEFE

Die Senke muss ganz gerade sein, damit sich Wasser nicht an einer Stelle sammelt.

HUMUS

Eine Zugabe von Humus kann den Boden auflockern und wasserdurchlässiger machen.

DER BODEN

Wie wasserdurchlässig der Boden ist, bestimmt die Größe des Regengartens.

DIE ANLEITUNG

Weitere ausführliche Schritte dazu, wie du einen Regengarten anlegst, bepflanzt und pflegst, findest du zum Beispiel unter bit.ly/regen-garten

FAZIT

WASSER MARSCH: WAS BRINGT DICH IN FLUSS?

TRAINING

DIE REISE DES TROPFENS

BEREITE DICH VOR

Suche dir für die folgende Meditation einen schönen und ruhigen Ort ohne Störungen. Setze oder lege dich bequem hin und schließe die Augen. Komm zur Ruhe, entspanne dich und beobachte deinen Atem.

VOM TROPFEN ZU DEN WOLKEN

Stelle dir vor, du bist ein Wassertropfen auf einem Blatt und verdunstest in der Sonne. Spüre, wie du immer leichter wirst und in die Luft steigst, hoch und immer höher. Lass alle Sorgen von dir abfallen.

REGNE HERAB

Steige weiter auf in kältere Regionen, wo du in einer Wolke wieder zum Tropfen wirst. Spüre, wie du immer schwerer wirst, bis du auf die Erde herabregnest. Fühle, wie du im Boden versickerst, von einer Wurzel aufgenommen wirst und durch die Pflanze wieder zu einem Blatt zurückkehrst. Wiederhole die Reise, wenn du magst.

TEST

DAS WASSER-QUIZ

Wasser ist bei uns reichlich vorhanden und so denken wir selten darüber nach, wie wir es behandeln. Und wie sieht es bei dir aus? Wie wasserschonend und -sparend lebst du?

Ich weiß in etwa, wie viel virtuelles Wasser ich verbrauche und versuche, es zu reduzieren.

1 2 3 4 5 6 7 8 9 10

Ich verwende kostbares Trinkwasser in meinem Haushalt mehrfach.

1 2 3 4 5 6 7 8 9 10

Ich nutze Regenwasser für meine Pflanzen.

1 2 3 4 5 6 7 8 9 10

Ich nutze Regenwasser in meinem Haushalt.

1 2 3 4 5 6 7 8 9 10

Ich habe meinen Garten so gestaltet, dass er auch mit wenig Wasser auskommt.

1 2 3 4 5 6 7 8 9 10

Ich nutze wasserschonende Reinigungsmittel und Kosmetik.

1 2 3 4 5 6 7 8 9 10

Ich kaufe keine Synthetiktextilien und/oder wasche sie möglichst selten, um Mikroplastik im Abwasser zu vermeiden.

1 2 3 4 5 6 7 8 9 10

NOTIZ: MEINE IDEEN

Wenn du noch mehr Ideen für einen achtsamen Umgang mit Wasser hast, dann notiere sie hier:

TUTORIAL

EIN TEICH FÜR ÜBERALL

1. DAS GEFÄSS

Mini-Teiche in einem Weinfass, einer Metallwanne oder einem Pflanzkübel haben überall Platz: auf dem Balkon, im Vorgarten oder auf der Terrasse. Als Gefäß eignet sich eigentlich alles. Was nicht dicht ist, lässt sich mit Teichfolie abdichten.

2. DER RICHTIGE ORT

Wähle einen Platz im Halbschatten mit Bedacht: Ist das Gefäß erst mal gefüllt, ist es zu schwer, um es zu verrücken. Prüfe gegebenenfalls, ob dein Balkon die Last tragen kann!

3. DEN TEICH BEPFLANZEN

Bedecke den Boden mit Kies und setze die Wasserpflanzen am besten in Pflanztaschen ein, damit sie sich nicht zu stark ausbreiten. Verwende kleinwüchsige Pflanzen und nimm lieber erst mal weniger – sie wachsen schnell! Schaffe Ausstiegsmöglichkeiten für Tiere.

4. MIT WASSER AUFFÜLLEN

Fülle deinen Mini-Teich nun mit Wasser auf. Achte bei Leitungswasser aus dem Schlauch auf geringen Druck. Füge Wasser aus einem Teich dazu, um wichtige Wasserlebewesen zu bekommen.

TIPP: DER GARTENTEICH

Wer einen Gartenteich anlegen will, muss sich einiges überlegen: Wie groß soll er sein? Welche Abstufungen der Wassertiefe gibt es? Und was muss ich bei der Pflege beachten? Bevor man sich die ganze Arbeit macht, kann man auch erst einmal mit einem oder mehreren Mini-Teichen testen, ob einem die Sache liegt.

CHECKLISTE

SPARMASSNAHMEN

Du kannst einiges tun, damit dein Garten mit möglichst wenig Wasser auskommt:

- [ ] Gegen Austrocknen pflanze ich Hecken quer zur Windrichtung.
- [ ] Ich beobachte das Wetter und weiß, wann es regnet.
- [ ] Ich pflege den Boden so, dass er Regenwasser gut speichern kann.
- [ ] Ich wähle Pflanzen passend zum Mikroklima meines Gartens.
- [ ] Ich gieße selten und viel, damit Pflanzen tief wurzeln.
- [ ] Rasen mähe ich bei heißem, trockenem Wetter auf eine Länge von 6 cm.
- [ ] Säen, Pflanzen und Bodenarbeiten mache ich bei feuchtem, kühlem Wetter.

NOTIZ: MEINE FRAGEN

Welche offenen Fragen hast du, um deine Pläne in puncto Wasser umzusetzen?

1 % VOM ERDRADIUS

ist die Atmosphärenschicht dünn, in der wir noch atmen können.

DER WIND

weht in der sogenannten Westwindzone, in der auch Europa liegt, meist von West nach Ost. Wind aus dem Westen bringt in der Regel gutes Wetter, Wind aus dem Osten Sturm.

1 KUMULUSWOLKE

von 1 x 1 x 0,5 km Größe kann bis zu 200 Tonnen Wasser speichern.

12.000 LITER

Luft und mehr atmet ein Mensch im Schnitt pro Tag ein und aus.

21 % SAUERSTOFF

enthält die Luft, die wir atmen.

1 BUCHE

filtert in 100 Jahren 1 Tonne Feinstaub aus der Luft und bereichert sie um 4,5 Tonnen Sauerstoff.

DACHBEGRÜNUNG

kühlt die Luft, indem sie Regenwasser speichert, das an heißen Tagen verdunstet.

BÄUME

an der richtigen Stelle können Häuser vor der Windauskühlung schützen.

GEWÄSSER

speichern am Tag Sonnenenergie und geben sie nachts wieder ab. So sorgen sie für einen Temperaturausgleich.

LUFT

DEN KOPF IN DEN WOLKEN: FRISCHER WIND FÜR JEDEN GARTEN

IN EINEM TAL

kann die Luft an der sonnigen Flanke um 10 Grad wärmer sein als an der kälteren Seite.

RASEN

verhindert, dass die Bodenwärme nach oben durchdringt, weshalb die Luft hier meist kühler und kälter ist.

Der Kirschbaum vor unserer Haustür ist nicht mehr zu retten. Ein Sturm hat ihn entwurzelt. Jetzt liegt er da wie ein bewusstloser Boxer. Das Wurzelwerk in die Höhe gereckt, der stattliche Stamm gebrochen, die Äste zerborsten. Kein schöner Anblick. Spätestens am Wochenende wird ein kleiner Trupp von Gärtnern aus der Wohnsiedlung kommen, ihn zersägen und dann Stück für Stück abtransportieren. Ein heftiger Herbststurm ist mit bis zu 125 Kilometern die Stunde über ganz Norddeutschland gebraust und hat alles zerlegt, was ihm nicht widerstehen konnte. Dieser Baum gehörte zu einer wunderschönen Allee mit rund 30 Zierkirschbäumen. Wenn sie wie rosa Zuckerwatte erblühen, kommen Menschen aus der ganzen Welt in unsere Siedlung, um den prachtvollen Anblick zu genießen. Jetzt ist dort, wo er stand, eine traurige Lücke und uns erscheint er wie ein Vorbote der klimatischen Veränderungen, die uns noch bevorstehen ...

Nach dem Sturm gehen wir durch unseren Garten und machen eine Bestandsaufnahme: Überall liegen Äste herum, Stauden sind umgeknickt, das Dach des kleinen Tomatenhäuschens steht ganz schief, herumstehende kleine Gartengeräte, Gießkanne, Schubkarre, alles hat der Wind durcheinandergewirbelt. Mitten auf der Mooswiese liegt ein Schuppendach aus Wellpappe. Es gehört unserem Nachbarn. „Zum Glück ist nichts Schlimmeres passiert", stellen wir bei dem Rundgang fest. Und doch kommen wir ins Grübeln: Wir haben uns bei unserer Recherche bisher ausgiebig mit den Elementen Erde und Wasser beschäftigt. Doch jetzt, wo wir uns der Luft zuwenden, erinnern wir uns an diesen Baum, wie er dalag. Hilflos und aus dem Leben gerissen. Binnen weniger Sekunden. Einfach so.

Wir begreifen, dass so ein Baum ein starkes Bindeglied zwischen allen drei Elementen ist. Tief verwurzelt im Erdreich findet er Halt, Nährstoffe und Wasser, um zu gedeihen. Er streckt sich in die Luft, dem Himmel und der Sonne entgegen und spendet uns den Sauerstoff zum Atmen. „Doch so verletzlich wie dieser Baum vor unserer Tür, so ist auch die gesamte Natur", erkennen wir. Das Pflanzenreich, die Tierwelt und auch wir Menschen, wenn die Elemente gestört sind. Bei der Luft fällt uns das besonders auf. Nicht nur, dass die Jahreszeiten bei uns in Hamburg kaum noch zu erkennen sind (im Juli war es letztes Jahr kälter als im Oktober). Stürme wie dieser werden immer heftiger, im Mai herrschen hochsommerliche Temperaturen und der August ist kalt und wechselhaft wie der April. Wetterextreme gibt es überall auf der Welt und wir sind mittendrin. Wir überlegen, was das für unsere gärtnerischen Pläne bedeutet: Mit welchen Temperaturen, Niederschlägen, Stürmen und Trockenperioden müssen wir rechnen?

WER ERZEUGT WIE VIEL FEINSTAUB?

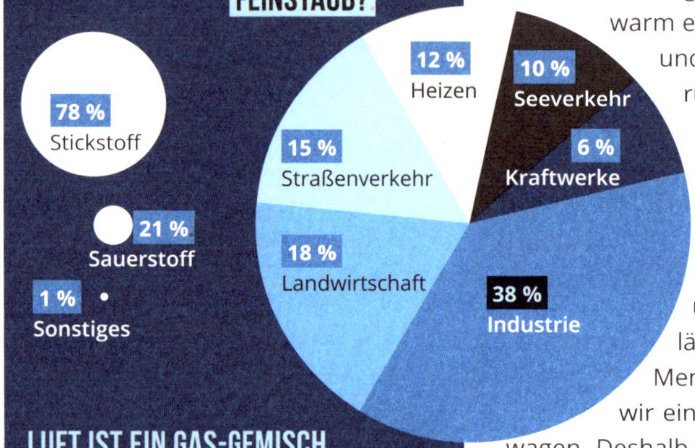

LUFT IST EIN GAS-GEMISCH

Darin befinden sich kleine Partikel wie Staub, Sporen oder Pollen.

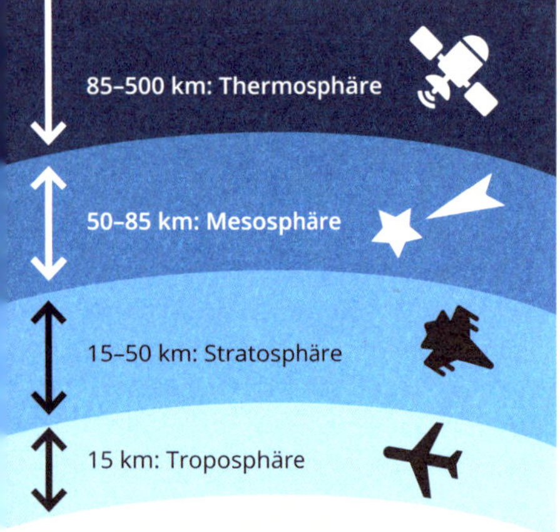

12.000 km

DIE ERDE

hat einen Durchmesser von gut 12.700 km – und eine dünne Gasschicht von gerade mal 15 km, die Leben auf ihr ermöglicht.

LUFTDATEN.INFO

Das OK Lab in Stuttgart hat einen Feinstaubsensor entwickelt, den wirklich jeder leicht zusammenbauen kann. Die Idee: Tausende von Privatmenschen messen den Feinstaub in ihrer Straße und tragen so zu der deutschlandweiten Luftdatenkarte bei: **deutschland.maps.luftdaten.info**

Der nächste Tag. Es ist feucht und kalt draußen. Doch wir stehen, warm eingepackt, im Garten und räumen auf. Harken Laub und Äste zusammen, stellen alles an seinen Platz zurück, richten einige Gewächse wieder auf und stützen sie ab. Wir haben es mit Geschöpfen zu tun, die eine Wahrnehmung und einen Lebenswillen besitzen. Still und beharrlich stehen sie da, als hätten sie unendliche Geduld, und sind dabei doch so unentbehrlich für alles Leben. Daran müssen wir denken und als die Arbeit getan ist, unterhalten wir uns noch länger angeregt. Es ist schon erstaunlich, wie sehr wir Menschen in unserer kleinen Welt leben und wie selten wir einen Blick von hoch oben aus der Luft auf uns selbst wagen. Deshalb wollen wir es gleich einmal versuchen: Es gibt acht Planeten in unserem Sonnensystem, doch nur auf einem können wir existieren. Auf der Erde. Nur hier, in einer verhältnismäßig dünnen Gashülle, der Atmosphäre, gibt es Sauerstoff zum Atmen. Aber so viel ist das nicht. Die Schicht bis zur Obergrenze der Stratosphäre ist gerade mal 50 Kilometer dick. Das ist knapp 1 % vom Erdradius und entspricht dem Verhältnis zwischen einem Pfirsich und seiner Haut. Und auch die Gesamtmasse der Luft fällt in der Erdatmosphäre mit $5{,}13 \times 10^{15}$ Tonnen eher gering aus. Lediglich ein Dreihundertstel der Wassermasse aller Ozeane oder ein Millionstel der Erdmasse. Noch dünner, nur rund 15 Kilometer hoch, ist die Troposphäre. Die Wetterschicht, in der wir Menschen zusammen mit den Tieren und Pflanzen leben. Aus kosmischer Sicht eine hauchzarte Hülle.

LUFT VERBESSERN, ABER WIE?

Obwohl also die planetare Hülle aus Luft, die uns am Leben erhält, so dünn ist, erscheint es uns, als ob Luft etwas ganz Selbstverständliches ist. Sie ist einfach da. Wir atmen sie und denken nicht viel darüber nach. Tut man es doch, wird schnell klar, von welch großer Bedeutung sie für das gesamte Ökosystem ist. Dabei besteht die Luft um uns herum gerade mal zu 21 % aus dem Sauerstoff, den wir zum Atmen brauchen. Ein kostbares Gut also, mit dem wir Menschen allerdings nicht gerade verantwortungsbewusst umgehen: Wir nutzen sie wie selbstverständlich in den Verbrennungsmotoren unserer Autos und Feuerungsanlagen für Abfälle, Kohle, Öl, Gas oder Holz. Jeden Tag fahren über eine Milliarde Fahrzeuge durch die Straßen dieser Welt und erzeugen dabei eine gewaltige Menge an Treibhausgasen und Luftschadstoffen. Jährlich kommen rund 83 Millionen hinzu. 2,6 Autos in der Sekunde! Smog, Feinstaub, Wetterextreme und eine Veränderung der klimatischen Bedingungen machen uns Menschen, Tieren und Pflanzen zu schaffen. Kann man hier überhaupt gegengärtnern? Der Geoökologe Dr. Marcel Langner, beim Umweltbundesamt für das Thema Luftreinhaltung zuständig, macht uns nicht viel Hoffnung. Stadt- und Gartengrün hätten zwar einen marginalen Einfluss auf die Luftreinheit. Doch wer das Problem anpacken wolle, müsse es an der Quelle bekämpfen – dort, wo die Verunreinigung ensteht. Stimmt.

ES FLIEGT WAS DURCH DIE LUFT …

OZON, STICKSTOFFOXID ODER AMMONIAK UND WAS MAN DAGEGEN TUN KANN

Die größte Gefahr für die Luftreinheit ist ganz allgemein gesagt der Mensch. Luft ist natürlich nie ganz rein und es gibt auch natürliche Quellen für Luftverunreinigungen wie zum Beispiel Vulkanausbrüche oder Waldbrände. Auch Pflanzen können Stoffe freisetzen, die für Menschen ungesund sind – biogenes Material zum Beispiel, das zum Feinstaub gehört. Aber vor allem hat sich die Luftqualität deutlich durch das verschlechtert, was der Mensch in den letzten Jahrhunderten beigetragen hat. In Deutschland haben wir den Höhepunkt der Luftverschmutzung deutlich hinter uns gelassen und sind auf dem Weg der Besserung. In China oder Indien ist die Lage aber zum Beispiel schlechter, mit bis zu fünffach höheren Feinstaubkonzentrationen. Dort haben wir heute eine Situation, die wir hierzulande vielleicht vor 50 Jahren hatten. Wenn ich von Luftschadstoffen spreche, dann meine ich nicht CO_2 und andere Treibhausgase, die auch natürlich in der Atmosphäre vorkommen und in der Regel längere Verweilzeiten dort haben. Ich meine Konzentrationsspitzen von Luftschadstoffen wie Ozon, Stickstoffdioxid und Ammoniak, die in der Regel lokal begrenzt sind. Es gibt zwar auch einen grenzüberschreitenden Transport von Luftschadstoffen. Ozon verteilt sich beispielsweise auf der Nordhalbkugel von Nordamerika nach Europa und von dort nach Asien. Doch gröbere Partikel breiten sich in der Regel nur wenige Kilometer aus.

Das Gas Ammoniak ist meist nur wenige Kilometer um den Bereich einer Quelle zuzuordnen, ebenso wie das derzeit stark diskutierte Stickstoffdioxid (NO_2), das die menschliche Gesundheit schädigt. NO_2 weist sehr kleinräumige Spitzenwerte auf, und zwar immer entlang der Straßen. Das heißt also, wer 30, 40 oder 50 Meter von einer Straße entfernt ist, hat typischerweise eine Halbierung der Konzentration. Derzeit werden die zulässigen Grenzwerte in deutschen Städten an rund 45 % der verkehrsnahen Stationen überschritten. Aber auch abseits von Orten mit diesen Spitzenwerten ist jeder Mensch in Deutschland in der Regel einer Konzentration von Luftschadstoffen ausgesetzt, die gesundheitlich nicht unbedenklich ist. Denn die derzeitig gültigen Grenzwerte für Luftschadstoffe gewährleisten keinen umfänglichen Gesundheitsschutz.

Die Ursachen sind zunächst jegliche Formen von Verbrennungsprozessen durch Autos, Heizöfen, größere Kraftwerke und weitere Quellen. Stadtbegrünung allein reicht nicht aus, um die Luftqualität zu verbessern. Wir müssen die Luftbelastung an der Quelle bekämpfen. Das heißt, wir brauchen zum einen Filter direkt im Abgas – zum Beispiel beim Auto. Und gleichzeitig müssen wir die Aktivitäten reduzieren, die zu Luftverschmutzung führen – also etwa weniger Auto fahren. Daneben haben wir in Deutschland ein enormes Problem mit Ammoniak-Emissionen. Deutlich über 90 % davon stammen aus der Landwirtschaft, vor allem aus der Tierhaltung. Wenn ich gärtnern im Sinne von Gemüse und Obst anbauen verstehe, dann setze ich mich auch mit Fragen meiner Ernährung auseinander. Ich möchte mich gesund ernähren und habe ein Bewusstsein dafür. Dann bin ich eigentlich schon auf dem richtigen Weg und kann nachvollziehen, dass massive Tierhaltung deutlich zur Luftverschmutzung beiträgt. Und ich verstehe, dass ich durch mein persönliches Verhalten, indem ich zum Beispiel meinen Fleischkonsum reduziere, auch ganz aktiv etwas für eine bessere Luft tun kann.

Dr. Marcel Langner ist Geoökologe beim Umweltbundesamt und leitet dort das Fachgebiet „Grundsatzfragen der Luftreinhaltung“.
umweltbundesamt.de

Edouard van Diem ist Leiter des Permakultur-Campus in Hamburg, Berater sowie Unterstützer zahlreicher permakultureller Projekte im In- und Ausland.
permakultur-campus.de

Global betrachtet scheint das kaum erreichbar: In der Jahresbilanz 2016 der Weltorganisation für Meteorologie (WMO) können wir lesen, dass Treibhausgas-Konzentration und Meeresspiegel der Ozeane weiter angestiegen sind. Das Wasser hat sich erwärmt. Keine guten Nachrichten.

WETTER BEOBACHTEN

Doch irgendwo müssen wir ja anfangen. Wir beschließen, uns zunächst dem Wetter zuzuwenden. Welche Zeichen gibt es in der Natur und welche Rolle spielt dabei die Luft? Wir wollen es besser verstehen. In einem Gespräch mit dem Permakultur-Gestalter Edouard van Diem werden wir daran erinnert, wie wichtig es ist, die Natur sorgfältig zu beobachten, bevor man darüber nachdenkt, seinen Garten zu gestalten. Bei uns in Hamburg kommt da einiges zusammen. Wir schauen uns eine USDA-Zonenkarte von Deutschland an (siehe auch Seite 67). Diese vom US-Landwirtschaftsministerium entworfene Übersicht zeigt die Winterhärtezonen (Plant Hardiness Zones), also die durchschnittlich tiefsten Jahrestemperaturen weltweit. Auch von Deutschland, wo sie zwischen –20,5 Grad bis –9,5 Grad Celsius liegen. Wir beide wohnen im Norden Deutschlands, in einer gemäßigten Zone. Westwinde bescheren uns moderate Temperaturen im Sommer und milde Winter. Pro Monat gibt es etwa zehn bis zwölf Regentage, in der zweiten Jahreshälfte etwas mehr. Die Sonne scheint im Schnitt vier Stunden am Tag, im Sommer höchstens sieben. Mit anderen Worten: Wir

DIE PHÄNOLOGIE

WIND UND WÄRME BEOBACHTEN FÜR DIE GARTENGESTALTUNG

Luft hat für mich ganz verschiedene Qualitäten. Starker Wind kann eine energetische Funktion übernehmen, indem er etwas antreibt – Windmühlen etwa. Luft durchdringt aber auch die oberste Erdschicht und schafft so eine Randzone zwischen Gestein und Atmosphäre. Und je tiefer die Luft eindringt, desto mehr Lebensraum gibt es. Indem man Luft durch den Garten lenkt, kann man aber auch bestimmte Mikroklimata schaffen. Durch Beobachtung lässt sich erkennen, welche Bereiche vor zu viel Wind zu schützen sind.

Wenn ich eine Sektorierung eines Geländes mache, dann schaue ich darauf, zu welcher Zeit der Wind mit welchen Qualitäten kommt. Bringt er Wärme, Kälte oder Feuchtigkeit? Das können wichtige Aspekte für die permakulturelle Gestaltung sein. Um ein Gefühl für punktuelles Klima und längerfristiges Wetter zu bekommen, ist es für Gärtnerinnen oder Gärtner hilfreich, sich mit der Phänologie zu beschäftigen. Der Lehre der periodischen Erscheinungen eines Jahres. Sie basiert auf den Entwicklungsschritten von Pflanzen und Tieren und hat zu einem Kalender mit zehn Jahreszeiten geführt, die von Ort zu Ort und von Jahr zu Jahr unterschiedlich sein können.

Um Einflüsse im eigenen Garten zu erfahren, empfehle ich Beobachtungsübungen. Zum Beispiel kann man sich ein Jahr lang alle 14 Tage für eine halbe Stunde an den selben Ort stellen und die Beobachtungen aufzeichnen: Wie und wann kommen die ersten Frühblüher? Die ersten Knospen? Das erste zarte Grün? Wie entwickelt sich das? Aber auch: Welche Tiere werden bei welchen Temperaturen aktiv? Wer so durch das ganze Jahr geht und seine Beobachtungsgabe regelmäßig schult, entdeckt immer mehr Anzeichen in seiner Umgebung.

sind Schietwedder gewohnt. Dazu kommt noch, dass wir direkt in der Nähe eines Moores wohnen, das zu Hamburgs kleinstem Naturschutzgebiet ernannt wurde. Der Boden in unserem Garten ist daher moosig. Die Wassermassen ausgiebiger Regengüsse speichert er gut. Doch wenn wir es uns recht überlegen, wissen wir herzlich wenig darüber, wie wir selbst das Wetter vorhersagen können.

Früher war der Mensch darauf angewiesen, die Anzeichen und Erscheinungen in der Natur richtig zu deuten. Sein Leben konnte davon abhängen. Heute gibt es diese Abhängigkeit nicht mehr – oder zumindest erscheint es uns so. Also sehen wir nicht mehr so genau hin. Doch allein die Windrichtung oder auch die Form der Wolken können dir viel über Wetterumschwünge verraten. So bringt uns der Wind immer das ins Land, was er auf seinem Weg findet. Der Westwind trägt vom atlantischen Meer her zum Beispiel feuchte Luft heran, Regen und – wie Georg Friedrich Most in seiner Enzyklopädie der Volksmedizin von 1843 bereits schrieb – „eine Ermattung des Geistes und Körpers“. Dem können wir zustimmen. Der Südwind bringt uns im Sommer Hitzewellen, schwüle Tage, Gewitter aus dem Mittelmeerraum oder Asiens sowie Libyens heißen Sandwüsten. Im Winter hat er oft Stürme im Gepäck. Der Ostwind, der vom eurasischen Kontinent herkommt, ist eher trocken, im Sommer heiß, im Winter „rau, kalt und scharf“. Wenn er weht, ist der Himmel meist klar. Der kalte Nordwind, man kann es sich vorstellen, kommt über Schnee und Eis, bringt aber auch häufig Sonnenschein und ist eher trocken. Im Volksmund heißt es: „Der Nordwind ist ein rauer Vetter, doch bringt er beständig’s Wetter.“ Ein bisschen Bauernweisheit, viel Beobachtung und eine Prise Aberglaube. Doch meist ist zumindest etwas dran. Also probieren wir es gleich aus, gehen in den Garten und untersuchen die Windrichtung etwas näher. Wusstest du, dass es mehrere Möglichkeiten gibt, um sie zu bestimmen? Im Garten kann das schon mal wichtig sein, um zum Beispiel den passenden Standort für eine Pflanze zu finden. Neben dem Klassiker mit dem feuchten Finger kannst du leichte Dinge, wie Haare, Sand oder eine Feder zu Boden fallen lassen und beobachten, wohin sie wehen. Erstaunt waren wir, als wir erfuhren, dass man die Windrichtung auch hören kann: Dafür drehst du dich einfach so lange, bis du auf beiden Ohren dasselbe Windgeräusch hörst – dann hast du den Wind genau im Rücken!

Damit du deinen Garten entsprechend der dortigen Luft- und Klimaverhältnisse gestalten kannst, reicht eine kurzfristige Wettervorhersage jedoch nicht. Dazu solltest du ihn mindestens ein Jahr lang genau beobachten (mehr dazu erfährst du links von Edouard van Diem). Die Phänologie kann dabei helfen. Sie beschäftigt sich mit periodisch wiederkehrenden biologischen Prozessen in der Natur und fasst diese in einem phänologischen Kalender zusammen. Phänologinnen und Phänologen schauen sich also die verschiedenen Entwicklungsstadien bestimmter Pflanzen, sogenannter Zeigerpflanzen, an und beobachten das Verhalten von Tieren. Dadurch erkennen sie, wann welche Jahreszeit beginnt und endet – und das kann von Region zu Region und von Jahr zu Jahr unterschiedlich sein. Die Phänologie gilt deshalb auch als leistungsstarkes Eichwerkzeug für Klima- und Wettermodelle. Das Besondere: Sie gliedert das Jahr nicht in

50 % DER ERDE
sind mit Wolken bedeckt …

AKTION

KLEINE WOLKENKUNDE

1 MON. LEICHT

Beobachte in den nächsten Wochen doch mal Wolken und finde heraus, was sie dir über das Wetter verraten:

1. FEDERWOLKEN

bestehen aus Eiskristallen und sehen aus wie große, weiße Federn. Manchmal sind sie Bote einer Warmfront mit Regen. Höhe: 5–13 km

2. SCHLEIERWOLKEN

legen sich wie ein weißer Schleier vor die Sonne und bringen spätestens in 36 Stunden Regen. Höhe: 5–13 km

3. SCHÄFCHENWOLKEN

aus kleinen Wassertröpfchen versprechen meist beständiges Wetter. Höhe: 2–7 km

4. STRATUSWOLKEN

hängen in einer dicken, grauen Wolkenschicht tief am Himmel und kündigen häufig schlechtes Wetter an. Höhe: bis 2 km

5. KUMULUSWOLKEN

sehen aus wie leuchtend weiße, aufgetürmte und aufgereihte Blumenkohle. Siehst du sie mittags, aber abends nicht, bleibt das Wetter schön. Siehst du sie morgens oder abends, kann schlechtes Wetter kommen.

AKTION

GARTEN-KARTIERUNG

3 STD. MITTEL

Welche Mikroklimata hat dein Garten? Zeichne eine Gartenkarte mit allen Gebäuden, Pflanzen und Gegenständen. Beobachte ein Jahr lang Folgendes:

1. DIE SONNE

Zeichne die Flächen ein, die die Sonne um 8, 12 und 18 Uhr bescheint, und wo sich Schattenzonen befinden.

2. DIE TEMPERATUR

Messe an mehreren Stellen die Temperatur und trage sie in die Karte ein.

3. WIND UND WASSER

Sammle das Regenwasser an unterschiedlichen Standorten und beobachte, wo der Wind weht, wo er gebrochen wird und aus welcher Richtung er kommt.

4. DIE AUSWERTUNG

Gibt es Gebiete, die besonders ungeschützt sind? Was könntest du verändern?

TIPP: PAPIER

Damit dein Plan übersichtlicher wird, kannst du die verschiedenen Ergebnisse jeweils auf ein separates Transparentpapier zeichnen, das du dann abwechselnd über deinen Grundriss legen kannst.

vier, sondern in zehn Jahreszeiten. Jede dieser Jahreszeiten ist einer Zeigerpflanze zugeordnet. Ihre Blätter, Blüten und Früchte markieren den Beginn und das Ende der entsprechenden Jahreszeiten. Im Februar beginnt zum Beispiel mit dem sogenannten Vorfrühling das Erblühen der Schneeglöckchen. Er geht bis in den März hinein. Ihm folgt der Erstfrühling mit seinen blühenden Forsythien, Beerensträuchern und Obstbäumen von etwa Ende März bis Ende April. Danach kommt der Vollfrühling, wo Äpfel und Flieder blühen. Gefolgt vom Frühsommer mit der Holunderblüte, dem Roggen, dem Blütehöhepunkt der Wiesen sowie Getreidefelder bis weit in den Juni hinein. Hierauf der Hochsommer mit seinen Linden, Johannisbeeren und Winterroggen. Sobald die frühen Obstsorten reifen und die Getreideernte ansteht, beginnt dann der Spätsommer. Im Frühherbst, etwa Ende August bis Ende September, blühen die Herbstzeitlosen, der Holunder ist reif und die Obsternte erreicht ihren Höhepunkt. Im Anschluss dann der Vollherbst, Ende September bis Mitte Oktober, in der die Kartoffelernte eingebracht wird und das Laub sich färbt. Im Spätherbst von etwa Mitte Oktober bis Anfang November endet die Vegetationszeit und das Laub fällt zu Boden. Die längste Jahreszeit ist die letzte, der Winter, der fast um die drei Monate dauert und von Ende November bis Ende Februar reicht. Eine Phase, in der die gesamte Vegetation zur Ruhe kommt. Das ist interessant, denn bisher haben wir Luft, Wind und Wetter als Argument für oder gegen die Arbeit im Garten betrachtet. Jetzt wird uns klar, dass wir sie viel stärker einbeziehen müssen. Und nicht nur das. Wie viele Gartenbesitzer sind auch wir davon ausgegangen, dass das ganze Arrangement, die Pflanzen und auch der Ertrag des Gartens uns gefallen müssen. Jetzt erkennen wir, dass es eher eine Ehre ist, Teil des ganzen Zyklus zu sein, Teil der Gemeinschaft und des Lebens. Dass es vielmehr darauf ankommt, den Pflanzen umso mehr zurückzugeben, indem man ihre Bedürfnisse kennt, sie in ihrem Sinne positioniert und ihnen kleine Lebensräume schafft, die ihnen guttun. Sich mit dem Wetter zu befassen, hat uns sehr geholfen. Nun wollen wir einen Schritt weitergehen und unseren Garten erforschen. Wir werden uns mit den Zeigerpflanzen näher beschäftigen und vor allem erst mal eine Gartenkarte anlegen.

KLIMAZONEN IM GARTEN

Das Gartenstück, das zu unserer Doppelhaushälfte gehört, ist in etwa 650 Quadratmeter groß. Als unsere Siedlung in den 1920er-Jahren gebaut wurde, war der Garten zur Selbstversorgung gedacht. Man zog sich sein eigenes Gemüse, hielt Hühner und Schweine. Das ist lange her. Mittlerweile sind die Gärten meist nur noch dafür da, die schönen Tage des Jahres zu genießen. Manche Nachbarn ziehen zwar noch Obst und Gemüse, aber Selbstversorgung steht nicht mehr im Vordergrund. In unserem Garten steht eine hohe, alte Fichte, die viel Schatten wirft und das Haus auskühlen lässt. Daneben noch eine kleinere Tanne. Unweit davon zwei Birken, zig Sträucher, ein alter Apfelbaum mit einer sehr leckeren, alten Apfelsorte und am Rande, auf halber Höhe, ein kleiner Teich. Es gibt Blumenbeete, einige Stauden und Sträucher. Dazwischen Rasen, weitläufig von Moosteppichen

WERDE KLIMA-MEISTER

WIE DU DEINEN GARTEN IN EINE ANDERE KLIMAZONE TRANSPORTIERST

Luft ist ein wichtiger Faktor bei der Gartengestaltung. Denn heiße Luft trocknet alles aus und kalte Luft kühlt die Häuser aus und lässt Gehölze austrocknen. In jede Klimazone unserer Erde passen deshalb unterschiedliche Pflanzenarten. Manche Pflanzen sind extrem stresstolerant und haben eine wahnsinnig hohe Standortamplitude – sie können im Prinzip von der südlichen Arktis bis fast nach Brasilien wachsen. Und es gibt Pflanzen, da reicht es, wenn sich die Temperatur um ein paar Grad verändert. Damit kommen sie kaum noch klar. Ein gutes Beispiel dafür ist der Rosmarin. Ist die Luftfeuchtigkeit hoch, wächst er gut. Ist sie zu niedrig, fängt er an zu kümmern.

Doch man kann für nahezu jede Pflanze gute oder schlechte Bedingungen im Garten schaffen. Wer zum Beispiel unbedingt in einem norddeutschen Garten Kiwis und Feigen anbauen will, hat damit kein Problem. Indem es im Garten Wasser gibt oder durch viele Steine, bekommt ein Gartenstück ein wärmeres, ausgeglicheneres Mikroklima, das der mediterranen Klimazone gleicht. Dabei sind zum Beispiel Fragen wichtig wie: Wie viele Materialien können Wärme speichern? Wie windig und wie feucht muss es sein? Noch eine Klimazone zu überspringen, wird dann allerdings schwierig.

Umgekehrt sorgt eine Dach- oder Fassadenbegrünung für Kühle, zum Beispiel in der Stadt. Von der Natur aus betrachtet sind Städte riesige Felslandschaften und diese heizen sich bei Sonne richtig auf. So kommt es, dass die Luft in einer Stadt im Sommer rund sechs Grad heißer ist als auf dem Land. Das macht das zum Teil ganz schwierige Stadtklima aus. Durch die Fassadenbegrünung verhindere ich, dass die Steine überhaupt direkt angestrahlt werden. Die Dachbegrünung bringt sogar noch mehr, weil sie das Regenwasser speichert und dieses dann verdunstet. Das sind rund 80 % des Regenwassers, das auf einem normalen Dach einfach nur abfließt. Die Auswirkungen dieser Maßnahmen kann man im Garten direkt mit dem Thermometer nachmessen. Um die künftig steigenden Temperaturen abzumildern, ist es aber auch gut, so viele Flächen wie möglich zu entsiegeln. Jeder kann sich überlegen: Was muss auf einem Grundstück oder in einem Garten alles gepflastert sein? Reicht nicht auch ein Kies- oder ein Schotterweg, über den man mit dem Auto fährt?

Und schließlich kann man durch die Wasserretention, wie es neudeutsch so schön heißt, für möglichst viel Verdunstungskühle sorgen. Dabei fließt das Dachwasser nicht einfach nur in den Kanal ab, sondern es versickert im Garten. Auch dadurch schafft man eine große Oberfläche mit Wasser, das verdunsten kann und die ganze Luft kühlt und anfeuchtet. Als Permakultur-Designer schaue ich mir das ganze Gelände immer als einen Organismus an. Dazu gehört auch das Haus.

Das ganz große Thema in der Permakultur ist die Suche nach sinnvollen Beziehungen. Also hier dem Zusammenspiel von Haus und Garten. Nun verliert ein Haus etwa 50 % der Energie durch die Windauskühlung. Wenn man jedoch Bäume so um das Gebäude pflanzt, dass sie die kalten Winde abhalten, kann man viel Energie sparen. Steht ein Haus aber auf einer nackten Wiese, liegt der Energieverlust bei 100%. Steht das Haus jedoch geschickt in einer Pflanzung, vielleicht noch mit einem Teich davor, können aus den 100 noch 47 % werden.

Volker Kranz ist Baumschuler und Permakultur-Designer. Er betreibt seit 33 Jahren ökologischen Landschaftsbau und bietet mit seiner Firma „baumrausch" Baumpflege, Landschaftsarchitektur und Permakultur an.
baumrausch.de

KLIMA-WEGWEISER

Folgende Dinge können dir helfen, die Mikroklimazonen in deinem Garten zu erkennen:

LAUB-ANSAMMLUNGEN

Laub, das sich an immer gleichen Stellen sammelt, zeigt, wie sich die Luft durch deinen Garten bewegt.

RAUREIF

Wenn es in deinem Garten Bereiche mit weniger Raureif gibt, dann ist es dort wärmer.

BLÜHBEGINN

Wenn in manchen Beeten die Pflanzen früher blühen als die gleiche Art woanders, herrscht hier ein milderes Mikroklima.

VIEL GIESSEN

Musst du in einem Beet besonders viel gießen, ist entweder der Boden besonders locker oder hier kommt nicht viel Regenwasser hin. Etwa unter einem Dachvorsprung oder einem Baum.

LUFT-PUTZ-WAND

Die Gestalterin vertikaler Gärten, Nathalie Gomes, will herausgefunden haben, wie viele Pflanzen man braucht, um für gute Luft in einem Raum zu sorgen, der in einer Zone mit durchschnittlich belasteter Umgebungsluft liegt:

32 KLEINE PFLANZEN + 18 GROSSE PFLANZEN

durchsetzt. Keine Frage: Der Garten ist eher feucht, einige Teile werden kaum von der Sonne beschienen und bleiben eher schattig-kühl. Durch die Beobachtung der letzten Jahre wissen wir zwar schon, welche Bedingungen in den einzelnen kleinen Regionen vorherrschen, was dort gut gedeiht oder kümmert. Wir kennen die Pflanzen, ihre Jahresrhythmen und Eigenarten etwas. Doch der phänologische Kalender hat uns noch mal inspiriert. Wir wollen die Mikroklimata des Gartens erkunden. Als Mikroklima, oder Kleinklima, wird das Klima in einem überschaubaren Abschnitt bezeichnet. Zum Beispiel innerhalb bodennaher Luftschichten bis zu zwei Metern oder eines kleinen, klar definierbaren Bereiches. In unserem Fall kann das in der Nähe des Hauses, am Schuppen, um den Teich herum, auf den Wiesen oder in der Nähe großer Bäume sein. In anderen Fällen sind es vielleicht ein Hinterhof, eine Felswand oder eine Straße. Entscheidend sind hier die Bewegungen des Windes und dessen Reibung am Boden, aber auch Temperaturen und Sonneneinwirkung. Dazu kommt die Beschaffenheit des Bodens und gesamten Geländes. Ist es hügelig? Stark bewachsen? Gerade kleinere Pflanzen sind vom Mikroklima abhängig.

Wir schreiten den Garten ab und tragen alles, was uns auffällt, in unsere Karte ein. So bekommen wir ganz schön viel über das Gebiet heraus. Die Prozedur dauert einige Zeit, denn wir möchten nicht nur wissen, was dort zu verschiedenen Uhrzeiten des Tages geschieht, sondern auch über einen längeren Zeitraum. Sonne und Schatten, individuelle Temperaturen, Wasser, Windbewegungen – mit jeder Beobachtung beginnen wir, den Garten und seine klimatischen Milieus besser zu verstehen. Das bringt nicht nur Spaß, sondern ist die Grundlage für alle weiteren Maßnahmen. Von Volker Kranz, einem Baumschuler und Permakultur-Designer, bekommen wir einige Tipps, wie wir Luft und Wind noch besser in den Garten einbeziehen. Einiges machen wir schon ganz richtig. So gibt es bei uns kaum versiegelte Bodenflächen. „Auch Gartenerde braucht Luft", erinnern wir uns.

Was die Windbewegungen betrifft, so hatten wir am Tag des großen Sturmes eine seltsame Beobachtung gemacht. Während es überall in Norddeutschland zu den verheerenden Turbulenzen kam, hatte sich ein kleiner Wirbelwind in unseren Garten verirrt. Wie ein Mini-Tornado wirbelte er für etwa eine halbe Stunde in einem rasanten Tempo auf unserer Terrasse herum, bis er sich in Wohlgefallen auflöste. Er trug das Herbstlaub bis in eine Höhe von rund zwei Metern hinauf, zerschmetterte neben zwei kleinen sogar auch einen großen Pflanzentopf und schob die Holzbank quer über den Platz. Gerade deshalb schauen wir uns auf unserer Karte die Strömungslinien des Windes an. Es gibt manche Bereiche, in denen sich der Wind geradezu verfängt, andere, in denen er ungebremst auf Pflanzen trifft und die Areale schnell abkühlt und austrocknet. Hecken können hier helfen oder auch Bäume und Sträucher. Und noch etwas verstehen wir jetzt: Ein Mikroklima hat eine erhebliche Bedeutung als Lebensraum für Pflanzen und Tiere. Temperatur, Luftfeuchtigkeit und -bewegung, Wärmestrahlung und selbst Luftdruck entscheiden darüber, ob diese sich wohlfühlen. Doch das gilt eben nicht nur für sie, sondern auch für uns Menschen. So wie wir die Eigenschaften und Qualität der Luft zumindest ein wenig zu Gunsten der Pflanzen und Tiere verbessern können, können wir das auch für uns. Denn auch unser menschlicher Lebensraum hat ein Mikroklima. Hat reine oder weniger saubere, trockenere oder feuchte, warme oder kältere Luft, die uns guttut oder unserer Gesundheit schadet.

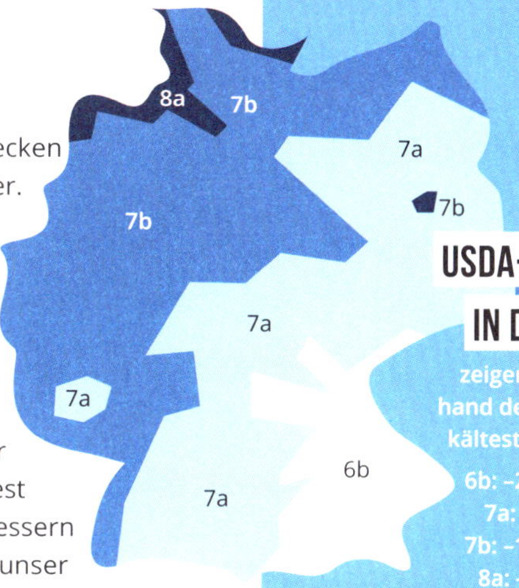

USDA-KLIMAZONEN IN DEUTSCHLAND

zeigen Klimagebiete anhand der durchschnittlich kältesten Temperaturen:
6b: –20,5 °C bis –17,8 °C
7a: –17,7 °C bis –15 °C
7b: –14,9 °C bis –12,3 °C
8a: –12,2 °C bis –9,5 °C

STRASSE, BALKON UND WOHNUNG

Nachdem wir begonnen haben, unseren Garten zu erkunden und uns Verbesserungen zu überlegen, erwacht der Optimismus. Auch wenn wir die großen Probleme nicht im Ganzen lösen können, so haben wir doch die Möglichkeit, im Kleinen zu wirken und so zum großen Ganzen beizutragen. Wenn wir das Kleinklima im Garten verändern können, dann geht es auch im öffentlichen Raum und wenn es dort möglich ist, dann könnte es auch auf dem Balkon funktionieren und in der Wohnung. Wir sprechen mit Conrad Amber, einem Fotografen und Buchautoren, der sich viele Gedanken darüber gemacht hat, wie wir die Natur wieder in unsere Städte und das Grün in unsere öffentlichen Räume bringen können. Tatsache ist, dass viel zu viele Flächen in den Städten versiegelt sind. Das tut dem Boden nicht gut und auch der Luft nicht. Denn es macht aus Siedlungen wahre Felslandschaften, welche die Sonne reflektieren und so für eine heiße und stickige Luft sorgen. Amber hat dafür eine relativ naheliegende Lösung: So viele Bäume pflanzen wie nur möglich. Denn aus einer grünen Landschaft entsteht ein angenehmes Klima, auch in der Stadt. Das dürfte gerade angesichts von Temperaturen, die durch den Klimawandel steigen, wichtig sein. Also, warum nicht Waldhochhäuser bauen als Hitzespeicher und kühle Oasen? Warum nicht neue Alleen in der Stadt und auf dem Land anlegen? Warum nicht Straßengrün am Straßenrand oder Wälder an Autobahnen als natürliche Sicherheitspuffer, Luftreiniger, Kohlenstoffspeicher und Bio-Energie-Lieferanten? Ist die Fantasie erst einmal angekurbelt, fallen einem noch viele Lösungen ein. Die NASA erforschte schon vor Jahren in ihrer Clean-Air-Studie, welche Pflanzen in Raumstationen für gute Luft sorgen, weil sie zum Beispiel CO_2 und Schadstoffe wie Formaldehyd oder Benzol aus der Luft filtern und in Sauerstoff umwandeln. Auch mit Zimmergärten aus Efeu, Grün- und Friedenslilien, Chrysanthemen oder Drachenbäumen kann man etwas für die Luft tun – zum Beispiel auch als vertikale Gärten (siehe links).

Das alles sind nur kleine Schritte. Doch spricht etwas dagegen, zumindest das lokale Mikroklima in der eigenen Umgebung zu verbes-

MIKRO-KLIMAZONEN

SÜDMAUERN
sind klassische Wärmefallen, an denen man Feigen-, Mandel- oder Pfirsichspaliere ziehen kann.

NORDMAUERN
werfen rund ums Jahr Schatten. Hier ist es im Sommer angenehm kühl, ideal für Farne oder Azaleen.

OSTMAUERN
Hier gibt es Morgensonne, es ist aber manchmal auch besonders feucht an diesen Stellen.

WESTMAUERN
Hier scheint den ganzen Nachmittag die Sonne. Das ist nur etwas für wärmeliebende Pflanzen.

HECKEN
bremsen Winde, vermindern die Verdunstung von Wasser, schenken im Sommer Kühle und im Winter Wärme.

BÄUME
werfen je nach Art im Laufe eines Tages und Jahres unterschiedliche Schatten und sorgen für eine trockene Kühle.

GEWÄSSER
speichern tagsüber Wärme und geben sie nachts wieder ab.

STADTGRÜN STECKT AN

WARUM ES SICH IMMER LOHNT, EIN BÄUMCHEN ZU PFLANZEN

Wir verdanken den Bäumen den Sauerstoff in unserer Atemluft. Und sie sind wie große Energiewerke, die die Luft filtern. So nehmen sie in gewaltigem Ausmaß CO_2 auf: Eine hundertjährige Buche speichert zum Beispiel bis zu sechs Tonnen des klimaschädlichen Gases und spendet viereinhalb Tonnen Sauerstoff. Das ist so viel, wie 15 bis 20 Menschen pro Jahr zum Leben brauchen. Besonders für die Stadt wichtig ist, dass so ein Baum jährlich über eine Tonne Feinstaub und Schadstoffe aus der Luft filtert. Eine Tonne! Bäume wandeln die Schadstoffe sogar in Biomasse um und binden sie damit nachhaltig. Zusätzlich verdunsten sie viel Feuchtigkeit – pro Baum bis zu 400 Liter am Tag – und kühlen dadurch die Luft, befeuchten und reinigen sie.

Früher waren die Luftschadstoffe in Europa sehr viel aggressiver. Der hohe Schwefelgehalt hat unter anderem den sauren Regen erzeugt, unter dem die Bäume nicht nur gelitten haben, weil sie die Schadstoffe über die Blätter aufnahmen, sondern auch über ihr Wurzelsystem. Das heißt, manche Schadstoffe können Bäume gut verarbeiten, manche gefährden aber ihre Gesundheit. Dieses Gemisch ist je nach Gegend ziemlich unterschiedlich und beispielsweise an Verkehrswegen und in Städten weit aggressiver als auf dem Land. Entsprechend sollten bestimmte Baumarten zum Zug kommen, die die Filterfunktion übernehmen und bei solchen Luftgemischen leben können.

Die Wirkung, die ein einzelner Baum für die Luft und das Klima hat, ist in jedem Fall höher als alle anderen Maßnahmen, die auf seiner Fläche sonst möglich sind, etwa Pflasterbegrünungen. Flachdach- oder Fassadenbegrünung bieten sich überall an, speziell dort, wo keine Bäume wachsen können. Das sind Flächen, die bislang meistens völlig sinnfrei brachliegen und nicht genützt werden. Wenn nur ein Wohnblock mit beispielsweise 50 Wohneinheiten die Fassade oder den Innenhof begrünt oder auf einem breiten Gehsteig gemeinsam ein kleines Beet pflegt, ist das sehr ansteckend. Die Nachbarn sehen die blühenden Pflanzen oder die Färbung des Weins im Herbst und machen das plötzlich nach. Ein ganzer Straßenzug kann so naturnaher und grün werden.

Bürgerinnen und Bürger können sich aber auch für den Erhalt von Alleen und den Aufbau von Parks einsetzen – etwa über Baumsetzaktionen, bei denen sie Baumpate werden. Oder sie können sich am Arbeitsplatz oder in der Schule einbringen, damit auch hier Vorplatz, Parkplätze oder Flachdächer grün werden. So können sie andere Menschen dazu animieren, das Gleiche zu tun. Denn wer an seinem Arbeitsplatz etwas verändert, steckt damit fünf weitere Menschen an, die zuhause Ähnliches probieren. Dies hätte einen Schneeballeffekt, auf den wir alle so dringlich warten.

Dann erleben wir vielleicht eines Tages, was ich mir wünschen würde: dass in jeder Stadt Verkehrsflächen von Alleebäumen und blühenden Sträuchern begleitet werden. Dass wir wieder den Boden öffnen für Wiesen, Beerensträucher und Obst- oder Nussbäume. Dass Nützlinge und Bestäuber ihre wertvolle Arbeit machen und überall natürliche Düfte entstehen. Und dass kräftige Strauchreihen nicht nur als Sicht- und Lärmschutz, sondern auch bewusst als Sturzzone für Autofahrer eingesetzt werden Eine Stadt, in der jede zweite Gebäudefassade eine große, grüne, blühende Gartenlandschaft ist. Wo ich quasi in der Natur bin, wenn ich nach draußen gehe und nicht zuerst mein Auto brauche, um in die Natur zu kommen.

Conrad Amber ist Naturfotograf, Buchautor, Natur- und Querdenker. In seinem Buch „Bäume auf die Dächer" plädiert er für ein neues Verständnis von Stadtgrün. **conradamber.com**

sern – zumindest als eine zusätzliche Möglichkeit? Sicher nicht, denn es kann wohl nicht zu viel gute Luft geben. Bestimmt nicht. Aber in jedem Fall zu viel schlechte ... Unser Plan steht. Wir wissen, wo wir zusätzlich Wärmefallen errichten wollen und den Wind mit Hilfe von Hecken abmildern. Doch klar ist auch, dass das nicht reicht, um die zarte Haut unseres Planeten – die Atmosphäre – rein zu halten. Dazu braucht es mehr. Also erstellen wir eine Liste mit Gute-Luft-Maßnahmen, die wir zusätzlich zu unserer Garteninitiative umsetzen wollen. Wir wollen Strecken bis zehn Kilometer ausschließlich mit dem Fahrrad fahren, Lebensmittel so weit wie möglich regional und saisonal einkaufen, Dinge erst einmal reparieren und es uns dreimal überlegen, bevor wir etwas Neues kaufen. Wir sparen Energie und Wasser und leben außerdem vegan. Klar werden wir dafür mit manch schrägem Blick bedacht. Von „Gutmenschen" ist da manchmal die Rede oder auch von einem „erhobenen Zeigefinger". Macht nichts. Wie freuen uns wie die Schneekönige, dass wir unser Leben so gestalten können, dass wir Bereiche haben, in denen wir selbst entscheiden können, was wir tun. Unser Garten und alles, was darin lebt und gedeiht, ist für uns dabei eine wichtige Triebfeder.

Uns fällt ein Buch aus den 1990er-Jahren in die Hände: „Heiliger Baum – Heiliges Tier" von Peter Gerlitz. Darin beschäftigt er sich mit der beseelten Natur. Er erinnert uns daran, dass jede Veränderung zum Guten wertvoll und wichtig ist. Wieder geht es um den Baum. Gerlitz macht uns klar, dass ein Baum uns nicht nur Leben und Dasein als solches spiegelt. Er ist uns ähnlicher, als wir denken. In Gesundheit, aber auch Krankheit. In seiner angeborenen Wesensstruktur, seinem unveränderlichen Grundcharakter und sogar im Wandel, seiner Reaktion auf Jahreszeiten, Umwelteinflüsse und gesellschaftliche Veränderungen. Er schreibt: „Und zugleich ist er mit einer ‚Seele' begabt, die dem physischen Teil der Pflanze die Möglichkeit gibt, zu wachsen und sich selbst zu heilen." Wir schauen uns im Garten um, genießen die frische Luft, die lieblich-herben Düfte und leisen Geräusche. Wir erinnern uns an unser Gespräch mit Wolf-Dieter Storl: Die gesamte Natur ist beseelt und wir Menschen gehören dazu. Mehr noch, es gibt eine Partnerschaft mit uns. Mensch und Natur lassen sich nicht getrennt voneinander betrachten. Sie sind eine Einheit, aus der eine menschliche Verantwortung zur Fürsorge entspringt. Wenn wir als Menschheit das begreifen und endlich einlösen, dann hätten wir den Schlüssel für ein Paradies auf Erden in den Händen. Wenn wir jedoch weiter zerstören, was wir noch nicht mal im Ansatz begreifen, zerbrechen wir die Ordnung der Welt – und damit unsere existenzielle Grundlage. Es liegt bei uns zu handeln – im Kleinen, zuhause, im Garten oder vor der Haustür. Alleine oder mit anderen gemeinsam. Nichts hindert uns daran, Verantwortung zu übernehmen und etwas zum Guten zu verändern. Das gibt uns neuen Auftrieb, denn bei alledem – und das ist eine wichtige Erkenntnis – geht es eben nicht immer um uns Menschen. Es geht ums Ganze! Es hat uns viel gebracht, uns mit den Elementen Erde, Wasser und Luft zu beschäftigen, den festen, flüssigen und gasförmigen Aggregatzuständen der Welt. Nun wird es Zeit für die Quintessenz, die Vielfalt, das Leben selbst. Wir möchten unseren Partner, die Natur, besser kennenlernen.

AKTION

PFLANZE EINEN BAUM

3 STD. MITTEL

EINEN BAUM WÄHLEN

Wähle einen Laub-, Nadel- oder Obstbaum, der gut mit den Bedingungen vor Ort zurechtkommt.

DER RICHTIGE ZEITPUNKT

Pflanze den Baum am besten im Herbst, wenn es schön feucht, aber noch nicht frostig ist. Pass auf, dass der Baum genug Platz zum Wachsen hat.

DEN BAUM EINPFLANZEN

Hebe ein Loch aus, das doppelt so groß wie der Wurzelballen ist. Gib etwas Kompost hinein. Setze den Baum in das Loch, richte ihn aus und fülle das Loch mit Erde. Gieße ordentlich und mulche die Baumscheibe.

STÜTZEN UND PFLEGEN

Stecke einen Holzpfahl an der Westseite des Baumes in die Erde und binde ihn mit einem weichen Strick fest, um ihm Halt zu geben. Plane, wie und wann du den Baum pflegen wirst – etwa durch einen Baumschnitt.

DIE WANDER-ALLEE

Das Projekt Green City bietet 15 mobile Bäume für eine Aktion an, die für mehr Stadtgrün wirbt. Wie die Wanderbaumallee in deine Straße kommt, erfährst du hier: **bit.ly/wanderbaumallee**

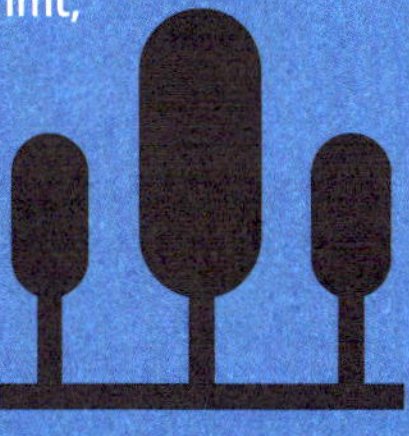

AKTION

WETTERSTATION SELBER BAUEN

3–5 STD. LEICHT

1. DAS BAROMETER

Für dieses simple Barometer brauchst du ein altes Marmeladenglas, einen Gummiring, etwas Bindfaden, einen großen Luftballon, einen kleinen Holzspieß, ein Stück Pappe, ein bisschen Klebeband, Stifte und eine Schere. Schneide den Ballon so auf, dass du ihn straff über die Öffnung des Glases ziehen kannst. Fixiere ihn mit dem Gummiring und wickele dann den Faden ganz fest drum herum. Klebe den Schaschlikspieß so auf die Gummidecke, dass die Spitze wie ein Zeiger zur Seite herausragt. Stelle dein Barometer an einen schattigen Ort und befestige die Pappe so, dass der Holzzeiger davor hinauf- und hinunterwandern kann. Zeichne über mehrere Wochen hinweg den Stand des Zeigers ein: Steigt der Luftdruck, drückt er die Gummiabdeckung ins Glas hinein, die Spießspitze steigt. Sinkt der Luftdruck, geht der Holzzeiger nach unten.

2. DER REGEN-ZYLINDER

Aus einer alten Plastikflasche kannst du ganz leicht einen Zylinder bauen, um damit die Regenmengen in deinem Garten zu messen. Schneide die Flasche an der Stelle in zwei Teile, an der sie beginnt, sich zum Hals hin zu verjüngen. Fülle den Boden der Flasche mit Kieselsteinen, das gibt ihr einen guten Stand. Klebe ein Stück Panzerband an die Außenwand der Flasche senkrecht vom Boden bis zum oberen Rand. Fülle nun etwas Wasser in den Zylinder und setze die erste Markierung am oberen Wasserrand. Fülle dann immer 10 ml Wasser nach und ergänze deine Skala bei jedem Schritt. Entferne danach das Wasser bis auf jenes, das bis zur ersten Markierung reicht. Schiebe nun den oberen Flaschenteil mit dem Hals nach unten in den unteren Flaschenteil, bis die beiden Ränder passgenau übereinanderstehen. Klebe sie mit Panzerband zusammen. Stelle deinen Messzylinder an einer windgeschützten Stelle in deinem Garten auf und achte darauf, dass keine Pflanzenteile in den Zylinder fallen und dein Messergebnis verfälschen können.

3. DIE LUFTHOSE

Um die Windstärke und -richtung zu ermitteln, kannst du dir ganz einfach selbst eine Windhose basteln: Biege dazu einen dicken Draht zu einem Kreis, schneide ein Stück Stoff zurecht und nähe es seitlich zusammen, sodass ein Schlauch entsteht. Schlage an einem Ende den Rand des Schlauchs um den Drahtring herum und klebe den Stoff fest. Mache an den gegenüberliegenden Seiten des Drahtrings 2 Löcher in den Stoff, fädele eine reißfeste Schnur hindurch und verknote sie an beiden Seiten, sodass eine Schlaufe entsteht. Befestige die Schlaufe in der Mitte an einem aufgestellten Mast.

4. DAS HYGROMETER

Mit diesem äußerst einfachen Hygrometer kannst du recht gut die vorherrschende Luftfeuchtigkeit dokumentieren. Suche dir dazu einen Fichtenzapfen. Seine Samenschuppen öffnen sich bei trockener Luft und schließen sich bei hoher Luftfeuchtigkeit. Stecke in die Mitte einer geöffneten Samenschuppe einen Nagel und stecke auf diesen Nagel einen Strohhalm. Klebe nun den Zapfen auf ein Brett und befestige eine Skala so, dass der Strohhalm daran entlangwandern kann. Dokumetiere in den folgenden Wochen und Monaten den Stand des Halms bei Sonnenschein, Regen, Schnee, Nebel und so weiter. Achte darauf, dass der Fichtenzapfen zwar im Freien steht, aber keinem Regen ausgesetzt ist.

NOTIZ: MEINE WETTERBEOBACHTUNGEN

DIE LUFTHOSE

1 dicker Draht, 1 Stück leichter Stoff, 1 reißfeste Schnur, 1 Pfahl oder Mast, Schere, Kleber, Nadel und Faden/ Nähmaschine

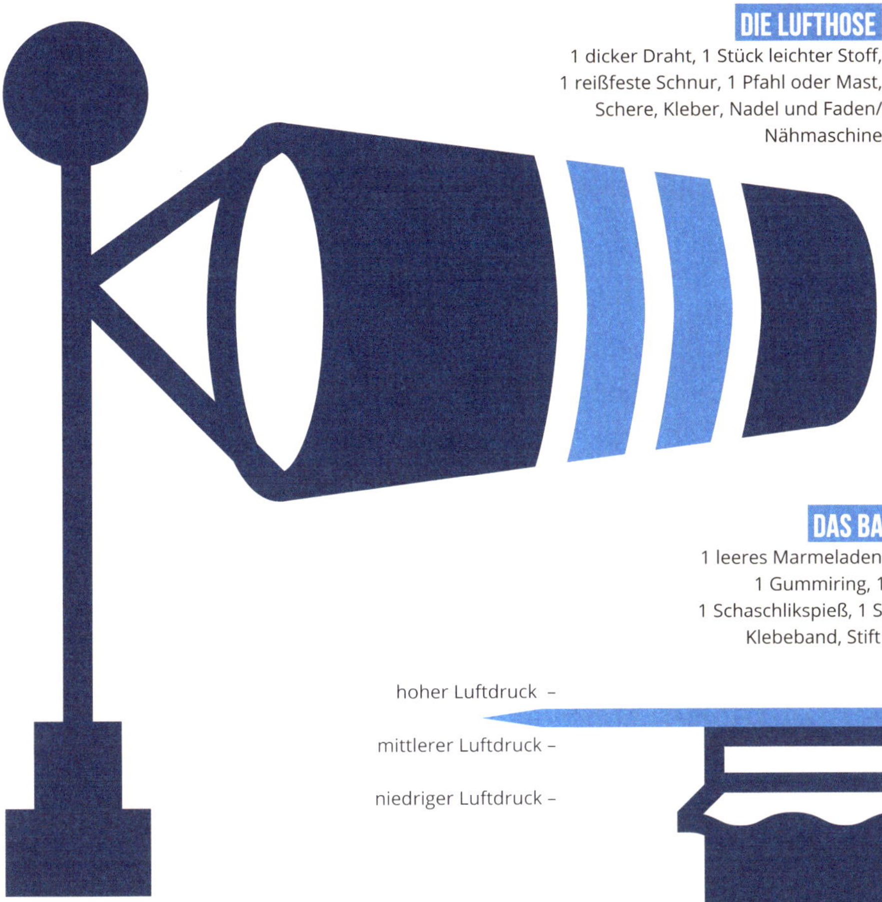

DAS BAROMETER

1 leeres Marmeladenglas, Faden, 1 Gummiring, 1 Luftballon, 1 Schaschlikspieß, 1 Stück Pappe, Klebeband, Stift und Schere

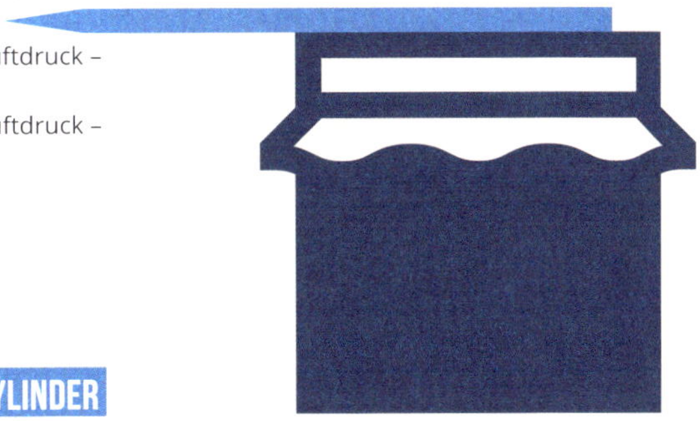

DER REGEN-ZYLINDER

1 alte Plastikflasche, mehrere Kieselsteine, Panzerband, Schere und wasserfester Stift

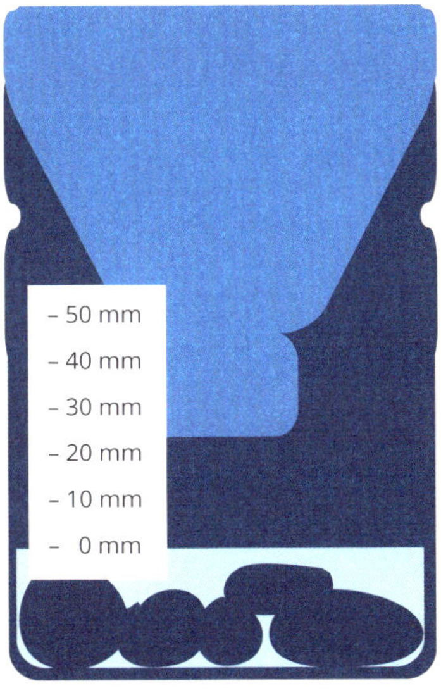

DAS HYGRO-METER

1 Fichtenzapfen, 1 Nagel, 1 Strohhalm, 1 Stück Pappe, Schere, Kleber und Stift

FAZIT

WIE NUTZT DU WIND UND WETTER?

TRAINING

MEDITATION MIT WIND

Mach dir Luft! Diese Meditation gibt es von Mojo Di auch als Audio-Anleitung auf YouTube.

DER RICHTIGE ORT

Du kannst draußen meditieren, du musst es aber nicht. Wenn das nicht geht, stelle dir einfach einen windigen Ort vor.

RUHIG WERDEN

Stelle die Füße etwa hüftbreit, lockere deine Schultern und atme tief aus und ein. Spüre, wie die Erde dich sanft und ruhig anzieht. Lenke nun deine Aufmerksamkeit nacheinander auf deine Haut, deinen Körper und schließlich deinen ganzen Energiekörper. Lass dir Zeit.

VOM WIND VERWEHT

Spüre den Wind auf deiner Haut und in deinen Haaren. Ist er kalt? Spürst du seine Kraft und Energie? Wie klingt und riecht er? Stell dir nun vor, wie der Wind alle negativen Gedanken und Emotionen mit sich nimmt. Spüre, wie du immer freier, leichter und entspannter wirst. Danke dem Wind zum Abschluss für seine reinigende Kraft.

TEST

DIE LUFT VERBESSERN

Wir alle können gemeinsam etwas für eine gute Luft tun. Bist du dabei? Teste doch mal: Welche der folgenden Punkte tust du bereits? Kreuze von 1 (kaum) bis 10 (immer) an.

Ich fahre kurze Strecken mit dem Fahrrad.

1 2 3 4 5 6 7 8 9 10

Ich fahre in Deutschland mit dem Zug.

1 2 3 4 5 6 7 8 9 10

Ich esse fleischlos und/oder rein pflanzlich.

1 2 3 4 5 6 7 8 9 10

Ich verzichte auf Verpackungsmüll.

1 2 3 4 5 6 7 8 9 10

Ich repariere, statt neu zu kaufen.

1 2 3 4 5 6 7 8 9 10

Ich kaufe nicht im Internet, sondern vor Ort.

1 2 3 4 5 6 7 8 9 10

Ich pflanze und/oder schütze Bäume.

1 2 3 4 5 6 7 8 9 10

Ich gärtnere und erzeuge mein eigenes Essen.

1 2 3 4 5 6 7 8 9 10

Ich kaufe lokale Produkte (weniger Transporte).

1 2 3 4 5 6 7 8 9 10

NOTIZ: MEINE GUTEN VORSÄTZE

Möchtest du etwas verändern? Dann notiere dir hier, wie du im Laufe des nächsten Monats die Luftreinheit unterstützen möchtest:

TUTORIAL

SEI EIN WETTERFROSCH

1. DIE FARBE DES HIMMELS

Beim Abendrot wirbelt die trockene Luft eines Hochdrucks im Westen Staub auf: ein Zeichen für gutes Wetter. Beim Morgenrot geschieht das Gleiche im Osten, das Hoch ist schon vorbei.

2. DIE LEUCHTKRAFT DES MONDES

Leuchtet der Mond rötlich und fahl, liegt Staub in der Luft: Hochdruck! Zeichnet er sich klar am Himmel ab, gibt es Tiefdruck. Ein Ring um den Mond zeigt, dass es in den nächsten 2 Tagen regnet.

3. DIE RICHTUNG DES WINDES

Wirf einen kleinen Grashalm in die Luft und schau, in welche Richtung er fliegt: Westwinde bedeuten schönes Wetter, Ostwinde schlechtes. Der Grund: Die meisten Schlechtwetterfronten ziehen auf der nördlichen Halbkugel von West nach Ost.

4. DER STANDORT DES REGENBOGENS

Treffen die Strahlen der aufgehenden Sonne aus dem Osten auf Regentropfen im Westen, entsteht dort ein Regenbogen: Mach dich auf Regen gefasst. Ein Regenbogen im Osten zeigt dir, dass die Regenfront vorübergezogen ist.

TIPP: MACH DICH SCHLAU!

Es gibt noch viele weitere Möglichkeiten, um das Wetter selbst vorherzusagen. Alle Methoden basieren auf denselben Gesetzen: Tiefdruck bringt Regen und große Wetterfronten ziehen von Westen nach Osten. Stell doch mal Hypothesen auf, beobachte und prüfe, woran du noch das Wetter in deinem Garten vorhersagen kannst.

CHECKLISTE

DER KLIMA-PLAN

Willst du die Mikro-Klimazonen in deinem Garten optimieren? Dann prüfe, ob du an alles gedacht hast:

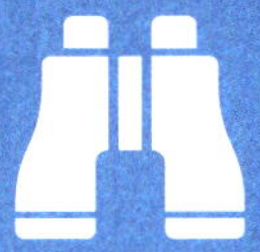

- ☐ **Ich habe meinen Garten über einen längeren Zeitraum beobachtet und die verschiedenen Mikroklimata notiert.**

- ☐ **Ich habe alle Gebäude, Mauern und Hecken beobachtet und aufgezeichnet.**
- ☐ **Ich kenne die Hauptwindrichtung in meinem Garten.**

- ☐ **Ich habe ein Gespür für die phänologischen Jahreszeiten in meinem Garten.**

- ☐ **Ich weiß, wo ich welche Pflanzen anbauen oder schützen will und welches Mikroklima sie sich wünschen.**

- ☐ **Ich habe mir einen konkreten Plan gemacht, mich informiert und die notwendigen Materialien besorgt.**

NOTIZ: MEINE IDEEN

Welche Informationen, Materialien oder Werkzeuge brauchst du, um deinen Plan umzusetzen?

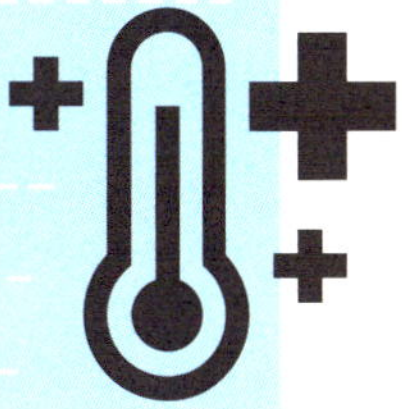

3 MILLIARDEN JAHRE

gibt es Pflanzen in etwa schon auf der 4,5 Milliarden Jahre alten Erde. Damit gehören sie zu den ältesten Lebensformen.

330.000 PFLANZENARTEN

sind weltweit beschrieben. Nur rund 20.000 davon nutzen wir Menschen zum Essen, Genießen oder für technische Zwecke.

9.500 ARTEN AN WILDPFLANZEN

gibt es derzeit in etwa in Deutschland. Damit liegt das Land im globalen Durchschnitt.

48.000–57.000 PFLANZENARTEN

nutzen wir Menschen zum Heilen von Krankheiten. Das sind rund 17–20 % der Farn- und Blütenpflanzen.

7.000 PFLANZENARTEN

bauen wir Menschen an. Davon liefern 3 Arten über 60 % aller Nahrungsenergie: Weizen, Mais und Reis.

12.000 JAHRE

lang bestellen Menschen nun schon ungefähr Felder. Das ist noch gar nicht so lang.

95 % DER MENSCHEN

in Deutschlang denken, dass es unsere Pflicht ist, die Natur zur schützen.

17 MILLIONEN GÄRTEN

gibt es in Deutschland. 450 sind urbane Garteninitiativen.

PFLANZEN

JETZT MAL RICHTIG WILD WERDEN: WIR FORDERN VIELFALT STATT EINFALT!

BIS ZU 130 ARTEN
an Pflanzen und Tieren sterben täglich aus, schätzen Biologen und Wissenschaftler.

BIS ZU 1.000 HEIMISCHE PFLANZEN
sollen in einem einzigen Garten Platz finden können. Eine ökologische Faustregel besagt, dass von einer Wildpflanzenart rund 10 Tierarten abhängen, oft sind es aber viel mehr.

48.000 HEKTAR
umfassen die rund 1 Million Kleingärten in Deutschland.

Früher wohnten neben uns zwei Damen um die 90. Sie liebten ihren Garten und sorgten peinlich genau dafür, dass der Rasen getrimmt, das Laub entfernt und die Erde in den Staudenbeeten blank und unkrautfrei dalag. Vor zwei Jahren sind sie ins Altenheim gezogen. Seitdem wohnt eine Familie neben uns, die den Garten auf andere Weise liebt: Sie haben zu viel mit der Kletterburg, dem Planschbecken und den süßen Kaninchen zu tun, um mit Unkrautjäten ihre Zeit zu verbringen. Seitdem haben wir einen neuen Gartenmitbewohner: den Giersch. Wie rasant sich dieser Doldenblütler ausgebreitet hat, ist erstaunlich. Erst rupften und zupften wir hier und dort. Doch der Giersch lächelte, wie es schien, nur milde über unseren Versuch, ihn aufzuhalten. Er schickte seine dicken, weißen Wurzeln in dichten Kolonien gewissenhaft in gefühlt jeden Winkel unseres Gartens. Wohlig nistete er sich in den Wurzelballen von Stauden und Sträuchern ein. Unverblümt versenkte er geheime Wurzelvorräte unter Bäumen und Wegplatten. Denn, wie wir leider viel zu spät erkennen sollten, es reicht nicht, den Giersch oberflächlich zu entfernen. Ein winzig kleines Stückchen seiner Wurzel genügt ihm schon, um sich innerhalb weniger Tage auf dem Gartenstück wieder auszubreiten, das man eben noch befreit zu haben glaubt. Das Ganze entwickelte sich binnen weniger Monate zu einem Kampf, den wir nur gewinnen konnten, wenn wir bereit waren, sämtliche Stauden auszubuddeln, ihre Wurzeln peinlich genau zu säubern, jeden Quadratzentimeter Erde nach Gierschwurzeln zu durchkämmen und alles, was nach ihm aussieht, aus unserem Garten zu verbannen. Mit anderen Worten: Wir konnten nicht gewinnen.

Es ist Frühsommer. Wir stehen vor dem Staudenbeet und betrachten die Lage. Die Sonne scheint, der Himmel ist blau – und der Giersch schickt mal wieder die ersten, zarten Blätter seiner jungen Triebe gen Himmel. Wir schauen ihm dabei zu und müssen eingestehen: der Giersch hat eindeutig den längeren Atem. „Doch war das Ganze nicht von vorneherein ein unsinniges Unterfangen?", fragen wir uns. „Und wer sagt eigentlich, dass Giersch weg muss?" Wer war dieser erste Mensch, der entschieden hat, dass der Giersch im Garten nichts zu suchen hat? Und wieso sind so viele dieser Vorstellung gefolgt – uns eingeschlossen? Wir beobachten die kleinen, noch niedlichen Pflänzchen und sind tatsächlich gerührt. Von dieser nie verzagenden Ausdauer und Geduld könnten wir uns wohl gut noch eine Scheibe abschneiden. Und auf einmal scheint uns der Giersch wie ein Sinnbild der gesamten Flora: Pflanzen sind überall. Sie umgeben uns. Natürlich im Wald und auf der Wiese, im Park und auf dem Feld. Aber auch noch in der trostlosesten Betonwüste lassen sich manche Pflanzen nicht vom Wachsen abhalten. Moose zum Beispiel oder Flechten oder der berühmte Löwenzahn, der sich durch den Asphalt bohrt, um zu blühen. Pflanzen waren schon sehr lange vor uns da. Schon vor drei Milliarden Jahren soll es Organismen gegeben haben, die zur Photosynthese fähig waren (nur zum Vergleich: Uns Menschen gibt es wohl seit etwa 300.000 Jahren). Diese großartige Erfindung, mit der Pflanzen – und nur sie – die Energie der roten, orangen und blauen Lichtstrahlen des Sonnenlichts mit Wasser und Kohlendioxid zu Traubenzucker (Glukose) verwandeln können. Diese Fähigkeit ist einzigartig auf unserer Erde und macht Pflanzen unabhängig von äußeren Kohlehydratquellen. Mit genug Licht, Wasser, CO_2 können Pflanzen also wachsen und wachsen und wachsen. Unser Giersch beweist es. Rund 170 Milliarden Tonnen organischer Materie sollen Pflanzen – einschließlich des mikroskopischen Algenplanktons in den Ozeanen – Jahr für Jahr auf unserem Planeten erzeugen. Das wäre, grob umgerechnet, in Energie etwa so viel, wie 2.000 Millionen große Kraftwerke liefern könnten. Mit dieser schier unvorstellbar großen Leistung sind Pflanzen die Grundlage aller Nahrungsketten unserer Erde. Ohne sie könnte kaum ein anderes Lebewesen auf diesem Planeten überleben. Auch wir nicht.

MEIN FREUND, DER GIERSCH

Nachdem wir beschlossen haben, uns mit dem Giersch anzufreunden und ihn zumindest zum Teil im Garten zu dulden, wollen wir mehr über ihn erfahren. Wir stellen fest, dass ihn die Menschen schon seit Jahrhunderten zur Linderung von Schmerzen bei Rheuma und Gicht verwendet haben. Er soll krampflösend, entgiftend und blutreinigend wirken und hat deshalb im Volksmund auch den Namen „Zipperleinskraut". Nachweisen lässt sich das anscheinend nicht. Das macht aber nichts, denn der Giersch ist auch so ein sehr aromatisches und vitaminreiches Wildgemüse, das sich in Suppen, als Salat oder Gemüse genießen lässt. Wir freuen uns, forschen weiter nach und erfahren, dass wir von den knapp 330.000 Pflanzenarten, die es nach Schätzungen auf der ganzen Erde gibt, etwa 50.000 essen können. Zwischen 48.000 und 57.000 Pflanzenarten nutzen wir Menschen zum Heilen von Krankheiten. Hier bei uns in Deutschland gibt es wahrscheinlich über 9.500 wild wachsende Pflanzenarten. Und gäbe es den Menschen nicht, würde die Zahl der Pflanzenarten vielleicht immer weiter zunehmen. Denn Pflanzen scheinen eine geradezu spielerische Freude daran zu haben, die Evolution möglichst variantenreich voranzubringen. „Man kommt in Versuchung, eine dynamische Naturkraft als unbeweisbar, aber glaubhaft anzunehmen, die Henri Bergson ‚l'élan vital' nannte und die nicht davon ablassen kann, endlos etwas Neues zu produzieren", meint der britische Botaniker und Autor Anthony Huxley und fährt fort: „Es ist wie ein Spielen mit gedankenlos hingekritzelten Figuren, wie ein dieser Kraft innewohnender Drang, das Bestehende anzuwandeln und abzuändern."

Doch es gibt den Menschen und so steht rund ein Drittel der bei uns in Deutschland vorkommenden Pflanzenarten auf der Roten Liste – das heißt, ihre Zahl ist so stark zurückgegangen, dass sie vom

PHOTOSYNTHESE
Pflanzen wandeln Sonnenlicht, CO_2 und Wasser in Zucker. Rund 170 Milliarden Tonnen Pflanzenmasse entstehen dadurch pro Jahr. Eine Tonne Pflanzenmasse braucht 1,6 Tonnen CO_2 und erzeugt 1,3 Tonnen Sauerstoff.

GRÜNANTEIL

Die Plattform sammelt alle Ideen, Projekte, Netzwerke und Termine rund um die Stadtnatur und ist damit die ideale Informationsquelle für alle Gartensuchenden.
gruenanteil.net

INCREDIBLE EDIBLE

Die Bürgerinnen und Bürger von Todmorden haben ihre Stadt 2007 selbst essbar gemacht. Eine Erfolgsgeschichte: **incredible ediblenetwork.org.uk**

PFLANZEN EHREN

Jedes Jahr am 13. April ist internationaler Ehrentag der Pflanze. Ideen, was du an diesem Tag tun könntest, gibt es hier:
ehrentag-der-pflanze.de

MACH DIE STADT LECKER

WIE PFLANZEN DAS ZUSAMMENLEBEN IN ANDERNACH UMKREMPELTEN

Pflanzen sind etwas ganz Wunderbares. Sie halten unsere Welt am Leben. Wir atmen durch sie, ernähren uns von ihnen und sie machen unsere Welt einfach schön. Ohne sie wäre alles grau und karg. Umso trauriger finde ich, dass wir unseren Bezug zu ihnen verlieren. Immer mehr Menschen leben in der Stadt und sind von der Natur abgeschnitten. Dabei ist es so einfach, Menschen aller Altersstufen für mehr Natur in der Stadt zu begeistern. Gerade für das Essbare. Für das, was man pflücken und woraus man lernen kann. Nachdem ich das in vielen kleineren Projekten erfahren hatte, dachte ich: „Das mach ich jetzt mal großflächig!" So entstand die Idee der „Essbaren Stadt".

In Andernach hatten wir damals gerade eine 13 Hektar große Permakultur-Anlage, mit vielen Ehrenamtlichen und der Verwaltung, gebaut und so setzte ich mich nun mit der Verwaltung und den Ehrenamtlichen zusammen. Gemeinsam entwickelten wir das Modell der Essbaren Stadt – also einer Stadt, in der Bürger und Verwaltung gemeinsam Essbares auf öffentlichen Flächen anpflanzen, zum Beispiel in Parks. Das eigentliche Streben der Essbaren Städte ist aber nicht nur Ernährungssouveränität oder dass die Menschen wieder mal einen richtig guten Apfel kosten oder den Erdbeeren beim Blühen zusehen können. Das eigentliche Ziel ist, dass die Menschen wacher durch ihr Leben gehen. Dass sie mit eigenem Blick ihr soziales Umfeld und auch die Stadt erleben. Denn dann haben das Ökosystem und der Mensch wieder eine bessere Chance, gut zurechtzukommen. Deshalb nenne ich meine Projekte – und besonders Andernach – ökohuman. Eine Essbare Stadt ist daher auch nicht nur für uns Menschen essbar, sondern auch für Insekten. In Andernach haben wir zum Beispiel überall Insektenhotels aufgestellt und Wildblumenwiesen eingesät. Und weil das so schön kultiviert-wild aussieht, kann sich jede Bürgerin und jeder Bürger unter dem Motto „Ein Quadratmeter Heimat" Wildstauden bei der Stadt abholen – also Stauden, die keine Kulturpflanzen sind, sondern genau so auch in der Natur vorkommen.

Und wir haben einen Weg mit einer Wildblumenwiese „Pflück deiner Mama einen Blumenstrauß" genannt. So etwas ist für die nächste Generation wichtig. Denn wenn sich unsere Kinder über die Natur freuen, entstehten ethnobotanische Bindungen. Das klingt sehr wissenschaftlich, aber jeder von uns hat als Kind ein oder zwei Blümchen besonders geliebt. Das ist ein Marker und wenn man diese Blumen heute wieder sieht, dann freut man sich. Und wenn man sich freut, dann ist man positiver. Und wenn man positiver ist, dann geht man besser miteinander um. Dass das funktioniert, zeigt unser Modell. Entscheidend dabei ist, dass die Stadt davon ausgeht, dass alle Menschen der Gemeinschaft – also auch die Hunderttausende von Besuchern – gut sind. Diese Haltung hat viel verändert. Ein Beispiel: Die Stadt hat alle Fundfahrräder einfach in die Stadt gestellt mit einem Schild „Nimm es dir und stell es später bitte wieder hier hin". Es gibt keine Verbote oder Hinweise wie „Das gehört der Gemeinde" oder „Ihr müsst 5 Euro zahlen". Durch viele solcher Dinge sind die Stadtbewohnerinnen und -bewohner zur Gemeinschaft geworden. Dadurch sind zum Beispiel Vandalismus und Vermüllung zurückgegangen und die Gemeinde spart viel Geld. Heute haben bereits 120 Städte und Gemeinden in Deutschland das Modell kopiert und noch viel mehr Städte und Gemeinden sind es
in ganz Europa.

Heike Boomgaarden ist Gärtnerin, Permakultur-Gestalterin und Miterfinderin des Modells „Essbare Stadt".
heike-boomgaarden.de

Aussterben bedroht sind. Wobei jede gefährdete Pflanzenart eine Art Stellvertreter für einen gesamten Lebensraum, ein Ökosystem, ein Beziehungsgefüge von Lebewesen ist. Wo die Pflanzen verschwinden, sterben zwangsläufig bald auch die auf sie angewiesenen Pflanzenfresser aus, danach die Fleischfresser und am Ende vielleicht sogar wir ...

Arten sterben schon seit jeher aus. Das ist ebenso natürlich wie das evolutionäre Entstehen neuer Arten. Doch derzeit sorgen wir Menschen anscheinend dafür, dass die Arten unserer Erde etwa 1.000 Mal schneller aussterben, als die Natur das ohne uns vorsehen würde. Das ist nicht etwa so, weil es uns egal wäre. Nein, rund 95 % der Bundesbürgerinnen und -bürger finden, dass es unsere Pflicht ist, die Natur zu schützen. Und 92 % denken, dass wir die Natur nur so nutzen dürfen, dass die Vielfalt der Pflanzen, Tiere und ihrer Lebensräume auf Dauer auch für unsere Nachkommen gesichert sind. Und doch sehen wir verhältnismäßig unbeteiligt einem Artensterben zu, das laut Experten das sechste große Massensterben ist, das unser Planet jemals im Laufe seiner langen Geschichte erlebt hat. Die Gründe für unseren fatalen Gleichmut sind vielfältig. „Wahrscheinlich sind wir einfach zu weit entfernt davon", denken wir und streicheln dem Giersch über seine kleinen, zarten Blättchen, als könnten wir dadurch das Unheil verhindern. Unsere unüberlegte Wut auf ihn tut uns nun furchtbar leid. Hätten wir nur mehr von ihm gewusst, wäre er uns gleich schon wichtiger und wertvoller gewesen. Und so wie uns geht es sicherlich vielen: Der Durchschnittsbürger kennt sich in der Natur einfach nicht mehr gut genug aus, um zum Beispiel das Verschwinden vieler Arten überhaupt auch nur zu bemerken, geschweige denn, dessen Folgen zu verstehen. Dazu kommt, dass die Veränderung bislang noch schleichend ist.

DIE KLIMAKRISE

Das erinnert uns an den Klimawandel, dem wir ähnlich tatenlos gegenüberstehen. Der ist für die Pflanzen allerdings gar nicht generell schlecht. Zum Beispiel sorgt er bei uns jetzt schon messbar für eine längere Vegetationsperiode – unsere Winter werden im Schnitt feuchter und wärmer, unsere Sommer trockener und heißer. Das kann uns beim Anbau von Obst und Gemüse sogar noch zugutekommen. Weltweit steht für uns jedoch einiges auf dem Spiel. Ob Mandeln aus Kalifornien, Kaffee aus Brasilien, Bananen aus Ecuador oder Haselnüsse aus der Türkei: Überall verschwinden die möglichen Anbauflächen für diese Kulturpflanzen aufgrund der Klimakatastrophe. Von bis zu 70 % in den kommenden 40 Jahren ist mitunter die Rede. Und auch hierzulande müssen Bäuerinnen und Bauern mit neuen Herausforderungen rechnen. Etwa mit Schädlingen, die bisher bei uns

AKTION

GUERILLA GARDENING

4–6 STD. MITTEL

Guerilla Gardening macht graue Betonwüsten grün und zeigt, dass Menschen ihre Stadt mitgestalten.

DER RICHTIGE ORT

Wähle einen Ort, an dem du regelmäßig vorbeikommst. Prüfe, ob dein Guerilla-Garten irgendjemand stören könnte.

DIE RICHTIGEN PFLANZEN

Suche die passenden Pflanzen. Heimische Wildpflanzen kommen zum Beispiel prima alleine zurecht. Prüfe, ob der Standort an Licht, Wasser und Boden das bietet, was sie brauchen.

DIE AKTION VORBEREITEN

Organisiere Saatgut, Pflanzen, Wasser, vielleicht auch Erde, Gartengeräte und Müllbeutel. Und lade Freunde ein, denn zusammen macht es mehr Spaß!

ANPFLANZEN UND AUSSÄEN

Bereite das Areal vor, versorge die Pflanzen mit ausreichend Erde und Wasser und nimm den Müll mit. Ist ein Schild sinnvoll, das auf den Guerilla-Garten hinweist? Weitere Infos findest du unter **bit.ly/guerilla-gaertnern**

JAHRESZEITEN IM WANDEL

Durch den Klimawandel verlängert sich bei uns die Vegetationsperiode ...

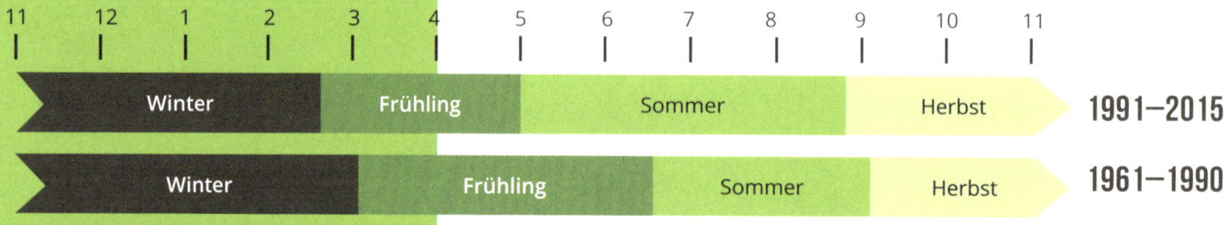

unbekannt sind. Einer ist etwa die Kirschessigfliege. Seit einigen Jahren macht sie auch hierzulande ihrem Namen alle Ehre und verwandelt die Früchte ganzer Obstplantagen und Weinberge in Essig. Dem Klimawandel besonders ausgeliefert sind natürlich die wild wachsende Pflanzen, die niemand einfach weiter nördlich anbaut. Vor allem die kälteliebenden Gewächse sind bedroht. Sie wachsen oft in ohnehin geringer Zahl in sogenannten Kältenischen – etwa in den Alpen – und können die großen Strecken bis zur nächsten passenden Klimanische nicht einfach durch Pollenflug oder Wurzelwachstum überbrücken. Etwa 5 bis 30 % unserer Pflanzenarten könnten auf diese Weise auf Nimmerwiedersehen verschwinden, schätzt der Artenreport 2015 des Bundesamts für Naturschutz.

Dabei sind wir ganz dringend auf die Vielfalt von Pflanzenarten und -sorten angewiesen. Ganz abgesehen davon, dass diese Lebewesen natürlich einen Wert an sich haben und es deshalb unsere Aufgabe sein sollte, sie zu beschützen, gibt es auch rein egoistische Motive. Das mag eine Anekdote aus der Geschichte des Kaffeeanbaus belegen: Um 1870 herum kam es sowohl in Sri Lanka als auch in Äthiopien zum Ausbruch des sogenannten Kaffeerosts. Die Infektionskrankheit rottete in Sri Lanka binnen Kurzem den gesamten Bestand an Kaffeepflanzen aus. Seitdem trinkt man dort Tee. Nicht so in Äthiopien, dem Heimatland der Kaffeepflanze. Denn hier gab es auch ganz viele wilde Kaffeearten, die im Urwald wuchsen. Mit den Kulturpflanzen gekreuzt sicherten sie das Überleben ihrer Art, weil sie so eine Resistenz gegenüber dem Kaffeerost entwickeln konnten. Ähnliches könnte uns angesichts der Klimakrise ebenfalls erwarten. Hobbygärtnerinnen und -gärtner müssten in Zukunft wohl vor allem mit mehr Stressreaktionen ihrer Pflanzen rechnen, so eine Studie der Humbolt-Universität zu Berlin. So könnten Pflanzen künftig anfälliger für Pilzerkrankungen werden, weil der Wechsel zwischen den zunehmend kälteren Nächten und heißeren Tagen im Frühjahr größer wird. Und weil es durch den Klimawandel in einigen Gegenden Deutschlands künftig weniger Niederschlag im Frühling geben soll, drohen Nährstoffmangel, Blütenendfäule und aufgeplatzte Früchte.

GRÜNE WÜSTEN

Als Ursache Nummer eins für das massenhafte Aussterben von Pflanzenarten und -sorten gelten allerdings eindeutig ausgerechnet diejenigen, die von Berufs wegen Pflanzen anpflanzen: die industriellen Landwirtinnen und -wirte nämlich. Die Misere beginnt dabei schon ganz am Anfang, beim Samenkorn. Nach Schätzungen der Welternährungsorganisation (FAO) sind im Laufe des 20. Jahrhunderts weltweit 75 % der Kulturpflanzenvielfalt unwiederbringlich verloren gegangen. In Industriestaaten wie Deutschland sollen es sogar bis zu 90 % sein. „Wie konnte es dazu kommen?“, fragen wir uns und erinnern uns an ein Gespräch mit dem Saatgutzüchter Ludwig Watschong, der gemeinsam mit anderen den Verein zur Erhaltung der Nutzpflanzenvielfalt (VEN) sowie den Saatgutvertrieb für alte Kulturpflanzensorten Dreschflegel gegründet hat. Er hat uns erzählt, dass früher

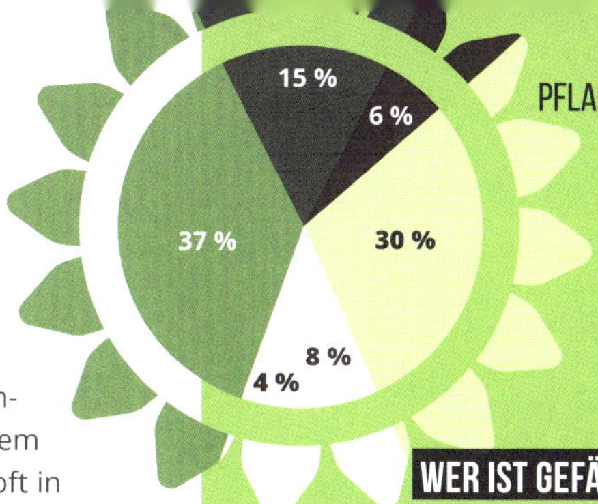

WER IST GEFÄHRDET?

So viele Arten sind weltweit:
- ausgestorben/verschollen
- bestandsgefährdet
- extrem selten
- auf der Vorwarnliste
- ungefährdet
- nicht genau erforscht

Weitere Infos gibt es unter **bit.ly/rote-listen**

AKTION

SAATGUT-BOMBEN

2–3 STD. LEICHT

Mit Saatgutbomben kann man überall in der Stadt unauffällig Blumen säen. Und sie sind leicht gemacht:

SAATGUT WÄHLEN

Nutze am besten Samen von heimischen (Wild-)Pflanzen, denn die wachsen auch ohne deine HIlfe. Ideal ist eine Mischung in Bio-Qualität.

ERDE MISCHEN

Mische nun 1 Teil Saatgut mit rund 3 Teilen Komposterde und 5 Teilen Tonerde. Gieße nach und nach Wasser dazu, bis sich die Mischung gut zu einer Kugel formen lässt.

BOMBE FORMEN

Forme nun etwa walnussgroße Kugeln daraus und lasse sie rund 3 Tage gut durchtrocknen. Das ist wichtig, damit die Samen nicht vorzeitig keimen oder gar schimmeln. Weitere Infos gibt es hier: **bit.ly/saatgut-bomben**

SÄE BUNTES!

WARUM ES WICHTIG IST, SAATGUT SELBST ZU MACHEN

Die Vielfalt unserer Pflanzensorten ist die Grundlage für das, was wir in Zukunft essen können. Der Klimawandel trägt dazu bei, dass wir uns mit unseren Zuchtzielen neuen Herausforderungen stellen müssen. So brauchen wir zum Beispiel Pflanzen, die resistent sind gegen Trockenheit, salzige Böden, viel Regen oder auch neue Schädlinge, die durch die milderen Temperaturen bei uns auftauchen. Die Nutzpflanzenvielfalt ist aber nicht nur aus praktischer Sicht wichtig, sondern auch weil es einfach schön und genussreich ist, unterschiedliche Sorten auf dem Teller zu haben. Doch was derzeit im Handel ist, deckt nur unzureichend das ab, was wir uns als Verbraucherinnen und Verbraucher wünschen. Geschmack ist bei den meisten Saatgutkonzernen beispielsweise kein Zuchtziel.

Je nach Pflanzenart – also ob es um Kartoffeln, Erdbeeren oder Tomaten geht – sind nach unseren stichprobenhaften Untersuchungen zwischen 60 und 75 % der Sorten verschwunden. Das hängt immer davon ab, wie leicht man das Saatgut gewinnen kann. Um das Saatgut einer Kohlsorte zu vermehren, sind zum Beispiel mehr Fachwissen und Aufwand erforderlich als bei der Saatgutgewinnung von Tomaten. Früher war dieses Wissen weit verbreitet. Heute kennt sich kaum noch jemand damit aus. Doch das Interesse am Erhalt der Sortenvielfalt und der Saatgutgewinnung steigt in den letzten Jahren. Die Bewegung ist groß geworden, vor allem auch durch die sozialen Medien und überhaupt das Internet. Das Engagement für Nutzpflanzenvielfalt ist aus meiner Sicht kaum noch zu stoppen.
Wer sich auch dafür einsetzen will, kann zunächst einmal Saatgut von Anbietern kaufen, die alte Sorten schützen und verkaufen. Dazu bieten wir beispielsweise jedes Jahr eine Saatgutliste an, die dieses Jahr über 400 Seiten lang ist. Man kann sich zum Beispiel an Anbieter wie Bingenheimer Saatgut oder Dreschflegel wenden. Und in vielen Städten und Gemeinden Deutschlands gibt es auch sogenannte Saatguttauschbörsen oder Saatgutbibliotheken. Bei den Saatguttauschbörsen kommen Gärtnerinnen und Gärtner privat zusammen, um untereinander Saatgut zu tauschen. Bei den Saatgutbibliotheken kann man sich Saatgut nehmen, wenn man das gleiche Saatgut von den daraus gewonnenen Pflanzen auch wieder zurückbringt. Das setzt natürlich voraus, dass man selbst Saatgut erzeugt. Das hört sich für viele zunächst aufwendiger und komplizierter an, als es oftmals ist. Wer hier einsteigen will, kann zum Beispiel auch bei einer der VEN-Gruppen mitmachen. Dort gibt es Erhalterinnen und Erhalter, die bereits viele Jahrzehnte Erfahrung haben und ihr Wissen gerne teilen.

Wer aber lieber auf eigene Faust anfängt, dem empfehle ich Pflanzen, die sich leicht vermehren lassen. Dazu gehören im Prinzip alle Selbstbefruchter. Anders als bei den Fremdbefruchtern, bei denen immer jeweils eine Pflanze die andere befruchtet, können sich hier nicht aus Versehen zwei Pflanzen ungewollt miteinander kreuzen. Bohnen, Tomaten, Erbsen oder Salat sind dabei die traditionellen Selbstbefruchter. Da können sich auch unerfahrene Gärtnerinnen und Gärtner ranwagen. Am aller einfachsten ist es bei Erbsen und bei Bohnen. Da lässt man einfach die Hülsen an der Pflanze hängen, bis sie rascheltrocken sind und der gesamte Entwicklungszyklus abgeschlossen ist. Mit diesen Pflanzen kann jede Gärtnerin und jeder Gärtner ganz einfach erste Erfahrungen bei der Saatgutgewinnung sammeln und erkennen: Jede und jeder von uns kann ziemlich leicht etwas für mehr Nutzpflanzenvielfalt tun!

Ursula Reinhard sammelt, beschreibt, vermehrt und verteilt seit Jahrzehnten das Saatgut seltener Nutzpflanzen. Sie ist langjährige Vorsitzende des Vereins zur Erhaltung der Nutzpflanzenvielfalt (VEN).
nutzpflanzenvielfalt.de

die Landwirte, Gärtnereien, mittelständischen Saatguthersteller und auch Hausgärtner ihr Saatgut selbst herstellten. Jedes Jahr wählten sie die Pflanzen, aus denen sie die Samen für die nächste Saison ziehen wollten. So entstanden ganz viele unterschiedliche und an die lokalen Gegebenheiten, Bedürfnisse und Geschmäcker angepasste Sorten. Doch mit der Industrialisierung der Landwirtschaft, vor allem nach dem Zweiten Weltkrieg, befassten sich immer weniger Menschen mit der Saatgutherstellung. Bauern und Gärtner überließen dies den Saatgutzüchtern. Die kleinen und mittelständischen Zuchtbetriebe wurden über die Jahre von immer noch größeren Unternehmen aufgekauft, die jedes Mal ein Teil des Sortiments fallen ließen.

WER DIE SAAT HAT, HAT DAS SAGEN

Heute sind die zehn größten Saatguthersteller globale Konzerne und verkaufen zusammen 75 % des Saatgutes auf der ganzen Welt! Bei ihren Züchtungen orientieren sie sich vor allem an dem, was sich in der industriellen Landwirtschaft gut verkaufen lässt. Dass alle Pflanzen gleichzeitig reif sind und sie sich mit den großen Maschinen leicht ernten lassen, ist da zum Beispiel wesentlich wichtiger als der Geschmack, wie uns die Saatgutschützerin Ursula Reinhard in einem Gespräch erzählt. Dazu kommt, dass diese Saatguthersteller fast nur noch sogenannte F1-Hybriden verkaufen. Das sind Kreuzungen, aus denen sich kein eigenes Saatgut gewinnen lässt – oder zumindest keines, das in der zweiten Generation noch die Eigenschaften hat, die man an den Mutterpflanzen schätzte. Doch das darf man ohnehin nicht, denn die Hersteller sichern sich das geistige Eigentum an ihrem Saatgut durch den sogenannten Sortenschutz oder gar durch Patente. Dann muss jeder, der die Sorte nutzt, Lizenzen an das Unternehmen zahlen. So kommt es, dass heute laut dem Verein zur Erhaltung der Nutzpflanzenvielfalt (VEN) nur zwei Konzerne bei mehr als der Hälfte aller in der EU angebauten Gemüsesorten Lizenzgebühren kassieren: Monsanto und Syngenta. Die europäischen Regierungen möchten nun den Sortenschutz gerne auch auf andere Länder in Asien, Afrika und Südamerika ausweiten. Doch es regt sich Widerstand. Denn für die Kleinbäuerinnen und Gärtner dort – wie für viele Saatgutretter hierzulande – ist Saatgut eine Allmende, also ein Gemeingut, das allen gehört und das jede und jeder frei nutzen können muss, wie Wasser oder Luft. Und das aus gutem Grund. Denn nur so lässt sich weltweit die Ernährungssicherheit gewährleisten. Und nur so kommt es dann auch wieder zu der Kultursortenvielfalt, die wir einmal hatten. Denn jede Sorte entwickelt sich – unter unterschiedlichen Bedingungen angebaut – zwangsläufig zu mehreren neuen Sorten weiter. Dass viele dieser Saatgutkonzerne zugleich auch Chemie-Unternehmen sind, ist kein Zufall. Sie verkaufen Saatgut und Ackergift im Kombipack. Dazu machen sie Nutzpflanzen wie Soja, Raps, Baumwolle oder Mais gegenüber einem bestimmten Totalherbizid resistent. Totalherbizide sind Pflanzengifte, die innerhalb weniger Tage sämtlichen Pflanzen den Garaus machen. Lange Zeit konnte die industrielle Landwirtschaft die Totalherbizide aus diesem Grund nicht auf ihren Äckern einsetzen. Doch nun können die Agrarkonzer-

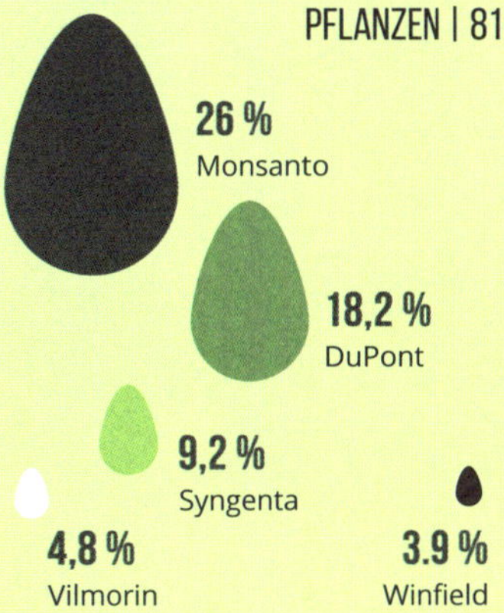

10 SAATGUT-KONZERNE haben einen weltweiten Marktanteil von 75 %. Hier die 5 größten.

AKTION

SAMEN VON TOMATEN

1 STD. LEICHT

Tomatensaatgut kannst du leicht selbst machen. Nutze dazu reife Früchte von gesunden Pflanzen.

TOMATE VORBEREITEN

Halbiere die Früchte und löffle die Samen mit dem daran klebenden Fruchtfleisch in ein Wasserglas.

SAATGUT FERMENTIEREN

Bedecke das Glas und lass die Masse rund 2 Tage gären, damit sich die schleimige, keimhemmende Schicht von den Samen löst. Das Saatgut sinkt zu Boden und fühlt sich nun rau an.

TROCKNEN UND LAGERN

Spüle die Samen in einem feinen Sieb mit viel Wasser ab. Trockne sie auf einem Kaffeefilter. Pass auf, dass kein Saatgut aneinanderklebt. Fülle die trockenen Samen in eine lichtdichte Dose oder ein Papiertütchen, beschrifte alles und lagere es an einem trockenen Ort. Mehr Infos unter: **bit.ly/tomaten-saatgut**

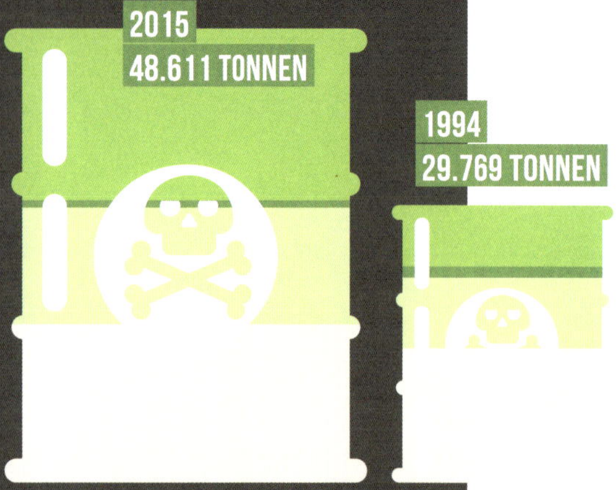

ACKERGIFTE IM EINSATZ

So sieht es in Deutschland aus:
Herbizide, Fungizide, Insektizide, Sonstiges

AKTION

PFLANZENJAUCHE

1 STD. · LEICHT

Sie düngt und stärkt Pflanzen und ist leicht selbst gemacht:

KRÄUTER WÄHLEN

Jedes Kraut hat seine eigene Wirkung. Du kannst aber auch mischen, was du eben dahast: Brennnessel, Schachtelhalm, Beinwell, Knoblauch, Giersch oder Löwenzahn. So kriegst du eine Allzweckjauche.

JAUCHE ANSETZEN

Zerkleinere 1 kg Kräuter, gib sie in ein Gefäß mit Deckel (nicht aus Metall) und übergieße sie mit 10 Liter Wasser. Lass die Jauche gären, bis sie nicht mehr schäumt (rund 10 Tage). Rühre sie dabei täglich um.

DÜNGEN UND STÄRKEN

Verdünne 1 Teil Jauche in 10 Teilen Wasser und gieße die Pflanzen vorbeugend alle 4–6 Wochen morgens oder abends (nur auf die Erde). Starkzehrer kann man auch jede Woche damit gießen und auch zu trockene Komposthaufen.

ne Pflanzen mit Hilfe von Gentechnik vollkommen andere Gene einsetzen – zum Beispiel auch solche von ganz anderen Pflanzenarten oder sogar von Tieren. Man spricht daher auch von transgenen Pflanzen, also von Pflanzen, in die ein Gen so transferiert wurde, wie es durch eine normale Kreuzung niemals möglich wäre. Etwa 85 % aller transgenen Pflanzen sind immun gegen bestimmte Pflanzengifte, die meisten von ihnen gegenüber Glyphosat. Das hat ökologisch gesehen katastrophale Folgen: Die Vielfalt an Wildkräutern und -gräsern auf und an diesen Äckern nimmt dramatisch ab und mit ihr die Vielfalt an Insekten und anderen Tieren über und unter der Erdoberfläche. Dazu kommt, dass es nachgewiesenermaßen zu Auskreuzungen kommt. Das ist nicht nur fatal für die Bauern, die ringsherum gentechnikfreie Pflanzen anbauen wollen. Es bedeutet auch, dass sich die transgenen Pflanzen mit wilden Artgenossen kreuzen. So entstehen sogenannte Superunkräuter, die ebenfalls gegen die Totalherbizide resistent sind. In den USA soll es bereits 23 Glyphosat-resistente Wildkräuter geben. Die Folge ist oft noch mehr Ackergift, teilweise in Kombinationen mit unbekannter Wirkung ...

Doch obwohl die Pflanzengifte für Mensch und Umwelt nachweislich giftig sind, steigen die Absatzzahlen. Bei einem weltweiten Gewinn von über 38 Milliarden Euro allein an Pestiziden können sich die Chemieriesen anscheinend eine gute Lobby leisten: Ex-Umweltminister Schmidt sorgte mit seiner Stimme entgegen der Abmachungen in der Bundesregierung dafür, dass Glyphosat in der EU für weitere fünf Jahre zugelassen wird. Glyphosat ist das Pflanzengift mit dem weltweit größten Absatz. Dabei kommt es nicht nur zum Einsatz, um Wildkräuter in Schach zu halten. Industrielle Landwirte nutzen es zum Beispiel auch, um damit Getreide kurz vor der Ernte „totzuspritzen". Das senkt die Kosten, denn die Ähren müssen dann nicht mehr getrocknet werden. Für Menschen soll das angeblich nicht giftig sein. Wer das nicht glaubt, kann nur Bio-Produkte kaufen, denn in denen sind Pflanzengifte nur drin, wenn sie kontaminiert sind oder jemand betrogen hat. Andernfalls gehört man höchstwahrscheinlich zu den sieben von zehn Menschen, die Glyphosat in Körper und Urin haben, ohne jemals in ihrem Leben mit einem Acker in Berührung gekommen zu sein.

WIR SITZEN ALLE IM GLASHAUS

„Doch wir dürfen uns nicht täuschen. Die Schuld liegt nicht nur bei den Weltkonzernen, Lobbyisten und Politikern", überlegen wir und betrachten unseren Giersch. Wir selbst sind der beste Beweis dafür, welche Vernichtungswut uns aus Unwissenheit überfallen kann. Immerhin gehören wir nicht zu den Gärtnerinnen und Gärtnern in Deutschland, die zusammen jedes Jahr auch immerhin 6.000 Tonnen Pestizide kaufen – und wahrscheinlich dann auch anwenden. Das sind zwar im Vergleich zu den 110.000 Tonnen (Stand 2015), die in der Landwirtschaft zum Einsatz kommen, relativ wenig. „Doch wenn man bedenkt, dass alleine die Fläche aller privaten Gärten mehr als

GÄRTNERN OHNE GIFT

VORBEUGEN STATT SPRITZEN: WAS PFLANZEN QUIETSCHFIDEL MACHT

Jedes Jahr steigt die Pestizidmenge in Deutschland. 5 % der Pestizide kaufen Privatpersonen. Das ist im Vergleich zur industriellen Landwirtschaft nur ein kleiner Teil. Doch Privatgärten braucht man ja nicht so wie Äcker nach Effizienzkriterien zu gestalten. Zumal die Anwendung von Pestiziden Risiken birgt, vor allem bei Anwendungsfehlern. Viele Pestizide sind ja nicht nur für die Pflanzen und Tiere im Garten schädlich, sondern auch für uns Menschen, vor allem für Kinder. Ein giftfreier Garten setzt darauf, dass jeder Schädling Nahrungsquelle für ein anderes Lebewesen ist, also für Nützlinge. Und wenn es in einem Garten Vielfalt gibt, regelt sich vieles mehr oder weniger von alleine.

Denn wichtig ist zuallererst, Krankheiten vorzubeugen. Wenn eine Pflanze kränkelt, sollte man prüfen, welche Ansprüche sie an Licht, Boden und Wasser hat. Am besten schaut man schon vor dem Anpflanzen, was der beste Standort ist. Bei Nutzpflanzen sollte man darüber hinaus auch die Fruchtfolge beachten. Wenn ich jedes Jahr an die gleiche Stelle die gleichen Gemüsesorten oder Kräuter pflanze, zehrt das nicht nur den Boden aus. Auch Schädlinge können sich ausbreiten, weil die vom letzten Jahr überwintern und wieder ihre ideale Nahrungsquelle finden. Vielfalt bedeutet auch, dass ich Kräuter, Obst und Gemüse in Mischkulturen anbaue. Da gibt es sinnvolle Kombinationen von Pflanzen, die oberirdisch und unterirdisch Stoffe aussenden, die die jeweils andere Pflanze stärken und vor Krankheiten schützen. Neben der Pflege des Bodens und dem richtigen Gießen sind für die Vorbeugung gegen Pflanzenkrankheiten auch Pflanzenstärkungsmittel sinnvoll. Da wäre zum Beispiel der Ackerschachtelhalm. Er enthält Kieselsäure und verstärkt deshalb die Zellwände. Dadurch können Pilzsporen nicht mehr so leicht eindringen. Die Brennnesseljauche ist hingegen ein guter Dünger für Gemüse. Wenn eine Pflanze dennoch komisch aussieht, kann man im Internet, über Bücher, bei Fachberatern oder dem Pflanzenschutzamt erfahren, was die Ursache ist. Oft handelt es sich gar nicht um Krankheiten, sondern um Reaktionen auf Trockenheit oder Nährstoffmangel. Ist es jedoch eine Krankheit oder ein Schädling, dann muss ich abwägen, ob die Pflanze dadurch eingeht oder ich das tolerieren kann. Als erste Maßnahme kann man befallene Teile entfernen, damit sich die Krankheit nicht auf die umliegenden Pflanzen ausbreitet. Hygiene ist dabei ebenso wichtig wie bei uns Menschen. Bestimmte kranke Pflanzenteile gehören nicht auf den Kompost und Geräte sollte man nach der Arbeit reinigen. Erst wenn das alles nicht hilft, kann man über weitere Behandlungsschritte nachdenken. Bei Mitteln aus dem Gartencenter sollte man erst einmal vorsichtig sein. Auch wenn die Handelsnamen harmlos klingen, können dahinter Inhaltsstoffe wie Neonicotinoide stecken. Auch biologische Pflanzenschutzmittel können Insekten, Gewässer oder den Boden gefährden, weshalb man sie nicht leichtfertig im Garten verwenden sollte, nur weil „Bio" draufsteht.

Wir fordern von der Politik deshalb, Pestizide für den privaten Gebrauch nicht mehr zuzulassen und strengere Regeln für die konventionelle Landwirtschaft einzuführen. Zudem geht es uns darum, den Ökolandbau zu fördern. Wir plädieren für Agrarsubventionen, die nach ihrer Nachhaltigkeit gehen und nicht nur nach Fläche. Wir wollen, dass die Menschen direkt bei regionalen Bio-Anbietern kaufen und organisieren daher einen Öko-Markt in Berlin.

Sarah Buron hat Ökolandbau studiert und arbeitet im Projekt „Giftfreies Gärtnern" bei der Grünen Liga Berlin.
giftfreiesgaertnern.de

WERDE WILD!

WIE MAN MIT WILDPLFANZEN ÜBERALL FÜR VIELFALT SORGEN KANN

Wir brauchen uns nur die Roten Listen anzugucken, um zu sehen, dass die Wildpflanzenvielfalt bedroht ist. Und es geht rapide abwärts und das immer schneller. Doch wir können etwas dagegen tun, indem wir heimische Wildblumen und -stauden anpflanzen. Ob im öffentlichen Raum, auf dem Firmengelände oder im privaten Garten: Jeder Quadratmeter zählt! Und jeder, der statt Rasen oder Schotter eine Naturwiese anlegt, kriegt sofort eine Resonanz. Das haben wir in vielen Projekten beobachtet – auch im öffentlichen Bereich. Zum Beispiel haben wir mal in Rüsselsheim auf einem Parkplatz naturnahe Flächen angelegt. Da gab es gelbe Resede, deren Blüten fast schwarz waren vor lauter Maskenbienen, eine von insgesamt 585 Wildbienenarten in Deutschland. An einer anderen Stelle gab es Glockenblumen mit Glockenblumen-Sandbienen. Und das zwischen den Autos.

Wildblumen kann jeder anpflanzen. Der allerkleinste Schritt sind Töpfe mit Wildpflanzen auf dem Balkon, der Terrasse oder vor der Haustür. Wer einen Streifen öffentliches Grün vor der Haustür hat, kann Kontakt zur Gemeinde aufnehmen und sich für eine Wildwiese einsetzen. Und natürlich kann man auch den eigenen Garten nach und nach naturnah gestalten. Am besten fängt man mit einem Beet von ein paar Quadratmetern dort an, wo man öfter entlangkommt. Wichtig ist, dass man möglichst keine Wildpflanzenmischungen aus dem Gartencenter nutzt. Sie enthalten oft einjährige Pflanzen, viel Klee, viel Gras, Ackerwildkräuter und zum Teil auch noch fremde Pflanzen, wie Sonnenhut aus nordamerikanischer Herkunft. Auf unserer Website findet man eine Liste mit vertrauenswürdigen Saatgutlieferanten für Wildpflanzen. Für einen Garten im Siedlungsraum sollte es vor allem auch schön und abwechslungsreich sein. Dafür gibt es spezielle Mischungen, in denen auch mal was nicht Heimisches mit drin sein darf.

So kann man erst einmal mit einem kleinen Stück experimentieren. Und wenn es Spaß macht und erfolgreich ist, kommt nach und nach vielleicht der ganze Garten dran. Dann kann man sukzessive die Forsythie gegen die Kornelkirsche austauschen, den Flieder gegen den Weißdorn oder die Zuchtrose gegen eine naturnahe Rose. Dabei kann man schnell feststellen, dass ein naturnaher Garten viel weniger Arbeit macht – und dafür eine ganz große Befriedigung, Ruhe und Erfüllung schenkt. Man erkennt sich wieder als Teil des natürlichen Systems, das uns alle trägt. Dann sieht man auch, dass wir in all unseren Lebensbereichen ganz, ganz viel dagegen tun. Ein naturnaher Garten hilft, sich auf das zu besinnen, worauf es wirklich ankommt: nämlich Leben möglich zu machen. Dass man tolerant ist gegenüber den Dingen, die da draußen sind, und sich in Rücksicht übt. Oder auch genau hinzuschauen und den Wert zu erkennen. Mit der Zeit sehe ich nämlich nicht nur, dass da irgendein Insekt vorbeifliegt – ich weiß, was für ein Insekt das ist. Ist das nun eine Wildbiene oder eine Fliege? Und welche Art von Fliege ist das eigentlich genau? So kann man sich als Gärtner auch an ganz kleinen Dingen freuen und gespannt darauf warten, welche Pflanzen im nächsten Jahr wann kommen, wie viele Blüten sie haben und ob die Mauerbienen im März auch wieder da sind. So entsteht eine Verbindung mit dem Leben im Garten oder auf dem Balkon und man erkennt: Es ist überhaupt nicht egal, was in meinem Vorgarten wächst. Man beginnt auf einmal mit der Identität der Landschaft um einen herum zu leben, ihre Sprache zu verstehen und darüber hinaus auch Ästhetik und Schönheit in einem Naturerlebnisraum wie einem Garten zu entdecken.

Dr. Reinhard Witt ist naturnaher Grünplaner, setzt sich seit über 30 Jahren für Wildpflanzenvielfalt in und um unsere Siedlungen ein und hat den Naturgarten e.V. mitgegründet.

naturgarten.org

naturgartenplaner.de

halb so groß ist wie die Gesamtfläche aller deutschen Naturschutzgebiete, dann ist es doch einiges, was wir Gärtnerinnen und Gärtner gemeinsam für die Arten- und Sortenvielfalt tun könnten", finden wir – und da sind die Balkone, Flachdächer, Dachterrassen, Hinterhofgärten oder Stadtgärten noch nicht mal dabei!

Wer nun jedoch den Giersch stehen lässt und darauf wartet, dass sich der ganze Rest der wilden Blumenvielfalt von alleine ausbreitet, wird enttäuscht werden. Nur die Wildpflanzen, die sich in unmittelbarer Umgebung befinden, schaffen es so in den Garten. Denn sie können oft schon Entfernungen von 200 Metern nicht mehr überwinden. Richtige Vielfalt kriegt man so nicht hin. „Wir müssen vielmehr damit anfangen, seltenen Sorten bewusst und aktiv einen Raum in unserem Garten zu geben", beschließen wir. Denn da wir – im Gegensatz zu den Bäuerinnen und Bauern – nicht auf den Ertrag schauen müssen, haben wir die Freiheit, unseren Garten möglichst bunt und vielfältig anzulegen. Wir können die exotischen Pflanzen mit ihren gefüllten Blüten im Gartencenter stehen lassen und unsere Beete stattdessen mit lokalen Wildstauden begrünen. Wir können Hecken mit heimischen Sträuchern besetzen, am besten mit fruchttragenden. Und wir können unseren Rasen in eine Wildwiese verwandeln. Das hat gleich mehrere Vorteile: Durch die heimischen Pflanzen kann ein natürliches Ökosystem entstehen. Gewächse, die hier zuhause sind, können mit anderen Pflanzen und Tieren in natürlicher Symbiose leben – vermeintliche Unkräuter passen dann auf einmal ins Gesamtbild. Sie dürfen bleiben und sind nicht selten sogar als Heilpflanzen und Stärkungsmittel gut – nicht nur für uns Menschen, sondern in Form von Jauchen, Auszügen und Pflanzentees auch für das Obst und Gemüse im Garten. Deshalb sind alle Pflanzen – die Wild-, die Zier- und die Kulturpflanzen – in so einer Gemeinschaft gesünder und fitter. Gartengifte kann man sich dann in aller Regel getrost sparen. Und auch ansonsten ist so ein naturnaher Garten viel einfacher und bequemer zu pflegen: Anstatt den Rasen zum Beispiel im Sommer alle zwei Wochen zu trimmen, muss man eine Wildblumenwiese nur zweimal im Jahr mähen.

„In einem naturnahen Garten haben über 1.000 heimische Pflanzen Platz", erfahren wir nach ein bisschen Recherche. Ein solcher Artenreichtum ist dann wiederum die Grundlage für eine vielfältige Tierwelt. Schmetterlinge, Spinnen, Käfer, Schlupfwespen, Fliegen, Libellen, Vögel und Säugetiere leben direkt oder indirekt vom heimischen Grün. Denn alle pflanzenfressenden Tiere sind ja die Nahrungsgrundlage der Fleischfresser, wie etwa der Raubfliegen, Libellen, Schlupfwespen, Marienkäfer oder auch der Steinmarder, Sperber, Mönchsgrasmücken sowie der Haselmaus. Eine ökologische Faustregel besagt, dass von einer Wildpflanzenart rund zehn andere Tierarten abhängen. Oft sollen es aber noch viel mehr sein. So ernährt zum Beispiel alleine der Wiesenlöwenzahn 72 Wildbienenarten, die heimische Wiesenschafgarbe immerhin 28. Zum Vergleich: ihre gezüchtete Schwester, die Gold-Garbe, soll nur für drei Wildbienenarten Futter liefern. Das macht uns natürlich neugierig. Und deshalb geht es im nächsten Kapitel um die Frage, wie wir unseren Garten zu einer Heimstatt für alle möglichen Tiere machen.

AKTION

WILDBLUMENWIESE

3–5 STD. SCHWER

Wildblumenwiesen sind ein wertvolles Biotop für jeden Garten, jede Straße und jede Stadt. Leg doch auch mal eine an!

BODEN VORBEREITEN

Wildblumen wachsen am liebsten auf mageren Böden. Wenn es den noch nicht gibt, kannst du rund 10 cm Boden abtragen, mit Kies oder Sand auffüllen und etwas Kompost druntermischen.

WIRKLICH WILD SÄEN

Es gibt Wildblumenmischungen. Aber Achtung! Prüfe, dass es sich tatsächlich um heimische Wiesenblumen und nicht um einjährige Ackerblumen, Exoten oder F1-Hybriden handelt. Ein idealer Termin für die Aussaat ist Mai oder Juni.

GUT GEPFLEGT

Die Pflege einer Wildblumenwiese ist relativ einfach: Du mähst sie zweimal im Jahr, wenn die Blumen blühen – das ist zirka im Juni und September.

PFLANZENVIELFALT

Rund 9.500 Wildpflanzenarten gibt es in Deutschland:

- **3.000 Samenpflanzen**
- **1.100 Farne und Moose**
- **5.400 Algen**

AKTION

PILZE ZÜCHTEN

5–6 STD. MITTEL

Pilze sind zwar keine Pflanzen – sie können keine Photosynthese betreiben. Aber sie leben oft in enger Symbiose mit diesen. Und du kannst sie ebenfalls anbauen und ihre leckeren, vitaminreichen Früchte ernten.

1. DIE PILZBRUT

Normalerweise verbreiten sich Pilze über Sporen. Für die Pilzzucht zuhause, auf dem Balkon oder im Garten solltest du aber lieber eine sogenannte Pilzbrut bei einem entsprechenden Anbieter kaufen. Dabei handelt es sich um die weißen, kleinen Fäden – die Myzelien. Auf diese Weise kannst du zum Beispiel Pilzsorten wie Shiitake, Braunkappe oder auch Champignons anbauen. Letztere sind besonders spannend, weil sie auch ohne Licht und daher sogar in dunklen Kellern wachsen.

2. DAS SUBSTRAT

Du kannst Pilze auf einem alten Holzstumpf oder einem Stück Baumstamm züchten. Je kleiner er ist, desto schneller kannst du Pilze ernten – dafür gibt es dort natürlich nicht so viele Früchte. Du kannst Pilze aber auch auf Stroh, Sägemehl, Schrot oder sogar auf Kaffeesatz ziehen. Diese Anleitung zeigt dir, wie du Pilze auf einem Strohballen ziehen kannst.

3. DEN BALLEN VORBEREITEN

Verwende einen trockenen, gut riechenden Strohballen, damit nicht schon Sporen und Pilze drin sind, die mit deinen Myzelien konkurrieren. Weiche den Ballen möglichst nah am endgültigen Standort für mindestens 12 Stunden in Leitungswasser ein – das ist wichtig, denn es enthält keine Algen oder Bakterien. Das Stroh sollte immer mit Wasser bedeckt sein, das heißt, du musst eventuell Wasser nachgießen. Anschließend muss der Ballen mindestens 2–3 Stunden abtropfen, bevor du ihn mit der Pilzbrut impfen kannst.

4. DAS STROH IMPFEN

Lockere nun die Pilzbrut. Bohre mit einem Stock mindestens 10–15 cm tiefe Löcher regelmäßig verteilt in alle Seiten des Strohballens. Gib eine etwa walnussgroße Menge in jeweils ein Loch und drücke es vorsichtig wieder zu. Arbeite mit sauberem Werkzeug und keimfreien Händen.

5. IDEALE BEDINGUNGEN ZUM WACHSEN

Ideal für das Wachstum der Myzelien sind Temperaturen zwischen 15 und 25 °C. Wenn dein Strohballen erst einmal gut durchwachsen ist, ist der Pilz aber auch frostfest. Sorge dafür, dass der Strohballen weder übermäßiger Sonneneinstrahlung noch Regen ausgesetzt ist. Der Ballen sollte immer schön feucht, aber nicht zu nass sein (gieße nur mit Leitungswasser!). Innen im Ballen ist es durch das Wachstum der Pilze übrigens wärmer. Wenn du willst, kannst du mit einem Stabthermometer prüfen, dass die Innentemperatur zwischen 24 und 28 °C liegt. Ist der Ballen mit der Erde in Kontakt, kann sich der Pilz auch von dort Nährstoffe und Feuchtigkeit holen. Allerdings solltest du dann einen Schneckenzaun errichten.

6. PILZE ERNTEN

Die ersten Pilzfrüchte zeigen sich, wie in der Natur auch, bei feuchter Witterung und Außentemperaturen zwischen 10 und 20 °C. In mehreren Wellen solltest du immer wieder Pilze ernten können. Bei guter Pflege kannst du 20 % des Ballengewichts und mehr ernten!

NOTIZ: WAS BRAUCHE ICH AN MATERIAL?

1. STROHBALLEN EINWEICHEN

Weiche das Stroh für mindestens 12 Stunden in Wasser ein. Das funktioniert noch besser, wenn das Wasser heiß ist. Gieße dann alle 2–3 Stunden heißes Leitungswasser nach.

2. STROHBALLEN IMPFEN

Bohre mit einem keimfreien Stock regelmäßig 10–15 cm tiefe Löcher in alle Seiten des Strohballens und fülle etwa walnussgroße Stücke der Pilzbrut hinein.

3. ABWARTEN UND PILZE ERNTEN

Nach 6–8 Wochen ist der Strohballen, je nach Außentemperatur, mit Myzelien durchwachsen. Du solltest dann etwa 5 cm unterhalb der Oberfläche weiße Fäden sehen. Bei herbstlicher Witterung kannst du die ersten Pilze ernten.

4. PILZE TROCKNEN

Sollten einmal zu viele Pilze auf einmal reif sein, kannst du manche Pilzarten gut trocknen. Schneide sie nach dem Säubern in Scheiben und lege sie an einen trocknen, warmen Ort. Du kannst sie tagsüber auch in die Sonne legen.

FAZIT

LASS DEINEN GRÜNEN DAUMEN RAUS

TRAINING

WILDE WANDERUNG

Lerne die Pflanzen in deiner Gegend kennen, indem du eine Wildkräuter-Wanderung machst.

VORBEREITUNG

Zieh dich wetterfest an, pack ein Pflanzenbestimmungsbuch sowie Proviant ein und mach dich mindestens einen Nachmittag lang auf den Weg.

UNTERWEGS

Lass dich unterwegs vor allem von deiner intuitiven Neugier treiben: Beobachte die Pflanzenwelt um dich herum. Mach dir die Zusammenhänge zwischen den Pflanzen bewusst, aber schau dir auch Details genau an. Bestimme Pflanzen. Sind sie essbar oder haben sie heilende Wirkung?

PFLANZENMARKER

Wenn du willst, kannst du Pflanzenmarker hinterlassen. Dann kannst du die Pflanzen später leichter wiederfinden. Du kannst dazu etwa faustgroße Kieselsteine nutzen, auf die du den Pflanzennamen mit einem wasserfesten Stift schreibst.

TEST

ARTEN VERVIELFÄLTIGEN

Wie gut kennst du dich mit der Pflanzenvielfalt aus? Und wie könntest du sie fördern? Mach den Test und beantworte die Fragen mit 1 (auf jeden Fall) bis 10 (nein, überhaupt nicht).

Ich kenne die Wildpflanzen meiner Gegend.

1 2 3 4 5 6 7 8 9 10

Ich baue seltene Kulturpflanzen an.

1 2 3 4 5 6 7 8 9 10

Ich lasse Unkräuter auch mal wachsen.

1 2 3 4 5 6 7 8 9 10

Ich gärtnere giftfrei.

1 2 3 4 5 6 7 8 9 10

Ich habe heimische Wildpflanzen.

1 2 3 4 5 6 7 8 9 10

Ich tu was für die Fitness meiner Pflanzen.

1 2 3 4 5 6 7 8 9 10

Ich kaufe kein F1-Hybridsaatgut.

1 2 3 4 5 6 7 8 9 10

Ich besuche Saatguttauschbörsen.

1 2 3 4 5 6 7 8 9 10

Ich vermehre eigenes Saatgut.

1 2 3 4 5 6 7 8 9 10

NOTIZ: MEINE GUTEN VORSÄTZE

Möchtest du etwas verändern? Dann notiere dir hier, wie du im Laufe des nächsten Monats die Pflanzenvielfalt fördern könntest:

TUTORIAL

SAATGUT-TAUSCHBÖRSE

1. DIE VORAUSSETZUNG

Organisiere eine Saatguttauschbörse immer zusammen mit anderen, sonst ist es sehr viel Arbeit. Nimm Kontakt auf zu lokalen Bio-Gärtnern, Urban-Gardening-Projekten und Umweltschutzgruppen. Prüfe, ob es schon genug Leute gibt, die Saatgut selbst machen und mitbringen können.

2. DER ORT UND DIE ZEIT

Finde einen Ort, der auch vor schlechtem Wetter schützt. Überlege, ob und welches Rahmenprogramm mit Vorträgen und Workshops sinnvoll sein könnte. Soll es Essen und Getränke geben, Musik oder ein Kinderprogramm? Ein guter Zeitpunkt ist früh im Jahr, bevor die Saison beginnt.

3. DIE EINLADUNG

Lade möglichst früh über Flyer, Zeitungsberichte und das Internet so viele Menschen wie möglich ein. Beachte dabei die folgenden vier journalistischen W: Was, wann, wo und warum?

4. DIE FINANZEN

Welche Mittel sind für die Tauschbörse notwendig? Wie könnt ihr die Kosten niedrig halten? Wollt ihr Spenden annehmen, einen Eintrittspreis verlangen oder über Essen- und Getränkeverkauf Geld verdienen?

TIPP: ERSTMAL NACHSCHAUEN

Es gibt bereits in vielen deutschen Städten Saatguttauschbörsen. Deshalb ist auf jeden Fall der erste Schritt, danach zu schauen. Aktuelle Termine dazu findest du zum Beispiel beim Verein zur Erhaltung der Nutzpflanzenvielfalt (nutzpflanzenvielfalt.de) oder bei der Saatgutkampagne (saatgutkampagne.org).

CHECKLISTE

GÄRTNERN OHNE GIFT

Kein Privatgarten braucht Pestizide. Prüfe, ob du folgende Punkte bereits beherzigst, um Pflanzengifte zu vermeiden.

- ☐ **Ich jäte per Hand. Wildkräuter entferne ich vor der Samenreife.**
- ☐ **Ich bestelle keinen Mutterboden (er enthält meist Wildkräutersamen), sondern mische ihn selbst aus Lehm, Kompost und Sand.**
- ☐ **Ich bedecke freien Boden mit Mulchmaterial.**
- ☐ **Ich säe Bodendecker wie Waldmeister oder Vergissmeinnicht.**
- ☐ **Ich lasse Wildkräuter auch mal stehen und nutze sie für Jauchen.**
- ☐ **Ich beuge Krankheiten vor, indem ich Pflanzen an passende Standorte stelle und sie fit halte.**

TIPP: GIFTFREI GÄRTNERN

Das Projekt „Das Who's Who im quietschfidelen Garten – Giftfreies Gärtnern" von der Grünen Liga Berlin will Gärtnerinnen und Gärtnern zeigen, wie sie ihren Garten zu einer wertvollen Oase für das Stadtklima und die Biodiversität verwandeln können. Die Website liefert viele Infos rund um Schädlinge, Nützlinge, naturnahe Gartengestaltung und giftfreies Gärtnern.
giftfreiesgaertnern.de

4–8 WOCHEN

lebt eine allein lebende Wildbiene. In dieser Zeit baut sie bis zu 30 Brutstände. Doch sie ist gefährdet, weil die Bienen immer weniger Orte für Brutstände, Nektar und Pollen finden.

5.600 METER

hoch sollen Hummeln fliegen können. Zumindest wollen Menschen sie so weit oben am Mount Everest gesehen haben.

20 METER FADEN

kann eine Kreuzspinne pro Stunde für ihr Netz erzeugen. Dafür braucht sie lediglich einen Rückzugsort.

20–30 GRAMM

wiegt so ein kleiner Spatz. Der stark bedrohte Singkünstler braucht Nischen zum Brüten. Er frisst Samen und Kerne, Insekten und kleine, wirbellose Tiere.

3.700 ARTEN

von Schmetterlingen gibt es in Deutschland, die sich von Nektar und Pollen ernähren. Davon ist die Hälfte gefährdet. 2 % sind ausgestorben oder verschollen.

56 METER

würde ein Mensch weit springen können, wollte er so springen können wie ein Frosch.

BIS ZU 8.000 STACHELN

trägt ein Igel. Er steht unter Naturschutz und frisst Insekten, Spinnen oder Regenwürmer. Im Winter braucht er einen warmen Unterschlupf.

10 JAHRE

können Eichhörnchen alt werden. Sie ernähren sich von Baumfrüchten, Samen, Kernen, Trieben, Knospen und Blättern, aber auch Kleinvögeln und Vogeleiern.

7,2 CM PRO MINUTE

kann eine Weinbergschnecke zurücklegen. Nacktschnecken schaffen sogar bis zu 11 cm.

TIERE

HÜPFEN, KRIECHEN, FLIEGEN: EIN GARTEN VOLLER LEBEN

Wir lieben Tiere. Das hört sich pathetisch und vielleicht auch überhöht an. Aber als wir beide an einem warmen Frühlingsabend in unserem Garten sitzen und das Treiben um uns herum beobachten, geht es uns auf. Es ist so. Wir lieben sie. Oder wie sollen wir es sonst nennen, wenn uns das Herz hüpft, während wir einen Spatz beobachten, der sich am kleinen Körner-Buffet gütlich tut, das wir vorbereitet haben? Wenn wir den Igel treffen, der keck durch das Gras streift, einen Schluck aus der Wasserschale nimmt, um dann wieder seiner Wege zu ziehen? Oder eine der selten gewordenen Wildbienen entdecken, die auf einer Blume sitzt, sich dort ausruht und stärkt? Aber was ist dieses Gefühl der Liebe, das uns so schwärmerisch macht, anderes als ein tiefes Grundvertrauen? Ein sich Wiederfinden im Gegenüber. Genau dieses Gefühl kann man haben, wenn man überwältigt ist von einem Naturschauspiel, von der Stille an einem sonnenbeschienenen See im Wald, beim Wandern und Entdecken am Meer oder in den Bergen. Und natürlich auch im Garten beim Beobachten eines Tieres. Oder? Wenn man innerlich begreift, dass dieses Lebewesen genauso wie man selbst Gefühle hat, Freude empfindet, Schmerz, Unbehagen, vielleicht sogar Hoffnung, Kummer und Liebe.

Wir Menschen lieben so vieles und nicht selten sind es ziemlich unwichtige Dinge, zu denen wir eine Beziehung entwickeln. Wir ärgern uns, wenn sie Kratzer bekommen oder nicht mehr so gut funktionieren, wie wir es wollen. Autos, Flachbildschirme, Smartphones oder Thermomixer. Wir haben kein Problem, unseresgleichen zu lieben. Doch das Andersartige, das Vieh, die Kreatur? Wer liebt schon Tiere, wenn sie nicht gerade als Haustier auf dem Schoß oder als Fleisch auf dem Teller liegen? Wir können uns einreden, dass wir Tiere nicht vermenschlichen sollten. Doch wer jemals die Innigkeit gesehen hat, mit der Tiere füreinander sorgen und voller Mut zu zweit oder in der Gruppe durchs Leben gehen, schwimmen, hüpfen, kriechen oder fliegen, wird keinen Zweifel haben: Wir unterscheiden uns nicht von ihnen, zumindest nicht in den grundsätzlichen Dingen des Lebens. Wer dies einmal verinnerlicht hat, kann gar nicht anders, als sich – so gut es geht – um sie zu kümmern. Vielleicht können wir für das Nashorn auf den weit entfernten Steppen Afrikas wenig tun, doch ganz bestimmt können wir den Tieren in unserer direkten Umgebung helfen. Sie schützen, ernähren, ihnen Zuflucht und Lebensraum bieten und eine Art Freundschaft. Selbst dann, wenn sie uns fremd erscheinen und vielleicht sogar unnütz und hässlich. Vielleicht sogar gerade dann, wenn wir Angst vor ihnen haben. Denn eins ist sicher: Wir alle sind eine große Gemeinschaft und unser Glück hängt ebenso von den Tieren ab wie ihres von uns.

27 MENSCHEN

kommen auf einen Feldhasen. Er ist in seinem Bestand erheblich bedroht und braucht Wildblumen, Gräser, Kräuter, Feldfrüchte, Triebe, Knospen und Blätter zum Futtern.

BIS ZUM 50-FACHEN

ihres Körpergewichts kann eine Ameise tragen. Könnten wir Menschen das, könnte ein 70 Kilo schwerer Mensch 3.500 Kilo stemmen!

TIERARTEN WELTWEIT

Es gibt rund 8–9 Millionen Tierarten auf der Erde. So genau weiß das aber niemand. Wissenschaftler gehen davon aus, dass bis zu 130 Arten insgesamt jeden Tag aussterben. Weltweit gibt es rund eine Trillion Tiere auf der Erde. Das sind rund 135.135.135.135 Tiere pro Mensch!

WOLLEN, WIRKEN UND WIDERSPRÜCHE

Viele Millionen Jahre bevor der Mensch die Bühne des Lebens auf diesem wundervollen Planeten betrat, gab es bereits Tiere. Und es wird sie im Gegensatz zu uns auch noch in Millionen Jahren geben, auch wenn wir die Erde weiterhin so ausbeuten wie bislang. Rund eine Trillion von ihnen lebt grob geschätzt mit uns auf der Erde. Obwohl wir ihre Anzahl derzeit fleißig dezimieren. Dabei kennen wir nur den geringsten Teil der Arten und werden viele vor ihrem Aussterben nicht einmal zu Gesicht bekommen haben. Kein Wunder, so achtlos wie wir Menschen durchs Leben gehen, weil wir permanent mit uns selbst beschäftigt sind. Denke mal kurz darüber nach, wie häufig du am Tag über deine Wünsche, deinen Wirkungskreis und deine Pläne nachdenkst. Und dann halt dir vor Augen, wie häufig du an die Interessen, Lebensräume und das Wollen der Tiere denkst. Vielleicht bist du ja sogar schon engagiert und setzt dich für sie ein. Vielleicht aber sind sie für dich bisher nicht mehr als Haus- oder Nutztiere und ansonsten irrelevant. Anders lässt sich der folgende Widerspruch nicht verstehen: In einer Studie befragte das Deutsche Tierschutzbüro 2015 knapp 10.000 Menschen zum Thema Tierschutz. 94 % der Befragten war es wichtig. Rund die Hälfte war sogar Mitglied in einem Tierschutzverein. 6,5 % nahmen häufig und 23,7 % immerhin manchmal an Tierschutz-Demonstrationen teil. Und immerhin 34,9 % halfen in einem Tierschutzverein mit. Sogar 88 % beteiligten sich an Petitionen im Internet. Die Menschen beschäftigen Themen wie Massentierhaltung, Tierversuche oder Streunertiere also stark. Und ganz sicher sind sie auch dagegen, dass immer mehr Tiere ihre Lebensräume in der freien Wildbahn einbüßen. Und doch sind in Deutschland von den geschätzt 48.000 Tierarten 14.000 massiv bedroht.

Wir sitzen im hohen Gras neben dem Teich und können das beim besten Willen nicht verstehen. Wir fragen uns: Warum passiert denn so viel Schlimmes, obwohl wir doch mehrheitlich alle wollen, dass Tiere in Frieden und glücklich leben können? Was läuft schief? Warum erleben wir ein so verheerendes Artensterben? Das größte seit den Dinosauriern? Etwa alle zehn bis 26 Minuten verschwindet eine Tierart für immer. Der Zoologe und Buchautor Prof. Dr. Michael Schrödl hat sich dies auch gefragt und will mit einer Petition die dringend notwendigen Gelder einfordern, um endlich mit einer umfassenden Erforschung und Rettung der Artenvielfalt zu beginnen. Denn für alles Mögliche scheint es Geld zu geben. Doch dieses überlebenswichtige Thema steht weit außerhalb der öffentlichen Aufmerksamkeit. „Wenn wir Zuschauer unseres eigenen Films wären, wir würden uns fragen, warum wir nur so bescheuert sind und wie ferngesteuert, unbeirrbar durch Daten und Appelle, auf unseren Untergang zurasen", schreiben Michael Schrödl und Mitautorin Dr. Vreni Häussermann in ihrem leidenschaftlichen Buch „Biodiversitot" und fordern das gemeinsame „Abenteuer zur Rettung der Tierwelt". Denn wir alle wissen: Der Mensch ist Teil des planetaren Ökosystems, das wir immer mehr gefährden. Es gibt elend viel zu tun. Doch einen ganz wichtigen Schritt können wir alle machen: Wir können die Biodiversität oder auch biologische Vielfalt in unserem eigenen Umfeld fördern. Schrödl

WILD, NICHT GIFTIG

NATURGÄRTEN FÜR ARTENVIELFALT

Ich bin als Artenforscher praktisch auf dem ganzen Globus unterwegs gewesen. Zu Lande und zu Wasser. Und egal, wo ich hinkomme, überall sehe ich Umweltzerstörung. Und wenn ich zum zweiten oder dritten Mal dort bin, ist die Welt nicht besser geworden. Im Gegenteil. Zum Beispiel die Bewohner von tropischen Korallenriffen. Die haben in nächster Zeit nichts zu lachen, denn die Riffe sterben weltweit. In 20 oder 30 Jahren wird es laut vieler Experten keine lebenden Korallenriffe mehr geben. Was können dann deren ganze Bewohner tun? Nichts natürlich! Die meisten Tierarten, die dort leben, sterben aus. Ähnlich schaut es bei den tropischen Regenwäldern aus. Momentan ist noch die Hälfte der Primär-Regenwälder erhalten. Doch jedes Jahr verschwinden ein paar Prozent. Und auch hier bleibt den Tieren keine Möglichkeit: Irgendwann sterben die Arten aus. So schätzen Wissenschaftler, dass pro Jahr weltweit zwischen 20.000 und 50.000 Arten aussterben. Quer durch alle Gruppen. Einerseits, weil die Menschen sie direkt jagen, sie Probleme mit Parasiten kriegen oder Ähnliches. Hauptsächlich aber, weil wir ihren Lebensraum zerstören. Um unsere Städte herum verschwindet gerade praktisch alles: die Feldhasen, Rebhühner, Igel und Lerchen. Man sieht hier fast keine Tiere mehr – wohlgemerkt Wildtiere. Haustiere gibt es natürlich genug ... Aber jeder kann sich mal fragen, wann er zuletzt ein Glühwürmchen gesehen hat. Ich habe schon lange keines mehr gesehen. Oder einen Maikäfer? Bei uns in München sind inzwischen sogar Spatzen selten geworden. Der größte Artenkiller ist die industrielle Landwirtschaft, so, wie wir Menschen sie auf der ganzen Welt betreiben. Noch vor der Industrie und allem, was man sonst vermuten könnte, ist es unsere Ernährungsweise, die viele Tierarten aussterben lässt. An zweiter Stelle stehen die Pflanzenschutzmittel, die eigentlich Gifte sind und die die industrielle Landwirtschaft auf die Äcker sprüht. Umweltgifte, die nicht nur die Insekten und Bodentiere, sondern auch die Vögel umbringen, die von den Insekten leben.

Ich habe über die Jahre festgestellt, dass die meisten Menschen, mit denen ich über dieses Thema spreche, sehr wohl interessiert sind. Nur wissen sie oft von nichts. Man hat zwar mal gehört, dass mittlerweile auch Insekten und Bienen sterben, aber dass das Sterben überall ist – im Meer, im Regenwald und bei uns auf dem Acker – das wissen die wenigsten. Dann sind sie sehr betroffen. So sehr, dass manchmal sogar Tränen kullern. Doch dann ist da das Phänomen der Shifting Baselines: Wenn man aufwächst, prägt man sich eine bestimmte Situation ein, einen bestimmten Zustand. Und der ist dann normal. Die Jüngeren unter uns wissen ja gar nicht, wie früher so eine Wiese surren konnte im Frühling. Was da eigentlich so alles herumflog. Deshalb bemerken viele das Artensterben nicht, sie haben keinen Vergleich. So kommt es, dass Menschen, wenn sie zum Beispiel eine rote Nacktschnecke in ihrem Garten sehen, denken: „Schnecken gibt es viel zu viele!" Doch das stimmt nicht. Leider gibt es von den meisten Arten inzwischen viel zu wenige. Das bekommt nur keiner mit, denn wer sucht schon speziell danach? Dabei können Gartenzonen in Städten mittlerweile sehr wertvoll für die Artenvielfalt sein. Untersuchungen an Vögeln haben gezeigt, dass es im Umkreis von Großstädten viel weniger Tiervielfalt gibt als in den urbanen Gartengegenden. Das liegt leider nicht daran, dass die Gärten so reichhaltig wären, sondern daran, dass das Drumherum noch schlimmer ist. Wenn viele Menschen in ihren Gärten etwas mehr Wildnis zuließen, könnten wir viel für die natürliche Vielfalt tun.

Prof. Dr. Michael Schrödl ist Weichtierforscher an der Zoologischen Staatssammlung München, Zoologie-Professor für Artenvielfalt und Meeresbiologie sowie Autor des Buches „Biodiversitot".

biodiversitot.de

Marja Rottleb ist Referentin für das Thema Garten beim NABU und zeigt Menschen, wie sie in ihrem Garten die Artenvielfalt unterstützen. **nabu.de/gartenvielfalt**

Foto: NABU/seven+maltry

schlägt dazu vor, ganz systematisch vorzugehen und zunächst einmal eine Bestandsaufnahme im Tierreich zu machen. Und genau das kann jeder tun. Können wir und kannst auch du! Zumindest schon mal im Kleinen (siehe Aktion auf Seite 96). Welche Tiere leben in deinem Umfeld? Im Garten, auf der Straße, in den nahe gelegenen Parks oder Wäldern, den Gewässern, aber auch in den Mauerwerken und Nischen der Stadt? Wer lebt dort und geht es ihm gut? Oder machen wir ihm gerade in diesem Moment das Leben zur Hölle? Was können wir für ihn tun?

Wir holen uns Stift und Notizblock und beginnen aufzuzählen, welche Tiere bei uns im Garten leben: Eichhörnchen, Igel, Schnecken, hin und wieder sehen wir Mäuse, etliche Vögel, wie Zaunkönige, Spatzen, Meisen, Rotkehlchen, Tauben, Amseln oder Elstern. Dann diverse Spinnen, Insekten, Schmetterlinge, Bienen, Hummeln, Wespen, Käfer, Tausenfüßler, Asseln und Regenwürmer. Unsere Liste wird immer länger. Dazu kommen noch Rehe, die ganz selten im angrenzenden Naturschutzgebiet im Dickicht vorbeihuschen. Wir überlegen kurz. Viele der Tiere bewegen sich durch die Gärten oder leben in den Büschen, Bäumen, Gewässern unseres Stadtteils. Da wir unseren Garten bereits recht tierfreundlich halten, haben wir häufig Besucher, die nur eine Weile bleiben. Auch wenn das im Verhältnis zu den schätzungsweise rund 48.000 in Deutschland lebenden Tierarten nur eine Handvoll sein mag. Genau hier können wir ansetzen.

TIERREICHE SCHAFFEN

NAHRUNG UND UNTERKÜNFTE IM GARTEN UND AUF DEM BALKON

Tiere haben es immer schwerer, denn es gibt immer größere Feldschläge, immer weniger Hecken und Blühstreifen. Deshalb kommen sie in unsere Gärten. Doch da stehen sie gleich vor dem nächsten Problem. Denn die Gärten sind nicht mehr so vielschichtig und strukturreich wie früher. Es gibt eher große Rasenflächen, nur wenige Hecken, keine heimischen Gehölze, wenige Blüten, dafür aber ganze Kiesgartenanlagen. Deshalb sollten wir nicht nur auf Pestizide und Torf in der Blumenerde verzichten, sondern unseren Garten naturnah gestalten. Zum Beispiel kann man Hecken pflanzen, die gut für Vögel sind. Dazu gehören etwa der Weißdorn, die Schlehe, die Berberitze oder die Kornelkirsche. Ihre Blüten liefern Nektar für die Insekten und für Vögel bieten sie Beeren und Versteckmöglichkeiten. Wichtig ist es, heimische Pflanzen zu verwenden. Wer eine Hecke pflanzt oder auch nur einen Strauch, hat schon mal viel getan. Staudenrabatte lassen sich wunderschön auch mit heimischen Arten bepflanzen, wie zum Beispiel Natternkopf, wilde Karde, Steinklee oder Mädesüß, die durch ihre Samenstände sehr nützlich sind.

Die Vögel kommen dann und fressen die kleinen Samen ab. Deshalb sollte man sie im Herbst nicht abschneiden, sondern über den Winter stehen lassen. Darüber hinaus gibt es viele Pflegetipps, die Tieren zugute kommen. Zum Beispiel einen Reisighaufen aus Hecken- oder Baumschnitt anlegen. Oder Laubhaufen für Igel liegen lassen. Zudem sollte man so wenig Fläche wie möglich versiegeln, eine Lehmpfütze stehen lassen oder einen kleinen Teich anlegen. Auch auf dem Balkon kann man einen Kasten für Insekten bepflanzen, eine Vogeltränke aufhängen oder einen Blumenkasten mit Lehm füllen und für Wildbienen aufstellen, sodass sie sich ihre Häuschen selbst bauen können – ihre Nester sozusagen.

ZAUBERWORT NATURGARTEN

Wir werden durch unsere Gartenaktivitäten wohl keinen entscheidenden Beitrag zur globalen Vielfalt leisten. Das wissen wir nach einem vorläufigen Dämpfer bei einem Anruf beim Bundesamt für Naturschutz. Wir wollten wissen, welche Tierarten in unseren Gärten am meisten bedroht sind, und erfahren dabei, dass es mehr oder weniger alle Arten betrifft. In die Gärten schaffen es laut Bundesamt nur die Tiere, denen es noch verhältnismäßig gut geht. Außerdem seien Gärten nur bedingt dazu geeignet, um das Artensterben insgesamt aufzuhalten. Das ist auch gar nicht unser Anspruch. Trotzdem müssen wir kurz schlucken. Aber wir fangen uns bald wieder. Wir sind überzeugt: Es müssen auch politische Lösungen her. Deshalb sprechen wir mit der Gartenreferentin des NABU (Naturschutzbund Deutschland) Marja Rottleb genau darüber. Sie hat gleich mehrere Ideen für politische Lösungen: Ein EU-Naturschutzfonds könnte zum Beispiel wichtige Schutz- und Pflegemaßnahmen der Naturschutzgebiete finanzieren. Eine stärkere gesetzliche Einschränkung von Pestiziden und ein sofortiges Verbot des Unkrautvernichtungsmittels Glyphosat in privaten Gärten und städtischen Anlagen wäre angesichts des dramatischen Rückgangs von Insekten höchste Zeit. Immerhin sind laut einer Umfrage 61 % der deutschen Bevölkerung dafür. Auch ein umfangreiches Insekten-Monitoring wäre laut Marja Rottleb eine wichtige Maßnahme, also eine Inventur etwa durch das Bundesamt für Naturschutz. Solche Forderungen finden eigentlich fast nur Zuspruch. Wer mal im Internet recherchiert, findet eine riesige Zahl von Initiativen und Menschen, die sich für die Vielfalt einsetzen und solche und auch noch weitere Ideen haben. „Was fehlt denn noch?“, fragen wir beide uns und kommen auf nur eine Antwort: Wir Menschen reden zwar viel und wünschen uns den Tierschutz – sind aber nicht bereit, dafür wirklich Abstriche zu machen.

Doch ein Vortrag beim Landesbund Vogelschutz von dem Naturgartenplaner Reinhard Witt gibt uns wieder Mut für unsere gärtnerischen Möglichkeiten: Er sagt, dass wenigstens 2.735 Tierarten oder rund 6 % der heimischen Fauna in unseren Gärten und im naturnahen Grün vorkommen. Die Voraussetzung sind laut Reinhard Witt lokale Wildpflanzen und eine Vielzahl heimischer Lebensräume, Strukturen und Bauwerke. Als Beispiele nennt er Trockenmauern, Totholz, Dachbegrünungen, Blumenwiesen, Trockenstandorte oder fischfreie Naturteiche. „Es ist schwer zu vermitteln, wie sehr sich der Garten verändert, wenn wir nicht heimische Pflanzen durch heimische ersetzen. Selbst in winzigen Gärten finden sich plötzlich Tiere ein, die vorher nie gesehen wurden“, so Reinhard Witt. Das wollen wir auch. Genau das, und das Zauberwort heißt „Naturgarten“. Also ein naturnaher, standortgerechter und natürlicher Garten. Ein Garten ohne Gift, mit natürlichen Baustoffen, der einerseits wildes Leben schützt und zusätzlich auch Veränderungen zulässt. Eben kein Golfrasen oder Schaugarten, nur zum menschlichen Gefallen. Naturgärten könnten, so Witt, einen entscheidenden Beitrag zum lokalen Artenschutz leisten. Wir stellen uns vor, was wohl passieren würde, wenn allein in unserer Nachbarschaft alle Menschen mit Gärten nur einen kleinen Teil

BEDROHTE TIERARTEN

417 heimische Tierarten sind streng geschützt. Oben siehst du die wichtigsten.

GRÖSSTE GEFAHREN

Das bedroht unsere heimische Tierwelt besonders:

INDUSTRIELLE LANDWIRTSCHAFT

Pestizide, Düngemittel und Bodenverdichtung machen viele Gebiete für Tiere unbewohnbar. Äcker verdrängen Lebensräume, wie zum Beispiel Wiesen, Weiden oder Streuobstwiesen.

EINGESCHLEPPTE TIERARTEN

Invasive Arten gelangen per Schiff oder Flugzeug zu uns und bedrängen einheimische Tierarten. Der heimische ist dem asiatischen Harlekin-Marienkäfer etwa unterlegen.

UMWELTVERSCHMUTZUNG

Der Bau von Straßen, Gebäuden und Siedlungen reißt Lebensräume auseinander, sodass Tiere nicht mehr wandern können oder genug Futter finden.

KLIMAWANDEL

Immer mehr Wetterextreme und höhere Temperaturen verändern die Standortbedingungen, die Ökosysteme können nicht einfach woanders entstehen.

für Tiere reservieren und wilde Lebensräume schaffen würden. Viele tun das bereits, aber bei Weitem noch nicht genug. Nachdem wir die Liste mit den Tierarten von Witt sehen, schauen wir auf unsere eigene. Da geht noch was. Wir haben jetzt einen neuen Plan. Wir werden neue Überlebensräume, Rückzugsgebiete, Verstecke und Futterorte für Tiere schaffen. Am besten nicht nur in unserem Garten, sondern auch in der Nachbarschaft. Vielleicht können wir sogar unsere kleine, vor Kurzem gegründete Nachbarschaftsgruppe dazu ermuntern. Denn uns kommt es auf den Lebensraum an, den wir mit den Tieren teilen. Uns geht es um jedes einzelne Lebewesen. Und gerade weil wir das große Sterben so sicherlich nicht verhindern können, zählt umso mehr, dass wir etwas im Kleinen tun. Außerdem: Wenn dies die Mehrheit der Städte täte – Parks, Grünflächen und Stadtbrachen in Naturgärten umwandeln – hätte dies schon einen beachtlichen Effekt. „Die Summe machts", finden wir und gewinnen unsere Tatkraft wieder. Alle anderen, umfassenderen Maßnahmen müssen die Menschen natürlich zusätzlich angehen. Dazu sind politische Entscheidungen notwendig: eine Reform der Landwirtschaft, ein anderer Umgang mit den natürlichen Ressourcen, unser Kaufverhalten, die gigantischen Mengen an Plastik, Giften und anderen gefährlichen Stoffen in der Natur, die Landnahme und Verdrängung von Tieren aus ihrer Heimat, die unglaublichen Müllberge ... Hier fehlt politischer Druck, der von uns Bürgerinnen und Bürgern kommen muss. Doch das ist keine Ausrede, um die Verantwortung für das eigene Umfeld abzugeben. Wir sind entschlossen, beides zu tun: unseren Garten zu einem Tierparadies zu machen und politisch aktiv zu sein.

EIN PLAN FÜR VIELFALT

Gesagt, getan. Wir wissen nun ja schon in etwa, welche Tierarten bei uns im Garten leben oder uns über das Jahr hinweg Besuche abstatten. Nun gehen wir über das Gelände und machen eine Bestandsaufnahme: Wie tiergerecht ist es bei uns tatsächlich? Was können wir und was müssen wir ändern, damit sich Tiere bei uns wohlfühlen und einen artgerechten, gesunden Lebensraum finden? Was brauchen sie? Wir holen unsere Liste mit den Tierarten heraus und teilen sie in Gruppen ein: Vögel, Amphibien, Säugetiere, Würmer, Spinnentiere, Insekten. Danach überlegen wir uns, in welcher Beziehung sie zueinander stehen und was für Lebensbedingungen sie am liebsten mögen: Welche Tierart braucht welche Besonderheiten? Welche Orte werden von mehreren Arten genutzt? Wie sind welche Tierarten aufeinander angewiesen? Und wie muss das Zusammenspiel von Flora und Fauna beschaffen sein, damit ein echtes Biotop mit all seinen Kreisläufen entstehen kann? Wir malen wieder mal eine Karte unseres Gartens und zeichnen nun ein, wo wir was für die Tiere anlegen und aufstellen wollen. Wir sind ganz aufgeregt und fangen an, eine Materialliste zu erstellen. Jetzt kann es ans Bauen und Werkeln gehen. Beginnen werden wir mit den kleinsten unserer Gartenmitbewohner – den Insekten.

WIESEN & WEIDEN

sind wichtige Lebensräume für Tiere. Doch in den letzten Jahren hat dieses sogenannte Dauergrünland stark abgenommen. 1991 waren es mehr als 5,3 Millionen Hektar (31,3 %), 2016 nur noch 4,7 Millionen Hektar (28,2 %). So hat die Agrarlandschaft europaweit in den letzten 30 Jahren etwa die Hälfte ihrer Vögel verloren.

AKTION

TIERE ZÄHLEN

1 STD. MITTEL

Wie viele Tiere leben in deinem Garten, auf deinem Balkon oder in deiner Umgebung?

1. DIE VORBEREITUNG
Nimm dir einen Zettel, einen Stift und etwas Zeit. Stecke das Gebiet ab, in dem du deine Bestandsaufnahme machen willst.

2. TIERARTEN BESTIMMEN
Versuche mit Hilfe eines Buches oder des Internets, die Art aller Tiere zu bestimmen, die du antriffst.

3. LEBENSRAUM BESCHREIBEN
Beobachte, wie die Lebensräume der Tiere aussehen. Informiere dich, was sie brauchen, um gut zu leben.

4. KARTE ANLEGEN
Zeichne zum Abschluss eine Karte und markiere dort die unterschiedlichen Habitate (Lebensräume) farblich. Schätze, wie viele Tiere dort leben.

SUMM, SUMM, SUMM

WO DIE WILDEN BIENEN WOHNEN UND WAS DU FÜR SIE TUN KANNST

Honigbienen leiden, wie Wildbienen, an Pestiziden und Nahrungsmangel. Aber Imker können diese Nutztiere wenigstens nachzüchten und füttern. Bei den Wildbienen sieht es ganz anders aus: 52 % aller Wildbienenarten sind vom Aussterben bedroht, weil sie auf dem Land fast keinen Lebensraum mehr finden. Doch ohne die Bestäubung von Bienen können sich viele Pflanzen nicht fortpflanzen. Es gäbe viel weniger Obst und Gemüse. Wildtiere finden nicht mehr genug Samen und Früchte. Wildpflanzen sind nicht genetisch manipuliert oder werden in Gewächshäusern vermehrt. Deshalb brauchen sie umso mehr die Bestäuber. Ein Imker kümmert sich um seine Bienen. Er tut etwas gegen die Varroa-Milbe und bietet Brutraum, in denen sich die Bienen vermehren können. Doch Wildbienen haben all das nicht. Sie sind auf sich alleine gestellt. Um zu überleben brauchen sie eine strukturreiche Landschaft. Doch die ist mittlerweile rar – dank der industriellen Landwirtschaft.

Hummeln legen ihre Nester gerne in verfilzte, lang wachsende Gräser, in sogenannte Bulken. Doch die gibt es fast nirgends mehr. Oder sie suchen sich Löcher von Wühlmäusen. Doch auch die gibt es kaum noch, weil wir Menschen sie verjagen. Wir bauen zwar Nisthilfen und Bienenhotels. Doch das ist nur ein kümmerlicher Ersatz für das eigentlich notwendige Totholz, was wir kaum noch im Garten liegen lassen. Auch in Wäldern ist Totholz Mangelware. Wenn wir dann noch unsere Gärten in Steinwüsten verwandeln, dürfen wir uns nicht wundern, wenn die Wildbienenweibchen keinen Nistraum für ihre Brut mehr finden. 75 % aller Wildbienen nisten im Boden. Das heißt, wenn wir ständig Unkraut harken oder 30 Zentimeter Rindenmulch aufhäufen, damit bloß kein Unkraut hochkommt, können Wildbienen dort unmöglich nisten. Unbestelltes, verwildertes Land – sogenannte Brachen – finden viele hässlich und denken, da sei doch nichts. Guckt man aber genauer hin, sieht man hier die seltenen Arten. Schönheit liegt nun mal im Auge des Betrachters. Mit Sandarien, also offenen Sandstellen ohne Bewuchs, können wir Wildbienen einen Platz einräumen, an dem sie nisten können.

Wer das ganze Jahr über heimische Blühpflanzen im Garten hat, hilft den Bienen schon mal sehr. Hummeln müssen, ebenso wie Honigbienen, ein Volk ernähren und brauchen Trachtpflanzen. Ihnen nützt ein einzelnes Gänseblümchen nichts. Sie brauchen viele Wicken, Natternkopf oder Rotklee. Wildbienen brauchen für ihre Brut hingegen relativ wenig Nahrung. Vor allem benötigen sie eiweißreichen Pollen, damit ihre Larven gedeihen. Den Nektar nehmen sie nur als Flugbenzin. Honig brauchen sie nicht, da sie nicht als Volk überwintern. Viele Zierpflanzen haben heutzutage gefüllte Blüten, damit sie schön üppig sind. Doch eine gezüchtete, gefüllte Blüte hat kein Staubblatt mehr. An den Staubblättern sind jedoch die Pollen. Das heißt, sie können sich nicht vermehren. Das sollen sie auch gar nicht. Man soll sie ja immer wieder kaufen. Wir haben uns die letzten 40 Jahre an die Ziergewächse der Bauhäuser und Discounter gewöhnt. Es gibt zwar noch richtige Gärtnereien, aber viele Menschen kaufen lieber irgendeine Billigware im Vorbeigehen. Viel- und Kleinblütigkeit ist das, was die Natur hervorbringt und was unsere Bienen brauchen. Dringend. Alles hängt zusammen.

Dr. Corinna Hölzer und Cornelis Hemmer
haben ein Buch über die zerbrechliche Welt der Wild- und Honigbienen geschrieben und die Initiative Deutschland summt! gegründet.
deutschland-summt.de

AKTION

SPUREN LESEN

1–2 STD. MITTEL

Wer war in deinem Garten? Begib dich eine Stunde lang auf Spurensuche:

FUSSSPUREN

Die sogenannten Trittsiegel findest du im Schnee, in Matsch und in feuchter Erde.

KOT

Fleischfresser erkennst du an den Würstchen, Pflanzenfresser an den Ballen.

FRASSSPUREN

Angefressene Sträucher, Pflanzen oder Zapfenspindeln sind ebenfalls ein Hinweis auf tierische Aktivitäten.

KLEIDERTAUSCH

Viele Tiere wechseln über das Jahr Fell, Haut oder Federn. Such danach und bestimme das Tier.

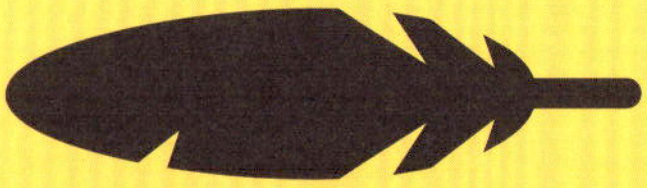

BEHAUSUNG

Erdlöcher, Nester oder Laubhöhlen geben Tieren ein Zuhause. Gib acht, dass du nichts kaputt machst.

FÄHRTE AUFNEHMEN

Im Internet findest du jede Menge weiterer Informationen zu den oben genannten Hinweisen auf tierische Besucher. Auskunft gibt zum Beispiel der NABU. **nabu.de**

VON KLEIN BIS GROSS

Schon seit Jahren hören wir vom Rückgang der Insekten. 2017 dann die offizielle Bestätigung: „Es gibt ein dramatisches Insektensterben", lesen wir mit Bestürzung. 27 Jahre lang hatten Wissenschaftler das Vorkommen von Insekten in mehreren Schutzgebieten untersucht. Das erschreckende Resultat: 75 % weniger „Biomasse" bei Fluginsekten. Der Entomologische Verein Krefeld hatte ein eigenes Modell für eine Malaise-Falle entwickelt, das er seit 1985 über die gesamte Vegetationsperiode auf allen Untersuchungsflächen standardisiert hat. Über 90 % der Fluginsektenarten in Deutschland konnten die Ehrenamtlichen so nachweisen. Klima- und Biotopveränderungen schlossen sie als Hauptverursacher aus. Jedoch gibt es auf 90 % der umliegenden Flächen intensive Landwirtschaft … Wir müssen an die Bienen denken. Vor einiger Zeit haben wir den Film „More than Honey" von Markus Imhoof gesehen. Einen Film über das dramatische Bienensterben weltweit, der das Problem so drastisch schildert, dass wir immer wieder ausschalten und uns sammeln mussten. Wir fragen bei der Biologin Corinna Hölzer und Cornelis Hemmer nach, die die Initiative „Deutschland summt!" ins Leben gerufen haben. Sie möchten möglichst viele Städte dafür begeistern, Bienen vielfältige Lebensräume bereitzustellen. Im Vordergrund stehen die Wildbienen, von denen es immerhin 560 Arten in Deutschland, knapp 2.000 in Europa und rund 20.000 weltweit gibt. Corinna Hölzer rät uns, zuallererst einmal heimische Blumen zu pflanzen – auf dem Balkon, im Garten und auf öffentlichen Flächen. Und zwar solche, die für Insekten, Wildbienen und Hummeln gut sind. Denn denen bringen exotische Ziergewächse herzlich wenig. Wir schauen nach: Zunächst einmal sollten wir darauf achten, dass wir den Tieren das ganze Jahr über ein kontinuierliches Angebot an Blüten machen können. So bevorzugen sie im Winter Heckenkirschen, Schneeglöckchen oder Christrosen. Im Frühling dann – wenn das Angebot üppiger wird – sind die Blüten von Apfel- und anderen Kulturobstbäumen dran sowie Kastanien, Primeln, Akeleien, Pfaffenhütchen, Pfingstrose oder Rosmarin. Im Sommer, wenn der Garten in voller Blüte steht, können wir ein Buffet aus Glockenblumen, Himbeeren, Brombeeren, Klee, Wildblumen, Waldrebe und Wiesenknöterich anbieten. Und im Herbst, wenn die Auswahl spärlicher wird, immerhin noch Herbstzeitlose, Thymian, Dahlie, Efeu und Oregano. Nicht alles davon haben wir schon. Also schmieden wir einen Plan, wie wir unsere Palette an Blumen und Büschen noch bienenfreundlicher gestalten können. Außerdem wollen wir für Wildbienen Nisthilfen bauen (siehe Aktion auf Seite 99). Mal sehen, ob sie die annehmen. Dann haben sie beides: einen Ort und Futter.

Als Nächstes wollen wir uns den Säugetiere widmen. Bei uns im Garten tut sich da einiges. Es gibt mindestens zwei bis drei Eichhörnchen. Wir erinnern uns, wie wir vor einiger Zeit beobachtet haben, wie zwei Eichhörncheneltern ihren Eichhörnchenkindern beibrachten, von Ast zu Ast zu hüpfen. Glücklicherweise stehen in unserem Garten einige große Bäume, die zum Teil an die 40 Meter hoch sind. Hier scheinen sie sich wohlzufühlen. Und im Winter legen wir ihnen hin und wieder Hasel- und Walnüsse, etwas Obst oder Gemüse nach draußen – Letzteres mundgerecht klein geschnitten. Es dauert nie lange und alles ist weg. Wir sind überzeugt, dass es die Eichhörnchen waren und freuen uns. Vielleicht waren es aber auch die Igel. Zumindest einen Igel haben wir immer mal wieder bei uns gesehen. Wir stellen ihm regelmäßig etwas Wasser hin und legen einen kleinen Happen dazu. Am nächsten Morgen finden wir nur noch winzige Krümel vom Futter (wenn überhaupt). Nachdem wir den Igel entdeckt hatten, lagerten wir im hinteren Teil des Gartens alles Altholz und auch etwas Laub. Nun setzen wir noch ein Igelhäuschen auf unsere Liste für die nächsten tierischen Bauangelegenheiten. Maulwürfe, Marder oder Rehe haben sich bislang nur in die Gärten unterschiedlicher Nachbarn gewagt.

Dafür zählen Vögel zu unseren häufigsten Gästen. Bislang haben wir nur im Winter, wenn es ihnen schwerfällt, Nahrung zu finden, etwas zugefüttert. Doch mittlerweile empfehlen Vogelkundler sogar, das rund ums Jahr zu tun. Die Zahlen sind aber auch bedrohlich: Der BUND hatte im März 2018 vermeldet, dass in nur zwölf Jahren 12,7 Millionen Vogelbrutpaare in Deutschland verloren gingen. Von 97,5 auf 84,8 Millionen Paare. Das entspräche 15 % des ursprünglichen Bestandes von 1998. Also füttern wir und versuchen, zumindest einigen wenigen das Leben angenehmer zu machen. Doch gerade beim Vogelschutz lässt sich einiges mehr machen. Denn neben vogelfreundlichen Bepflanzungen kann man ganz konkret etwas gegen das Vogelsterben tun: zum Beispiel große Fenster mit Vogelmotiven bekleben. Das klingt so banal, doch mindestens 18 Millionen Vögel sterben in Deutschland jedes Jahr, weil sie an Fenster und Glasflächen fliegen und sich das Genick brechen. Weitaus mehr als die geschätzten bis zu 200.000 Opfer, die sterben, weil sie in die rotierenden Blätter einer Windkraftanlage gesogen werden. Eine weitere Gefahr ist der Schienenverkehr. Pro Streckenkilometer und Jahr gibt es bis zu 61 Vogelschläge! Wie viele Vögel in den Straßen und auf Autobahnen sterben ist vollkommen ungeklärt. Wir finden, hier wäre mal eine groß angelegte Studie fällig – mit entsprechenden Sicherungsmaßnahmen, um die drastischen Zahlen zu verringern.

Vögel, aber auch Eichhörnchen und Bienen haben immerhin einen Vorteil: Die Menschen mögen sie. Deshalb ist es sehr viel wahrscheinlicher, dass wir uns um ihren Erhalt bemühen. Zecken, Schnecken, Blattläuse oder Wespen haben dagegen nicht so ein Glück. Und weil wir unser Obst und Gemüse nicht gerne mit ihnen teilen, haben wir die Tierwelt in Nützlinge und Schädlinge unterteilt. Doch gibt es so etwas überhaupt? Die Natur würde entschieden „Nein" rufen, wenn sie es denn könnte. Nur wir Menschen sind da etwas engstirnig und sehen nicht immer ein, dass jedes Tierchen seinen Platz im Ökosystem hat. Jedes. Dass Marienkäfer Blattläuse richtig lecker finden, wissen wahrscheinlich viele. Aber wusstest du, dass die Larven von Glühwürmchen Schnecken (selbst Nacktschnecken) furchtbar gerne verzehren? Oder dass Vögel auf prall gefüllte Zecken stehen? Oder sich Wespen über die dicken Raupen des Kohlweißlings hermachen – diesen nimmersatten Schmetterlingsnachwuchs, der riesige Kohlblätter in mickrige Gerippe verwandeln kann. Alles scheint durchdacht und perfekt miteinander verwoben. Es ist faszinierend.

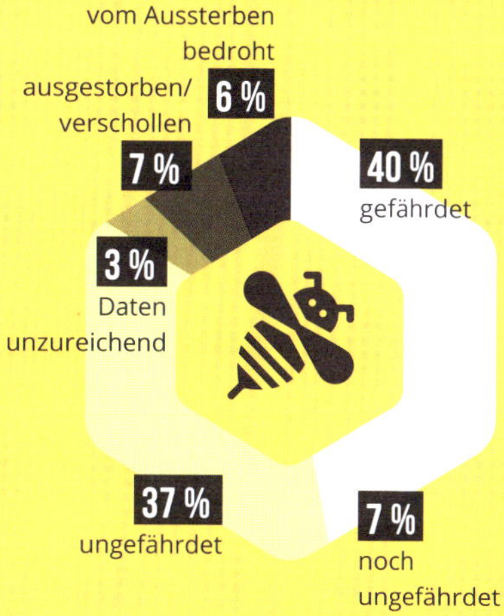

Die Grafik zeigt, wie es den Wildbienenarten geht, die in Deutschland zuhause sind.

AKTION

WILDBIENEN-KITA

4 STD. MITTEL

1. DAS RICHTIGE HOLZ

Besorge dir einen Hartholzklotz (kein Weich- oder Nadelholz, faserndes und rissiges Holz). Nutze kein Glas oder Plexiglas zur Beobachtung, weil Pilze sonst die Bienenbrut gefährden könnten.

2. DIE LÖCHER BOHREN

Bohre Gänge von 3–8 mm Durchmesser quer zur Holzfaser. Setze die Bohrungen nicht zu dicht und bohre nicht tiefer als 15 cm. Achte auf eine stabile Rückwand und glatte Gangwände. Entferne das Bohrmehl sorgfältig.

3. AUFSTELLEN

Suche einen windgeschützten Standort, an dem es genug Nektar und Pollen gibt. Stelle die Nisthilfe in südlicher Richtung auf und belasse sie immer am gleichen Standort. Ein Netz (20 cm vor der Nisthilfe) mit hinreichender Maschenweite schützt den Nachwuchs vor Fressfeinden.

BIO-VEGAN GÄRTNERN

WARUM MUT ZUR UNORDNUNG TIEREN GUTE LAUNE MACHT

Wer bio-vegan gärtnert, macht das vor allem aus ethischen Motiven: Bio-vegane Gärtnerinnen und Gärtner wollen keinem Tier bewusst schaden. „Vegan Organic Gardening" gibt es in Amerika und England seit rund 30 Jahren. Und auch in Österreich gibt es einen Betrieb, der schon seit 25 Jahren bio-vegan gärtnert. Außerdem gibt es solidarische Landwirtschaftsprojekte, die rein bio-vegan arbeiten. Bio-vegan zu gärtnern ist nicht kompliziert. Aber diese Grundhaltung wirkt sich auf alle Gartenpraktiken aus. Zum Beispiel auf die Frage, wie man seine Pflanzen schützt und düngt. Ich töte zum Beispiel keine Schnecken, denn auch sie sind Lebewesen. Das könnte ich schon vom Gefühl her gar nicht. Deshalb schütze ich meine Pflanzen vor den gefräßigen Tierchen auf andere Weise.

Das Allerwichtigste für den Pflanzenschutz ist jedoch, dass man in seinem Garten für Mischkultur und Artenvielfalt sorgt. Dann erledigen sich viele Probleme von ganz alleine. Das beobachte ich wirklich jedes Jahr aufs Neue. Wo es viele heimische und insektenfreundliche Pflanzen gibt, gleicht sich die Natur selbst aus. Da braucht man gar nicht mehr viel Pflanzenschutz. Wo es viele verschiedene Pflanzen gibt, gibt es auch keine Überpopulation einer Insektenart. Wenn ich zum Beispiel nur Kohl anbaue, kommt natürlich die Kohlfliege. Aber wenn daneben noch eine andere Pflanze in Mischkultur und hintendran eine Wildblumenwiese steht, gibt es auch andere Tiere, die sich gegenseitig in Schach halten. Das hört sich kompliziert an, aber in Wahrheit ist es ganz einfach – man muss alles gar nicht so exakt planen. Hauptsache, es gibt Vielfalt!

Wer einen Garten hat, sollte für einen guten Dünger als Erstes einen Kompost anlegen. Das ist der beste Dünger und man spart jede Menge Wertstoffe. Wer auf dem Balkon gärtnert, ist hingegen mehr auf gekaufte Produkte angewiesen. Dann muss man als Veganerin oder Veganer wie sonst auch beim Einkauf darauf achten, was in den Produkten steckt. Wie bei einer Kekspackung muss man auch beim Dünger im Kleingedruckten lesen. So verbergen sich beim NPK-Volldünger hinter einigen Bezeichnungen zum Beispiel tierische Bestandteile, wie Schlachtnebenprodukte, Blut, Knochenmehl oder geschredderte Federn. So etwas müssen die Hersteller nicht deklarieren. Bei Pflanzenerde gibt es hingegen manchmal auch schon vegane Angebote. Dort steht dann hinten auf der Verpackung „Für Veganer geeignet".

Und als letzter Tipp für das bio-vegane Gärtnern: nicht mehr so viel mähen! Wir mähen nur noch dreimal im Jahr. Wer es nicht ganz so wild haben will, kann sich auch ein Areal im Garten aussuchen und dort eine Wildblumenwiese anlegen und das Gras einfach wachsen lassen. Das ist schon mal ein wunderbarer Lebensraum für ganz viele Tiere. Auch Brennnesseln sollten im Garten ihren Platz haben, denn etwa 50 Schmetterlingsarten legen ihre Eier darauf ab und ernähren sich von ihnen. Man kann im Garten ja trotzdem nach seinem Geschmack gehen. Aber es sollten tierfreundliche Pflanzen sein. Zum Beispiel ganz viel Storchschnabel oder Frauenmantel. Eine Pflanze, die ich wirklich über alles liebe, ist die Ringelblume. Die ist gut für Insekten und den Boden, weil sie lange Pfahlwurzeln hat, die den Boden lockern. Außerdem kann man daraus wunderbar Ringelblumensalbe machen oder Tee – nur sollte man auch immer etwas übrig lassen und nicht alles nur für sich selber abernten. Und schließlich sollten bio-vegane Gärtnerinnen und Gärtner viele Kräuter blühen lassen und im Herbst nicht immer alles gleich runterschneiden. Die Natur macht das schon. „Mut zur Unordnung", sage ich immer. Die Tiere freuen sich darüber.

Susanne Heine bewirtschaftet ihren Garten bio-vegan und verzichtet gänzlich auf tierische Bestandteile beim Gartenzubehör. In ihrem Buch „Peaceful Gardening" zeigt sie, wie man seinen Garten tierfreundlich gestalten kann.

WILDES LEBEN LIEBEN

Wir sitzen am Teich in der Abendsonne und blicken über das Wasser. Wasserläufer flitzen über der glatten Oberfläche hin und her. Durch die Felsenbirne wirft die Sonne Lichtflecken auf die Seerosen. „Wenn wir Menschen diese ganzen Verbindungen in unserer Welt doch nur sehen könnten“, malen wir uns aus. Wie die Insekten die Blüten brauchen. Die Vögel die Insekten. Und die größeren Fleischfresser wiederum die Vögel. Wie die einen Insekten dafür sorgen, dass die anderen nicht überhandnehmen. Oder die Vögel dafür, dass sich Pflanzen auch an weiter entfernten Orten aussäen können, indem sie deren Kerne schlucken und irgendwo anders wieder ausscheiden. Und wir Menschen sitzen davor und könnten dieses feine, engmaschige Geflecht doch eigentlich sehen und verstehen. Wir mit all unserem Wissen. Aber in der Hektik unserer Tage scheint für solche Beobachtungen keine Zeit mehr zu sein. Doch sind wir es den Tieren um uns herum nicht schuldig, dass wir ihnen das überlassen, was sie zum Leben brauchen? Haben sie nicht genauso ein Anrecht auf Lebensraum wie wir? Wenn wenigstens die Hälfte aller Gärtnerinnen und Gärtner danach handeln würde, könnten wir gemeinsam schon einiges tun. Es geht nicht nur um die 2.735 Tierarten, die Reinhard Witt in unseren Gärten angesiedelt sieht. Es geht um all die vielen Individuen, die ganz jämmerlich zu Grunde gehen, weil wir uns einfach nicht genug für sie interessieren. Denn ihnen einen Lebensraum zu geben, wäre gar nicht viel Arbeit. Es würde vor allem bedeuten, dass wir die Natur einfach auch mal machen lassen. Doch stattdessen steckt in vielen Privat- und Stadtgärtnerinnen und -gärtnern immer noch der Wunsch, die Wildheit – die letztlich ja das Leben selbst ist – einzuhegen, zu bändigen und lieber zu zerstören, als sich von überkommenen Gewohnheiten wie getrimmtem Rasen und hochgezüchteten Blumen zu trennen. „Keine Zeit darf keine Ausrede sein“, sagen wir uns, als wir am Abend nach drinnen gehen und noch lange über unsere Beobachtungen sprechen. Wir überlegen, was noch zu tun bleibt, und gehen im Geiste wieder und wieder durch unseren Garten. Meter für Meter, Tierart für Tierart, Pflanze für Pflanze, Ecke für Ecke und Ding für Ding. Und uns fällt auf, dass es noch einen weiteren sehr wichtigen Bereich gibt, mit dem wir durch unsere Gartenarbeit die Welt zumindest ein kleines bisschen besser machen können: die Stoffströme und Materialen, die Hilfsmittel, Geräte, Werkzeuge und Gartenmöbel. Welche Rolle spielen die? Wie können wir so ressourcenschonend wie möglich in unserem Garten arbeiten und entspannen? Wie können wir Materialien wiederverwenden oder für möglichst langlebige Werkzeuge und Möbel sorgen, sodass wir die Umwelt schützen? Hier gibt es noch einen ganz großen Hebel, den wir als Nächstes umlegen können und wollen. Aber alles zu seiner Zeit. Morgen ist auch noch ein Tag.

AKTION

SCHNECKEN NECKEN

1 WOCHE · LEICHT

Schnecken können Gärtnerinnen und Gärtner in den Wahnsinn treiben. Probiere eine Woche lang Susanne Heines Tipps für tierleidfreien Schneckenschutz:

SCHNECKEN EINSAMMELN

Wer Geduld hat, kann die Tiere im Dunkeln von Hand sammeln und woanders wieder aussetzen. Ein Salatblatt dient als Lockmittel und Proviant.

ARTENVIELFALT UNTERSTÜTZEN

Wer Lebensräume für natürliche Schneckenfressfeinde wie Gartenschläfer, Igel oder manche Laufkäfer schafft, fördert auch das biologische Gleichgewicht.

KAPUZINERKRESSE PFLANZEN

Den Geruch der Kapuzinerkresse mögen Schnecken meist nicht. Deren Sud, zusammen mit Rhabarberblättern, wirkt sogar noch besser.

SCHNECKENZAUN VERWENDEN

Ein kleiner Zaun aus Kupfer am Hochbeet ist eine wirksame Sperre, da der Schleim der Schnecken mit dem Metall reagiert und sie davon abhält, über den Kupferstreifen zu kriechen.

10.000 SCHNECKEN-ARTEN

gibt es auf unserer Erde. Die Weichtiere existieren schon mehr als 500 Millionen Jahre. Das töten oder verletzen streng geschützter Schnecken kann bis zu 50.000 Euro kosten.

AKTION

DIE BIENENKISTE

1 TAG SCHWER

Wie wäre es mit einem eigenen Bienenvolk in deinem Garten? Die Bienenkiste als Zuhause für die Bienen kannst du sogar selber bauen.

1. DAS RICHTIGE HOLZ

Besorge unbehandelte, gut verleimte Vollholzplatten, die atmen können. Am besten beziehst du sie vom Tischler, damit die Qualität stimmt und das Holz nicht mit der Zeit verzieht oder Risse bekommt. Die Platten sollten nicht dicker als 25 mm sein, damit die Kiste nicht zu schwer wird. Schneide die Teile, Beschläge und Leisten anhand der Bauanleitung zu, die du unter **bit.ly/bienenkiste** findest.

2. MATERIAL UND WERKZEUG

Um deine Bienenkiste zu bauen, brauchst du einen Bohrer (Durchmesser 1,5 mm), einen Holzbohrer (Durchmesser 2,5–5 mm), eine Bohrmaschine, eine Stichsäge, Schraubzwingen mit mindestens 250 mm Spannweite und ein Pizza-Rollmesser. Darüber hinaus benötigst du Schrauben und Nägel sowie Spannverschlüsse, mit denen du Boden und Rückseite befestigen und lösen kannst. Zudem brauchst du Holzleim, insektenfreundliche Holzlasur, 12 Mittelwände (rund 1 Kg) aus Bio- oder Öko-Bienenwachs (Format „Deutsch Normal" / 350 × 200 mm). Diese sollten lieber gewalzt, als gegossen sein.

3. BIENENKISTE ZUSAMMENBAUEN

Nun kannst du die Bienenkiste bauen. Zunächst schraubst und leimst du die Kiste selbst zusammen. Streiche sie von außen, der Innenraum bleibt unbehandelt. Dann stattest du sie mit 12 Anfangsstreifen-Trägerleisten aus. Diese sorgen dafür, dass die Bienen ihre Waben so bauen, wie der Imker sich das wünscht. In der Natur nutzen Bienen zwar auch vorhandene Waben, dennoch ist dies natürlich ein Eingriff. Eine detaillierte Anleitung findest du unter **bit.ly/bienenkiste**

4. DEN STANDORT AUSWÄHLEN

Die Bienenkiste sollte sicher, leicht erhöht und an einem sonnigen Ort stehen. Sie sollte vorne rund 1–2 cm höher sein als hinten und nach dem Öffnen nicht mehr verrückt werden. Außerdem ist eine Wasserquelle in der Nähe wichtig. Richte das Flugloch zwischen Osten und Süden aus und achte darauf, dass es genug Platz für den Anflug gibt. Durch Büsche, Zäune oder Wände in einigen Metern Entfernung fliegen die Bienen höher an, sodass sich ihre Flugbahn nicht mit den Wegen der Menschen kreuzt.

5. DER EIGENE BIENENSCHWARM

Wenn die Kiste fertig ist, können die Bienen einziehen – sofern gerade Schwarmzeit ist: Von Anfang Mai bis Mitte Juni teilen sich die Bienenvölker auf und schwärmen aus. Einen solchen Naturschwarm kannst du beim örtlichen Imkerverein, bei anderen Bio-Imkern oder auch bei der Schwarmbörse bekommen. Dort wirst du bei der Vermittlung bevorzugt, wenn du einen Anfänger-Status beantragst. **schwarmboerse.de**

6. DER EINZUG

Ein neuer Schwarm sollte nicht am selben Tag einlogiert werden, an dem er ausgeschwärmt ist. Er sollte vielmehr eine Nacht dunkel, ruhig und kühl in einer Schwarmkiste verbringen. Für den Umzug befestigst du ein großes, weißes Tuch vor dem Flugloch der Bienenkiste so, dass ein leichtes Gefälle zum Flugloch entsteht. Dann schüttest du die Bienen vorsichtig aus der Schwarmkiste auf das Tuch.

WICHTIG: PFLEGE UND VERANTWORTUNG

Wer Bienen hält, muss Verantwortung übernehmen. Imkern erfordert Zeit, Wissen und Zuwendung. Erkundige dich daher bei erfahrenen Imkern, bevor du eine Bienenkiste baust. Du musst zum Beispiel wissen, wann du im Winter zufüttern musst, woran du einen Varroa-Milbenbefall erkennst und vieles mehr. Weitere Infos findest du etwa bei Mellifera, dem Verein für ökologische und wesensgemäße Bienenhaltung. Hier kannst du Bienenkisten auch kaufen. **mellifera.de**

WINTER

Die Bienen überwintern im vorderen Teil der Bienenkiste und zehren von ihren Honigvorräten. Zwischen November und April kannst du fast vergessen, dass du Bienen hast. Du kannst höchstens Mittelwand-Leisten vorbereiten oder aus Wachsüberschüssen Kerzen herstellen.

NOVEMBER

Die zweite Behandlung gegen Varroa-Milben ist nun fällig.

SEPTEMBER

Prüfe, ob du mit Zuckerwasser zufüttern musst, und mach die Bienenkiste winterfest, indem du ein Gitter vor dem Flugloch anbringst, das Mäuse fernhält.

JUNI–JULI

Wer Honig ernten möchte, muss das jetzt tun. Veganerinnen und Veganer lassen den Bienen natürlich ihren Wintervorrat, den sie sich so hart erarbeitet haben. Nun ist es auch Zeit, die Bienen auf Varroa-Milbenbefall zu untersuchen.

MITTE–ENDE APRIL

Zum Beginn der Obstblüte Mitte bis Ende April nimmst du das Trennschied zwischen vorderem und hinterem Teil heraus und schaust, ob dein Bienenvolk gut über den Winter gekommen ist. Öffne die Kiste, um die 12 Mittelwände in den hinteren leeren Raum zu hängen.

MAI–JUNI

Nun ist Schwarmzeit: Rund die Hälfte eines kräftigen Bienenvolkes zieht mit der Königin aus und setzt sich in der Nachbarschaft als so genannte Schwarmtraube in einen Baum. Der Rest der Bienen bleibt im Kasten, zieht eine neue Königin heran und verjüngt sich so. Melde Schwärme, die du nicht brauchst, unter **schwarmboerse.de**

DIE ANLEITUNGEN

Viele weitere Tipps und umfangreiche Bauanleitungen für deine Bienenkiste findest du unter **bit.ly/bienenkiste**

FAZIT

WIE DU EIN ARTEN-REICH FÜR TIERE SCHAFFST

TRAINING

TIERE BEOBACHTEN

Gewinne ein Gespür für die Tiere in deiner Umgebung, lass dich auf sie ein und beobachte sie.

GRUNDSÄTZLICHES

Es kommt nicht darauf an, wie viele Tiere du beobachtest, sondern wie genau. Konzentriere dich und öffne dich auch für die Kleinsten unter ihnen.

VORBEREITUNG

Suche dir einen schönen Ort und lass dich bequem nieder. Schau dich um, bewege dich nicht oder nur langsam. Warte.

TIERE VERSTEHEN

Wenn du ein Tier entdeckt hast, nimm dir Zeit und beobachte genau alle Bewegungen und Geräusche. Versuche, dich in das Tier hinein zu versetzen: Warum tut es, was es tut? Wie sieht die Welt wohl aus seiner Perspektive aus? Wie fühlt es sich möglicherweise gerade? Was könnten seine Absichten sein? Folge, wenn nötig, aus sicherer Distanz. Schreibe oder zeichne deine Erkenntnisse in ein Beobachtungsnotizbuch.

FAUNA FÖRDERN

Wenn du mehr für die Tiere in deiner Umgebung tun möchtest, dann prüfe hier, welche Maßnahmen für dich infrage kommen. Entscheide von 1 (kaum) bis 10 (immer).

Ich kaufe nur noch tierfreundliche Bio-Produkte.

1 2 3 4 5 6 7 8 9 10

Ich nutze nur noch bio-vegane Hilfsmittel.

1 2 3 4 5 6 7 8 9 10

Ich befreie mich von allen Gartengiften.

1 2 3 4 5 6 7 8 9 10

Ich baue Nisthilfen.

1 2 3 4 5 6 7 8 9 10

Ich lasse Ecken im Garten für Tiere verwildern.

1 2 3 4 5 6 7 8 9 10

Ich lege Nischen an wie Stein- oder Holzhaufen .

1 2 3 4 5 6 7 8 9 10

Ich lerne mehr über Tiere und ihre Bedürfnisse.

1 2 3 4 5 6 7 8 9 10

Ich erzähle Nachbarn und Freunden davon.

1 2 3 4 5 6 7 8 9 10

Ich nehme an Petitionen gegen Ackergifte teil.

1 2 3 4 5 6 7 8 9 10

NOTIZ: WEITERE IDEEN?

Wenn du noch mehr Ideen hast, wie du die Tiere in deinem Garten und in der Natur unterstützen kannst, dann notiere sie hier:

_ _

_ _

_ _

_ _

_ _

TUTORIAL

DEIN JAHRESPLANER

So wie die Pflanzen zu jeder Jahreszeit andere Unterstützung brauchen, ist es auch mit den Wildtieren in deinem Garten. Ein paar Tipps:

1. FRÜHLING

Säe und pflanze Wildblumen und -kräuter in deinem Garten oder in wilden Stadtecken. Achte darauf, dass sie Nahrung für Wildtiere bieten. Lass Teile deines Gartens verwildern.

2. SOMMER

Wenn es heiß wird, brauchen viele Tiere Wasser. Suche gute Stellen aus, an denen du Tränke und Bäder platzierst, die du täglich frisch befüllst.

3. HERBST

Räume deinen Garten nicht zu penibel auf: Staudenstängel, Laub- und Reisighaufen sind ein idealer Unterschlupf für wilde Tiere. Überlasse ihnen auch Früchte und Samenstände, anstatt sie auf den Kompost zu geben.

4. WINTER

Nun können Vögel, Eichhörnchen und Co. Futter gebrauchen. Zudem suchen viele Tiere einen warmen, trockenen Unterschlupf – etwa in Nistkästen, Geräteschuppen oder Igelhäuschen.

TIPP: VÖGEL FÜTTERN

Die Zahl der Singvögel ist drastisch gesunken. Ein guter Grund, ihnen zu helfen und ganzjährig zuzufüttern. Richte eine katzensichere Futterstelle ein. Füttere die Tiere nicht mit Brot, sondern mit Sonnenblumenkernen, Meisenknödeln, kleinen Apfelstücken, gefetteten Haferflocken und Waldfrüchten.

CHECKLISTE

BIO & VEGAN GÄRTNERN

Eine vegane Lebensweise lässt sich auch auf den Garten übertragen. Prüfe, welche der folgenden Punkte du umsetzen möchtest.

☐ Ich grabe nicht um, sondern lockere den Boden nur, um den dort lebenden Tieren nicht zu schaden.

☐ Ich verwende keinen Dünger mit tierischen Inhaltsstoffen wie Knochenmehl oder Horn. Ich kompostiere und dünge mit Pflanzenjauchen.

☐ Ich schütze Pflanzen vor übermäßigem Tierfraß, indem ich zum Beispiel Mischkulturen anbaue und insgesamt für ein ausgeglichenes Ökosystem in meinem Garten sorge.

☐ Ich nehme mir Zeit, um das Leben in meinem Garten zu beobachten und zu verstehen. Ich überlasse der Natur einen Gutteil der Arbeit und finde wilde Ecken richtig schön.

TIPP: LAUFWEGE FÜR TIERE

Ein tierfreundlicher Garten ist unterschiedlich hoch bepflanzt. Er hat nicht nur einen Rasen (flach) und Bäume (hoch). Daneben gibt es auch mittlere Höhen, etwa Stauden, Sträucher und andere Gewächse. Besonders wichtig: Je weniger Gehwege und Steinflächen es gibt, desto besser – nicht nur für die Bodenlebewesen, sondern auch für die Insekten, die sich dann in deinem Garten gut bewegen können und heimisch werden.

NEUES FÜR DEN GARTEN?

Bevor du etwas kaufst, stelle dir mal folgende Fragen:

BRAUCHST DU ES WIRKLICH?

Die Müllberge steigen weltweit. Überlege daher vor deinem Einkauf, ob du etwas Ähnliches hast, was du zu diesem Zweck auch benutzen kannst?

JA NEIN

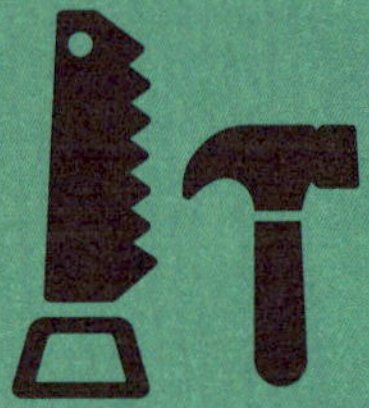

LÄSST SICH ETWAS REPARIEREN?

Wer repariert, spart Ressourcen und Energie. Das schont die Umwelt. Wenn du es selbst nicht kannst, dann hol dir Hilfe bei einem Nachbarn, einem Freund oder einem Repair Café. So lernst du mehr, als wenn du es in eine Werkstatt gibst.

Lerne neue Fähigkeiten!

JA NEIN

KANNST DU ES AUSLEIHEN?

Viele Baumärkte leihen Geräte auch aus. Oder vielleicht gibt es – noch besser – einen Nachbarn, Freund oder Verwandten, der dir aushelfen kann?

NEIN JA

KANNST DU ES SELBST MACHEN?

Kannst du dir die Sache auch selbst bauen – am Besten, indem du vorhandene Dinge und Materialien nutzt und upcycelst?

Freu dich über deine Arbeit!

JA NEIN

MUSS ES WIRKLICH NEU SEIN?

Kannst du eine Tauschbörse, einen Flohmarkt oder eine Online-Second-Hand-Plattform nutzen, um Dinge aus zweiter Hand zu erstehen?

JA NEIN

GEHT ES ENERGIESPAREND?

Wer sagt, dass immer alles mit Motor betrieben werden muss? Überlege dir manuelle Alternativen zu energieintensiven Geräten.

JA NEIN

GEHT ES FAIR?

Auch Elektrogeräte, Textilien oder Deko für den Garten können unter menschenunwürdigen Bedingungen entstehen. Prüfe, ob du faire Alternativen findest.

NEIN JA

GEHT ES UMWELTFREUNDLICH?

Alles, was in deinem Garten landet, war einmal Natur: Das Holz war ein Baum, das Metall in der Erde, das Plastik Erdöl tief unter dem Meer … Prüfe also, ob die Dinge umweltfreundlich und ressourcenschonend hergestellt wurden.

MATERIALIEN

DIE RESSOURCEN-REVOLUTION: TAUSCHEN, TEILEN UND SELBER MACHEN

Knack! Da ist es schon wieder passiert. Wir stehen an unserem Gartenteich. Er ist voller Algen und Entengrün. Ein paar Blätter der Birke treiben träge dazwischen umher. Zeit, sie mit dem Kescher aus dem Teich zu fischen. Doch die Plastikhalterung, die eigentlich dafür sorgen sollte, dass sich die zwei Teile des Alustiels teleskopartig auseinanderfahren und wieder zusammenschieben lassen, ist zerbrochen. Jeder Versuch, sie wieder an ihren Platz zu befördern, scheitert, denn der kleine Haltestift ist abgebrochen. Mühsam beugen wir uns so weit wie möglich über den Teich, um mit halber Stange das zu erwischen, was in unseren verkleinerten Radius reicht. So, wie es aussieht, können wir den Kescher wegschmeißen. Reparieren sieht eher schlecht aus. Das ärgert uns, denn es ist nicht das erste Mal, dass etwas unwiederbringlich zu Müll wird. Ein paar Tage später. Wir streifen durch einen Baumarkt, schreiten die Gänge ab und suchen nach einem neuem Teichkescher. Einem, der besser hält als der alte. Doch das Angebot ist nicht gerade berauschend. Alles, was wir finden, wirkt noch filigraner, noch schlechter verarbeitet und billiger als das, was wir vorher hatten. Massenware. Überall ist viel Plastik mit im Spiel, das Metall fühlt sich so dünn an wie Dosenblech und auch die Netze können uns nicht überzeugen.

Das Ganze ist irgendwie symptomatisch. Die meisten Gartengeräte und -werkzeuge, die ein Baumarkt oder Gartencenter anbietet, sehen so aus, als wären sie nur für eine kurze Lebensdauer gemacht. Minderwertige Materialien, schlechte Verarbeitung. Bei vielen Dingen beschleicht einen das Gefühl, dass sie bewusst mit Sollbruchstellen ausgestattet sind. Im Fachjargon nennt sich das „geplante Obsoleszenz" und dient – zumindest wenn man dem Arte-Dokumentarfilm „Kaufen für die Müllhalde" glauben soll – dazu, den Absatz konstant zu halten. Laut dem Film sollte es eigentlich kein Problem sein, Strumpfhosen herzustellen, die 20 Jahre halten. Oder Glühbirnen, die über 100 Jahre brennen. Genauso müsste es dann auch mit den Gartengeräten und -möbeln sein. „Gut, wollen wir mal nicht so weit gehen, dahinter Muster und Methode zu vermuten", finden wir. Aber wir vermissen nun mal die Qualität. Eine Qualität, die sich auf lange Sicht rechnet, weil ein Werkzeug ein Menschenleben hält, man es vielleicht sogar vererben oder weil man es selbst reparieren kann. Stattdessen füllt viel zu viel Billigschrott die Regale der Geschäfte und macht uns ganz unglücklich. Die Sachen lassen sich nun mal so gut wie nie reparieren (und wenn, ist es teurer, als neu zu kaufen) und selten recyceln oder gar upcyceln – also für andere Zwecke zweitverwerten. Geht etwas kaputt, kauft man es eben neu. Das Problem: Die Müllberge weltweit wachsen und Ressourcen gehen zur Neige.

MATERIALSCHLACHT IM GARTEN

Der Gartenmarkt boomt und das seit Jahren. 2017 belief sich der Umsatz in Deutschland auf 18,6 Milliarden Euro. Laut Industrieverband Garten rund 260 Millionen Euro mehr als im Vorjahr. Ganz vorne Erde, Düngemittel, Pflanzenschutz und Gartenausstattung inklusive Holz und Wasser sowie alles rund ums Grillen. Gartentechnik verzeichnet ein Umsatzplus von 2,4 %. Mehr und mehr Gärtnerinnen und Gärtner kaufen sich elektrisch betriebene Gartengeräte: „1,04 Milliarden Euro gaben die Verbraucher für Rasenmäher, Laubbläser und elektrische Gartenscheren aus", fand die Gesellschaft für Konsumforschung im Jahr 2015 heraus. Vor allem mit Akku betriebene Geräte sind beliebt. Ihr Umsatz stieg in Europa von September 2016 bis August 2017 um satte 16 %. Ein Trend, der nichts Gutes verheißt. Denn überall rattern, dröhnen und sprotzen nun die elektrischen Laubbläser, Heckenscheren, Rasentrimmer, Mähroboter und Gartenhäcksler. Das Ende der friedlichen Gartenidylle, denn irgendein Nachbar hat immer etwas zu tun. „Und schließlich landet das alles als Schrott auf immer größeren Müllbergen", überlegen wir und müssen an die 44.700.000 Tonnen Elektroschrott denken, die 2017 in aller Welt zusammenkamen – so viel wie noch nie zuvor. Wollten wir das alles in LKWs abtransportieren, so bräuchten wir 1,2 Millionen 40-Tonner, rechnet eine Studie der UNO vor. Sicher, das meiste stammt aus den Haushalten und nicht aus dem Garten. Doch müssen wir diese Berge noch zusätzlich füttern? Denn auch die Gartengeräte verschlingen bei ihrer Herstellung Unmengen an wertvollen Materialien, Wasser und Energie. Auch diese Geräte werden in Billiglohnländern unter oft fragwürdigen Bedingungen hergestellt. Und auch sie landen mitunter auf illegalen Schrottplätzen in Afrika oder Asien. Hier demontieren am Ende Kinder und Jugendliche mit bloßen Händen die Schrottstücke, wobei sie den giftigen Stoffen und Dämpfen oftmals schutzlos ausgeliefert sind. Muss das wirklich sein? Um keine Missverständnisse aufkommen zu lassen: Wir sprechen nicht davon, jede echte Arbeitserleichterung zu verteufeln. Doch gerade in unserer bewegungsarmen Kultur wäre ein bisschen mehr Muskelkraft vielleicht gar nicht mal so schlecht: Man könnte doch einfach mal die Sense schwingen, anstatt den Rasenmäher zu schieben. Dabei soll man laut dem Mitgründer des Sensenvereins Deutschland Heiner Miller übrigens unheimlich viel Freude zurückgewinnen, weil man sich durch das Sensen wieder mit der Natur direkt auseinandersetzt und ein Bewusstsein für den Garten und die Natur entwickelt. Wir denken jedenfalls ernsthaft darüber nach. Und in jedem Fall muss man sich fragen, ob Laubbläser und Schubkarren mit Elektromotor tatsächlich eine echte Innovation sind oder nicht einfach nur unsere Faulheit bedienen.

Nehmen wir nur mal den Laubbläser als ein besonders drastisches Mittel, um vermeintlich Ordnung im Grünen zu schaffen: Nicht nur, dass er mit 350 Kilometer pro Stunde alles wegbläst, was ihm in die Quere kommt – auch kleine Tiere und die oberste Humusschicht. So ein Gerät kann mit rund 106 bis 112 Dezibel Lautstärke locker mit einem Presslufthammer mithalten. Dazu kommt der enorme Stromverbrauch: Eine Leistung von 2.500 bis 3.000 Watt soll ein akkube-

DAS WUNDER WERKZEUG

WARUM SENSE, HOLZRECHEN UND CO. WIEDER GANZ MODERN SIND

Hochwertige, langlebige Werkzeuge verschwinden zunehmend. Stattdessen gibt es immer mehr billigen Schrott. Doch was nicht nachgefragt wird, wird nicht mehr hergestellt. Deshalb liegt es an uns, die Qualität der Gartenwerkzeuge zu schützen – das ist auf lange Sicht viel nachhaltiger. Ein gutes Beispiel ist die Sense. Sie ist kein altmodisches, nostalgisches Ding, das man sich nur an die Wand hängt. Nein, sie ist auch heute noch überaus sinnvoll. Vor allem bei kleinen Gärten, für Obstgärten und die berühmten Streuobstwiesen, wo man mit der Sense hervorragend unter die Bäume kommt. Viele dieser Wiesen verschwinden auch deshalb, weil sie sich nicht mit großen Maschinen pflegen lassen – also macht das keiner mehr.

Das war eines der Dinge, die mich entsetzt haben, als ich nach zehn Jahren in Irland wieder nach Deutschland ins Allgäu zurückkam: Nichts blühte mehr. Während ich weg war, ist die Landwirtschaft in Deutschland so intensiv geworden, dass das Allgäu heute einer grünen Wüste gleicht: Es sieht zwar grün aus, aber die Vielfalt von früher gibt es nicht mehr. Auf der Suche nach einer Lösung habe ich das Netzwerk „Blühende Landschaft" kennengelernt, das sich darum kümmert, dass wieder mehr blüht. Da war ich sehr aktiv, habe eine Ortsgruppe gegründet und Vorträge gehalten. Dann wollten wir gemeinsam eine Blumenwiese anpflanzen und haben uns gefragt, wie wir die eigentlich mähen können. Denn wenn das Gras erst mal 30 Zentimeter hoch ist, versagt jeder Rasenmäher. Da kam uns die Idee mit der Sense. Am Anfang war das ein einziges Hauen und Stechen. Doch dann, nach einem Sensenkurs, haben wir gesehen, wie gut und einfach das eigentlich geht. Wir haben gemerkt, dass der Zusammenhang zwischen Sense und Wiese unheimlich wichtig ist: Eine Sense schneidet die Blumen und Kräuter mit einem pflegenden Schnitt – da gibt es kein zerstörendes Rupfen wie bei einer Motorsense. Die Pflanzen können dadurch viel schneller heilen und nachwachsen. Gute Sensen lassen sich verstellen, brauchen keinen Strom, sind leise und lassen sich reparieren. Man merkt, dass in diesem Werkzeug 1.000 Jahre Entwicklungsarbeit stecken. Diese Erfahrung hat uns so begeistert, dass wir den ersten Sensenverein Deutschlands gegründet haben.

Doch natürlich ist das nicht nur so mit der Sense. Es gibt vieles, was für gutes, traditionelles Werkzeug spricht. Nehmen wir mal den Holzrechen, mit dem man Laub, Gras oder Mähgut rechen kann, um es zu Heu zu verarbeiten. Die Zinken eines Holzrechens kann man immer wieder ersetzen. Bricht bei einem Metall- oder Plastikrechen ein Zinken ab, muss oft der ganze Rechen in den Müll. Das ist ein typisches Beispiel dafür, dass einige Werkzeuge heute weniger durchdacht sind. Deshalb sage ich allen Gärtnerinnen und Gärtnern: Kauft nie das Billigste, sondern informiert euch! Wenn man nicht weiterweiß, kann man einfach einen Profi fragen. Profis verwenden keine Schrottwerkzeuge, denn bei ihnen muss alles langfristig gut funktionieren und sofort zur Hand sein. Und noch eine Empfehlung an die Leserinnen und Leser: Werkzeug sollte man immer gut aufbewahren. Das ist ein wichtiger Grundsatz. Man sollte Respekt vor Werkzeugen haben, die oft eine ganz lange Geschichte hinter sich haben, und diesen Billigwahn ablehnen. Gutes Werkzeug kann nicht billig sein!

Heiner Miller war Lehrer, Aussteiger und Vorsitzender des irischen Bio-Verbandes. Der gebürtige Allgäuer hat den Sensenverein Deutschland gegründet, um die Tradition des 1.000 Jahre altes Gerätes zu bewahren.
www.sensenverein.de

Svenja Nette ist beim sozial-ökologischen Projekt Prinzessinnengarten in Berlin für Förderungen, Projektorganisation, Umweltbildung und Veranstaltungen zuständig.
prinzessinnengarten.net

triebener Sauger oder Bläser laut SWR haben. Er verbraucht so viel Strom wie 100 durchschnittliche Glühbirnen oder bis zu 1.000 moderne LED-Leuchten, so der Sender auf seiner Website. Bei einem benzinbetriebenen Gerät ist es auch nicht besser. Denn mehr als ein Drittel des Kraftstoffes geht hier einfach so in der Umwelt verloren, wie das Umweltbundesamt herausgefunden hat. Dazu kommt laut SWR, dass diese Motoren 200-mal so viel unverbrannte Kohlenwasserstoffe ausstoßen wie ein Auto mit Katalysator. „Na prima", denken wir uns und mustern unseren Benzinrasenmäher kritisch. Die Idee mit der Sense wird uns immer sympathischer. Und dabei bleibt es ja nicht, wenn man sich die gigantische Menge aller strom- und benzinfressenden Geräte im Garten so anschaut: die Lichterketten und Sprinkleranlagen, Springbrunnen und der nicht abreißende Strom an solarbetriebenem Dekokram – Billigplastikschnäppchen aus Asien. Wo also ansetzen? Die Wirtschaftsingenieurin und Mitbegründerin von KanTe, dem Kollektiv für angepasste Technik, bringt es auf den Punkt: „Meine Empfehlung: So wenig wie möglich neu kaufen und immer wieder darüber nachdenken, was man eigentlich wirklich braucht", meint sie. Das lässt sich natürlich nicht nur auf den Garten anwenden, sondern auf das Leben insgesamt. Wohnungsdiäten und minimalistische Lebensstile sind immerhin gerade sehr angesagt. Warum also keine Garten- und Schuppendiät? Denn es stimmt natürlich: Der größte Faktor beim Strom- und Ressourcensparen ist tatsächlich, diese ganzen Geräte einfach nicht mehr zu kaufen. Wir beschließen also, mit dem Rotstift durch unseren Garten zu gehen.

MACHEN STATT KAUFEN

ALTEN DINGEN NEUEN PLATZ GEBEN

Eine unserer großen Maximen ist es, dass wir immer nur recycelte Materialien benutzen. Wir verwenden Dinge wie alte Schultafeln, die sich super als Grundlage für Möbel eignen. Oder auch Restholz. Dabei achten wir sehr darauf, ob das Holz zum Beispiel behandelt ist oder nicht. Wenn ja, dann verwenden wir es lieber nicht. Oft ist der Transport das Schwierigste. Die meisten Menschen, die Sachen loswerden wollen, haben nur ein kleines Zeitfenster. Vielleicht haben sie aber Lust, sie vorbeizubringen und sich so einfach Entsorgungskosten zu sparen. Letztlich tut man vielen Leuten einen Gefallen, wenn man ihnen ihren Müll abnimmt. Auch über den Verbund offener Werkstätten in Deutschland kommt man ganz gut an Materialien heran. In den Werkstätten kann man dann gemeinsam Dinge bearbeiten, bauen und nutzen. Und die haben auch so ihre Quellen und sind sehr nachbarschaftlich. Es lohnt sich also, zu schauen, ob man so eine in der Nähe hat.

Wir haben auch relativ viel Plastik im Garten. Der Grund ist, dass der Stoff leicht zu haben, schlecht zu recyceln und in der Regel schon mal genutzt ist – zum Beispiel in Form der berühmten Bäckerkisten, aus denen ein Teil unserer Hochbeete besteht. Allerdings nehmen wir nur Plastik, das lebensmittelecht ist. Viele Menschen gehen davon aus, dass die Materialien für den Garten schon in Ordnung sind. Doch das ist nicht immer der Fall. Deshalb sollte man unbedingt auf die ökologische Verträglichkeit von Materialien achten. Man muss sich eben durchfragen. Zum Beispiel habe ich einmal versucht herauszufinden, aus was für einem Plastik Blumentöpfe gemacht sind. Das war aber nahezu unmöglich. Wichtig ist, dass man einfallsreich ist, wenn es um das Recyceln und Upcyceln alter Dinge geht. Ansonsten: loslegen, lernen, Fehler machen und immer besser werden.

Als Erstes identifizieren wir die Energiefresser und dann denken wir über Alternativen nach: Können wir energieeffizientere Geräte nutzen? Und ist das wirklich sinnvoll oder verbraucht die Herstellung eines neuen Gerätes allein schon so viel mehr Energie und andere Ressourcen, dass wir getrost das alte Gerät weiternutzen können, bis es endgültig kaputt ist. Gibt es eine energiefreie Alternative? Können wir den Strom dafür selber machen, indem wir eine Solar- oder Windkraftanlage in unserem Garten installieren und zu einem anderen (wir sind ja schon bei einem!) Öko-Stromanbieter wechseln? Kann man diese Energieverschwendung nicht schlicht und einfach ganz sein lassen? Muss zum Beispiel Rasen ständig gemäht werden, der Teich beblubbert und die Terrasse künstlich geheizt? Geh mal durch deinen Garten und prüfe selbst. Streiche weg, was nicht sein muss. Das rechnet sich am Ende auch noch, weil du Zeit und Geld sparst.

KONSTRUIEREN STATT KONSUMIEREN

Schluss mit Konsumwahnsinn, Massenmarkt und Kaufwut? Das klingt ganz nach der Lebensphilosophie der Do-it-yourself-Bewegung, auch DIY abgekürzt. Sie lehnt die Massenfertigung durch die Industrie ab und ruft dazu auf, die Dinge wieder selbst in die Hand zu nehmen. Im wahrsten Sinne des Wortes geht es darum, sich alte Kulturtechniken und die damit verbundenen Fähigkeiten wieder anzueignen: Dinge reparieren und selber machen. Am besten aus Materialien, die bereits da sind und andernfalls im Müll landen würden (neudeutsch Upcycling). Der DIY-Anhänger und Autor des Bestsellers „Die Kunst, frei zu sein" Tom Hodgkinson empfiehlt dies sogar als eine Strategie zur Befreiung im Alltag: Wer etwa Geräte, Möbel und Utensilien für seinen Garten selbst herstellt, kann sie hinterher auch selbst reparieren. Das macht unabhängig von der Fremdversorgung eines Unternehmens. Und deshalb rät Hodgkinson, so viel wie möglich selbst zu tun und dafür lieber weniger im klassischen Sinne zu arbeiten. Wer weniger arbeitet, verdient dadurch zwar auch weniger Geld. Das macht aber nichts, findet Hodgkinson, weil man dann ja die Zeit hat, um viel mehr Dinge selbst zu tun, für die man sonst bezahlen müsste – zum Beispiel Gemüse anbauen, eine Gartenliege basteln oder eine Sense schleifen. Ein Weg zu Glück und Freiheit, wie er meint. Denn immerhin liegen einem solch selbst gemachte Dinge wesentlich mehr am Herzen und landen daher seltener im Müll.

Diesen Gedankengang teilen anscheinend immer mehr Menschen. Denn das Internet liefert ganze Plattformen voll von Open-Source-Bauanleitungen für den Garten. Paletten stehen meist ganz hoch im Kurs. Doch auch kompliziertere Dinge wie handbetriebene Wasserpumpen, per Fahrrad beschleunigte Gartenhäcksler oder sogar selbst gebaute Wind- und Solaranlagen finden sich darunter (einige dieser Anleitungen haben wir in diesem Buch verlinkt, wie du vielleicht schon bemerkt hast). Eine wachsende Gemeinschaft von Menschen aus aller Welt ist also der Meinung, dass Wissen mehr wird, wenn man es teilt – und dass es unsinnig ist, es nicht zu teilen, nur weil das kein Geld einbringt. Und so gibt es sogar schon eine

FAST 50 %
aller DIY-Bastler sind weiblich. Rund 88 % informieren sich via How-To-Videos, etwa über YouTube.

AUS ALT MACH NEU

Mach es wie die Natur und verwende Materialien wieder, die übrig geblieben sind. Etwa:

ALT- UND BAUHOLZ
Alte Paletten, Obst- oder Weinkisten für Möbel. Holzschnitt aus dem Garten, alte Bretter oder Türen für Zäune, Rankhilfen oder Möbel. Wichtig: Achte darauf, dass das Holz nicht giftig behandelt wurde.

STEINE UND ZIEGEL
Natursteine aus deinem Garten oder vom Bauern für Beeteinfassungen. Alte Dachziegel, Backsteine oder Steinbruch von Baustellen, Abrissen oder Umbauten für Wege, Beeteinfassungen und Trockenmauern.

METALLE
Alte Badewannen, Töpfe und Dosen als Pflanzgefäße. Alte Werkzeuge als Halter, Rankhilfen oder für geschweißte Skulpturen. Fahrräder für mechanische Geräte (siehe Seite 112).

GLAS
Ausrangierte Fenster für Frühbeete und Gewächshäuser. Alte Flaschen als Gießeinrichtung oder Wegeinfassung.

KERAMIK ODER PORZELLAN
Alte Tassen, Teekannen, Teller oder Vasen für Pflanzgefäße.

OPEN-SOURCE-GERÄTE

Im Netz gibt es jede Menge Bauanleitungen für Gartengeräte Marke Eigenbau. Unsere Tipps:

FAHRRAD-HÄCKSLER

Nichts für Anfänger, aber ein echtes Highlight: Ein Rad und Muskelkraft machen Stromanschlüsse beim Häckseln überflüssig. **bit.ly/fahrradhaecksler**

RADHACKE

Wer sich die Bodenbearbeitung vereinfachen will, kann aus einem alten Herrenrad eine praktische Hacke basteln. **bit.ly/radhacke**

TROMMELSIEB

Kompost sieben? Kein Problem. Dieses Trommelsieb lässt sich über einer Schubkarre drehen. **bit.ly/kompostsieb**

LOW-TECH-ENERGIEANLAGEN

Wasser, Wind, Biogas oder Solarkraft: Hier gibt's gleich mehrere Anleitungen für den Bau von Energieanlagen. **bit.ly/lowtec-energie**

TIPP: INSTRUCTABLES

Es gibt Plattformen, die nur dazu da sind, um Bauanleitungen zu teilen. Unter Instructables kannst du zum Beispiel auch leicht eigene Anleitungen hochladen. **instructables.com**

Gruppe von Ingenieuren aus aller Welt, die gemeinsam unter dem Namen „Open Source Ecology" (opensourceecology.org) Bauanleitungen für selbst gemachte Trecker, Mähdrescher oder auch Bagger bereitstellt. Gut, das braucht eine Gärtnerin oder ein Gärtner normalerweise nicht. Doch die Idee dahinter ist bestechend und zeigt, dass sich sogar unser ganzes Wirtschaftssystem anders denken ließe, wenn man in den Kategorien der Do-it-yourself-Anhänger denkt: Der Gründer von Open Source Ecology, Marcin Jakubowski – Pole, Amerikaner, Doktor der Nuklearphysik, Bauer und Open-Source-Maschinenbauer – meint, dass man als Einzelner dank Technik mittlerweile ziemlich viel bewegen kann. Er selbst habe an einem einzigen Tag mit Hilfe einer selbst gebauten Maschine 100 Bäume gepflanzt. Um einen Traktor zu bauen, bräuchte er nur sechs Tage, wie er in einem TED-Talk erzählt – jenen freien Vorträgen von Visionären aus den Bereichen Technologie, Entertainment und Design, die eine Zuschauerschaft weltweit begeistert und ermutigt.

DIE VERFLIXTE IDEE MIT DEM MÜLL

Falls du nun so richtig angefixt bist, dann lass dich von den vielen Anleitungen in diesem Buch oder auch im Internet inspirieren und lege einfach los. Experimentiere! Viel falsch machen kannst du nicht. Aus eigener Erfahrung können wir dir jedoch empfehlen, dir ein kleines Notizheft anzulegen. Darin kannst du alle Gartenbauideen, die nötigen Materialien, Bauzeichnungen mit Abmessungen, Bezugsquellen, eigene Tipps und Lernerfahrungen sowie Fotos festhalten. Darüber hinaus haben wir, beim Basteln und Handwerkeln einige Prinzipien für uns selbst überlegt – vielleicht findest du sie ja auch gut: Zum Beispiel versuchen wir so viel wie möglich aus bereits vorhandenem Material zu bauen. Upcyceln nennt sich das, wenn du zum Beispiel aus einem alten Gurkenglas ein Windlicht machst oder aus einer alten Waschmaschinentrommel eine Erdmiete. Das ist allemal besser und verschafft dir noch mal einen ganz besonderen Blick auf die Gegenstände um dich herum und eine neue Beziehung zu ihnen.

Außerdem versuchen wir immer, Material zu sparen. Das gilt vor allem auch fürs Upcycling. Nicht selten haben wir schon beobachtet, dass Menschen in ihrer Euphorie für die Sache allen möglichen Plunder upcyceln – den sie in Wahrheit gar nicht brauchen. Mehr ist nicht immer besser. Und ein Garten, vollgestopft mit wiederverwendetem Plastiknippes, wird sicherlich nicht unbedingt schöner oder gesünder. Darüber hinaus versuchen wir, Material aus der Natur zu verwenden wo es geht. Aus den alten Ästen wird ein neuer Zaun. Oder aus den Steinen, die wir massenhaft aus unserem Garten ausgegraben haben, eine Beeteinfassung. Am schönsten finden wir es, wenn unsere Baumaterialien später wieder in den natürlichen Kreislauf zurückgehen können. Denn von der Natur wissen wir ja: Eigentlich gibt es keinen Müll. Das ist eine eigentümliche Erfindung von uns Menschen, die nicht unbedingt für unsere Weisheit spricht. Viel schöner wäre es doch, wir könnten mit all den Dingen, die wir so für unseren Garten brauchen, der Idee von Michael Braungart folgen. Der Ex-Greenpeace-Mitarbeiter, Umweltwissenschaftler und Gründer der

EPEA Internationalen Umweltforschung GmbH hat sich nämlich ein Konzept namens „Cradle to Cradle" ausgedacht. Ihm schwebt vor, alle Dinge so herzustellen, dass sie zumindest wiederverwertbar oder problemlos abbaubar sind – im besten Falle aber einen ökologischen Kreislauf bereichern. Als Paradebeispiele nennt er Eisverpackungen, die sich kompostieren und dabei auch noch Saatgut für seltene heimische Pflanzen freisetzen. Mit anderen Worten: Wenn wir die Dinge des Alltags so gestalten, dass sie sich in den natürlich Kreislauf einfügen, gibt es keinen Müll mehr – und wir machen es so schlau wie die Natur. Ob das jemals umfassend zu verwirklichen ist, bezweifeln wir zwar, aber für unsere eigenen DIY-Aktivitäten ist es ein wesentliches Ideal.

RECYCLING UND UPCYCLING

Wir bringen den angeknacksten Kescher zurück in den Schuppen. Dort haben wir eine Ecke, in der wir ausgediente Dinge für kommende Upcycling-Projekte sammeln. Noch wissen wir nicht, wofür er einmal gut sein wird. Doch die Sammelfreude gehört eben zum DIY-Kult mit dazu. Dabei fällt uns auf, dass wir hier – wie bei all unseren bisherigen Etappen – erleben, dass es zwei ganz wichtige Ansätze für das öko-soziale Gärtnern gibt: Der eine ist der achtsame Umgang mit dem Leben, der andere der sparsame Einsatz von Ressourcen. In der Natur ist alles Alte das Ausgangsmaterial für Neues, Humus für neues Leben, für Bauten, Bruthöhlen oder Winterquartiere. Gerade jetzt, während wir diese Zeilen schreiben, huscht das freundliche Eichhörnchen von nebenan mit einem Bündel kleiner Zweige in der Schnauze von Ast zu Ast. Wenn wir schlau sind, dann machen wir es wie die Natur – und verwenden Altes, wo immer es geht. Geben ihm eine neue Bestimmung. Entweder das, was der Garten abwirft, oder eben das, was unsere ach so zivilisierte Welt als Müll deklariert. Auf das Material kommt es an und auf seine Langlebigkeit. Seit wir uns um den Garten kümmern, versuchen wir immer, alles Mögliche aus dem Alltag zu recyclen. Jetzt wollen wir das noch intensivieren und sind froh, als uns das Buch „Bauen mit Recycling-Materialien im Garten" von Peter Himmelhuber und Wolfgang Grosser in die Hände fällt. Als Erstes befassen wir uns mit den Ausgangsmaterialien: Holz, Steine, Metalle, Plastik und Ziegel. Denn alles ist verfügbar und lässt sich zu irgendetwas verbauen. Mit Holz lässt sich einiges anstellen und es ist recht gut zu bekommen. Als Naturholz im eigenen Garten zum Beispiel. Vielleicht gibt dir dein Nachbar auch etwas von seinem Gehölzschnitt ab. Bei Parks oder Wäldern ist es was anderes. Da kann sich nicht jeder einfach bedienen, schon gar nicht am noch wachsenden Bestand. Womöglich hat jemand einen alten Bretterzaun, kleine Holzkonstruktionen, Bauholz, Paletten oder Obstkisten, die du haben darfst. Schau dich um, ob irgendwo in deiner Nähe Renovierungsarbeiten stattfinden, ob es Baustellen gibt, Einzelhändler, Werkstätten, Resteholz vom Baumarkt. Fragen kostet nichts. Manchmal findest du auch Anzeigen im Lokalblatt. Wichtig ist, darauf weist uns Svenja Nette vom Prinzessinnengarten in Berlin hin, dass alles, was man sich in den Garten holt, ökologisch verträglich ist. Dass es keine giftigen La-

110 MIO. PALETTEN
sollen 2017 in Deutschland gebaut worden sein – so viele wie nie zuvor ...

DIY-MÖBEL

„Aus Alt mach Neu", lautet bei immer mehr Menschen die Devise. Das spart jede Menge Material und Energie, macht deinen Garten schön und dich stolz.

LIEGESTUHL AUS PALETTEN

Allseits beliebt und relativ leicht gemacht sind die Liegestühle aus alten Paletten.
bit.ly/paletten-liegestuhl

REGAL AUS OBSTKISTEN

Schneller und einfacher geht's nicht: ein Wandregal aus alten Obstkisten, zum Beispiel für den Schuppen. **bit.ly/obstkisten**

HOCKER AUS AUTOREIFEN

Ein alter Autoreifen kann richtig schick aussehen und einen praktischen Hocker oder Tisch mit Stauraum ergeben.
bit.ly/autoreifen-hocker

GARTENBANK AUS PALETTEN

Paletten sind unglaublich vielfältig. Man kann aus drei Holzpaletten eine Bank bauen.
bit.ly/paletten-bank

TIPP: UPCYCLING-KAUF

Wer keine Zeit hat, selbst aus Altem Neues zu machen, findet zum Beispiel auf dem Do-it-yourself-Marktplatz Etsy vieles zum Kaufen. **etsy.com**

AKTION

BASTEL-PARTY

3–6 STD. MITTEL

Gemeinsam bringt man viel mehr Können zusammen und hat mehr Spaß. Zum Beispiel mit einer Bastel-Party.

1. DIE MENSCHEN FINDEN

Wer aus deiner Nachbarschaft, aus deinem Freundes-, Verwandten- oder Kollegenkreis könnte interessiert sein? Lade alle zu einem Planungstreffen ein: Was wollt ihr gemeinsam bauen?

2. EINEN RAUM SUCHEN

Je nachdem, was ihr bauen möchtet, braucht ihr einen großen Raum mit ausreichend Strom, Werkzeugen und Tischen. Vielleicht ist eine Offene Werkstatt das Richtige für euch.
offene-werkstaetten.org

3. BAUZEIT ORGANISIEREN

Wenn ihr außer euch noch weitere Menschen einladen möchtet, müsst ihr vor dem Termin Werbung machen. Sorgt für ordentlich Getränke, Snacks und gute Musik – schließlich soll der Spaß nicht zu kurz kommen.

TIPP: REPAIR CAFÉ

In immer mehr Städten gibt es sogenannte Repair Cafés: Treffen, bei denen dir fachkundige Menschen bei der Reparatur helfen können – zum Beispiel deiner Gartengeräte.
reparatur-initiativen.de

cke oder Holzschutzmittel enthält. Die Stiftung Warentest hat in der Vergangenheit mehr als 5.000 Holzproben auf chemische Altlasten hin untersucht und sogar Jahrzehnte alte Rückstände nachgewiesen. Das ist schlecht, weil das Holz bei Feuchtigkeit quellen und Gifte ausscheiden kann. Also lieber zweimal hinsehen, nachfragen und nachvollziehbare Quellen wählen. Nimmst du gutes Holz für kleine Bauten, Hochbeete oder als Pflanzenstützen, so hält es viele Jahre. Besonders praktisch sind auch Steine. Sie sind zu 100 % natürlich und gut verfügbar. Zum Beispiel findest du sie im eigenen Garten beim Umgraben. Oder du fragst auf einer Baustelle, bei einem Steinbruch oder bekommst sie vom Bauern, der sie auf seinem Feld natürlich nicht gebrauchen kann. Alte Pflastersteine, Mauersteine, Feldsteine, Klinker oder Beton – die Verwendungsmöglichkeiten sind vielseitig. Du kannst damit eine kleine Trockenmauer anlegen, als Windschutz, Schattenspender oder Oase für Tiere. Du kannst sie behauen, zerkleinern und daraus ganz neue Gebilde schaffen, einen Steingarten anlegen oder, wie wir, sogar einen kleinen Schuppen daraus bauen. Auch Ziegel lassen sich gut verwenden. Du bekommst sie mit etwas Glückt dort, wo Häuser neu eingedeckt werden oder bei Abbrucharbeiten. Auf jeden Fall sind (heile) Ziegel meist auch was fürs Auge. Selbst dann, wenn sie verwittern und zerbröseln, lassen sie sich noch verwenden, wie Peter Himmelhuber und Wolfgang Grosser beschreiben. Ihr Tipp: Ziegelsplitt als Beigabe von Pflanzensubstraten zu verwenden, da dieser das Zusammensacken der Erde verhindere. Das schreiben wir gleich in unser Do-it-yourself-Notizbuch.

Angeregt durch das tolle Recycling-Buch und einige Bauanleitungen, die wir im Netz finden, nehmen wir als Nächstes das Metall als mögliches Baumaterial unter die Lupe. Bei diesem Element ist entscheidend, wie gut du es weiterverarbeiten kannst und ob es den Wetteranforderungen standhält. Bei uns in Hamburg regnet es häufig und da wird so manche Metallkonstruktion schnell zur Rostlaube. Vielleicht gelangst du direkt an Metallstücke, an ausrangierte Bestandteile anderer Gegenstände – wie Waschmaschinen (Trommel), Spiegel (Rahmen) oder Rohrteile – oder du findest Baustahl, den du zum Abstützen von Pflanzen oder als Schutz verwenden kannst. Kommen genügend kuriose Stücke zusammen, steht deiner Kreativität nichts mehr im Wege. In manchen Fällen kann es notwendig werden, dass du jemanden mit Schweißerfahrung um Hilfe bittest. Auch hier sind Offene Werkstätten eine Anlaufstelle. Vermeide minderwertiges Metall, damit dir deine Bauten nicht zusammenbrechen und womöglich noch Schaden anrichten und jemand verletzt wird. Zum Schluss kommen wir zu einem Material, das wir eigentlich lieber aus dem Garten verbannen möchten: Plastik. Plastikmüll fällt im Haushalt an, in Geschäften und Fabriken. Es ist lange haltbar, teils mehrere Hundert Jahre. Viele setzen es gerne ein. Als Behälter für Jungpflanzen, Palettenregale, Mini-Gewächshäuser, Gartendeko. Es ist widerstandsfähig und verrottet nicht. Doch darin liegt auch der Nachteil. Vielleicht ist es gut, es wenigstens im Garten zu verwenden, statt wegzuschmeißen, aber wir raten dir davon ab: Nutze, wo es geht, natürliche Materialien!

ENERGIE FÜR ALLE!

WIE DU DICH MIT ANGEPASSTER TECHNIK UNABHÄNGIGER MACHST

Ich habe mich schon immer für Low-Tech begeistert. Das ist eine Technologie, die an die Bedürfnisse der Nutzenden angepasst ist und die allein mit den Mitteln hergestellt, benutzt und gewartet werden kann, die diesen Menschen zur Verfügung stehen. Solche Technik will und wollte ich gerne selber basteln und verstehen. Auch deshalb interessiere ich mich für angepasste Technikentwicklung und natürliche Stoffkreisläufe. Das heißt, so etwas wie ein Solarsystem, in dem sich ein PV-Panel befindet, kann dennoch eine Low-Tech-Anwendung sein – auch wenn das eine nicht mehr so ganz einfache und simple Technik ist. Die Voraussetzung ist, dass sie sich selbst aufbauen lässt und keine Blackbox ist, sondern als Technik transparent. Das bedeutet, dass die Nutzenden verstehen können sollten, wie ein Gerät aufgebaut ist und funktioniert. Ich finde es sehr wichtig, dass Technik auch eine Komponente enthält, die die Menschen unabhängiger und freier macht. Zum Beispiel, indem sie eine erste Analyse machen können, wenn sie kleinere Defekte haben, um zu schauen, ob sie sie selber reparieren können. Dann sind sie nicht mehr hundertprozentig von Experten abhängig, wie es heute bei vielen technischen Geräten – auch im Garten – der Fall ist. Ideal ist es, wenn die Technik dann auch noch angepasst ist. Also wenn sie die lokalen Bedingungen berücksichtigt oder auch standortspezifische Faktoren: Welche Materialien stehen in der Nähe zur Verfügung? Welche Infrastruktur gibt es? Technik sollte nicht alleine stehen, sondern immer ein soziotechnisches System sein, das sich in eine Umwelt einbettet. Ein Garten ist nun mal nicht homogen. Da gibt es Unterschiede, sodass man sich erst fragen muss, wie das Umfeld aussieht. Hat der Garten Netzanschluss? Gibt es Wasser? Wie sind die finanziellen Mittel der Menschen, die hier gärtnern? Die Garteninseln in unseren Städten sind eigentlich wie gemacht dafür, um mal über dezentrale Ansätze nachzudenken. Ob nun ein Stromanschluss da ist oder nicht – warum sollte man die Gärten nur für die Produktion von Nahrungsmitteln nutzen und nicht auch für die Produktion von Energie? Das kann auch das Bewusstsein schärfen für unseren Umgang damit: Wie viel Energie verbrauchen wir eigentlich und wie viel könnten wir selbst bereitstellen?

Es gibt viele Wege, um in einem Garten Strom zu sparen. Zum Beispiel kann man Wasser über ein Rohrsystem und eine Seilpumpe im Garten verteilen, anstatt mit einer elektrischen Pumpe. Man nimmt einfach ein langes Seil und installiert in verschiedenen Abständen sogenannte Mitnehmer. Das können Deckel von alten Wasserflaschen sein oder Kronkorken. Wenn man dieses Seil nun zum Rotieren bringt – etwa mit einem Handruder oder durch ein Fahrrad – kann man den ganzen Garten gießen. Das ist Low-Tech-Design zum Selberbauen. Dafür gibt es bei uns auch Open-Source-Bauanleitungen. So kann man ganz unterschiedliche Technologien einsetzen, die uns helfen, Energie zu sparen oder sogar selber zu produzieren und zu teilen. Ein Fahrrad zum Mixen von Smoothies oder auch als Antrieb für einen Gartenhäcksler. Alte Konservendosen für einen Mikrovergaser zum Kochen oder Solarmodule für eine Handy-Ladestation. Jedes Stück angepasste Technik macht uns unabhängiger. Dazu kommt, dass der Garten als Lernort auch dabei hilft, gemeinsam über Technik zu reflektieren und technische Probleme selbst zu lösen. Und es macht jede Menge Spaß!

Ariane Krause ist Wirtschaftsingenieurin und Mitgründerin von KanTe, dem Kollektiv für angepasste Technik. Ihr Ziel, Technik transparent für alle zu machen – auch im Garten! **kante.info**

TEILEN HEISST LERNEN

UNSER IST DAS NEUE MEIN

Ich finde Teilen ist toll und eine schöne Sache. Ganz banal eignen sich dafür natürlich Werkzeuge. Es brauchen nicht alle eine eigene Grabgabel oder einen eigenen Spaten. So etwas kann man auch teilen. In vielen Gemeinschafts- und Krautgärten gibt es deshalb einen Geräte-Pool. Darin sammelt eine Gemeinschaft dann vielleicht auch mehr als nur einen Spaten oder nur eine Gießkanne. Alles steht an einer zentralen Stelle, bei der sich alle das Werkzeug herausholen können, das sie gerade brauchen. Darüber hinaus kann man schauen, dass man Dinge wiederverwendet. In München gibt es das Abfallwirtschaftsamt. Dieses sammelt Dinge, die die Menschen nicht mehr wollen, die aber zu gut sind für den Sperrmüll. Dort werden sie restauriert und zu fairen Preisen wieder verkauft. Das ist ein gutes Projekt, wo man immer wieder mal etwas Schönes finden kann – auch für den Garten. An solche Stellen kann man sich gut wenden, weil Gartengeräte eigentlich relativ lange halten, wenn man sorgsam damit umgeht. Das ist übrigens auch immer die Voraussetzung fürs Teilen, dass alle immer schonend damit umgehen. Ein wichtiger Aspekt ist auch die gemeinsam bewirtschaftete Fläche, die nicht im Besitz einer Person ist, sondern der Allgemeinheit gehört.

Doch das Teilen beschränkt sich nicht nur auf das Materielle. Wer teilt, teilt automatisch auch viel Immaterielles. Man lernt auch so einiges von seinen Mitmenschen: Sie können einem zeigen, wie man die Dinge am besten nutzt. Man lernt aber ebenso über sich selbst, denn man muss sich zum Beispiel einigen, wer wann die Schaufel nutzen kann. Damit sind wir bei einem Thema, das mir sehr am Herzen liegt: Ein Garten ist immer auch ein Lernort. Er ist ein Ort, wo die Menschen miteinander lernen. Wo sie Wissen, Arbeitskraft, Ideen und noch vieles mehr tauschen und teilen. Das, finde ich, ist ein sehr wichtiger Aspekt des Teilens. Man hilft einander und lernt voneinander. Deshalb schont Teilen nicht nur die Ressourcen. Es ist auch ein sozialer Akt und es bedarf wirklich auch eines gemeinsamen Lernprozesses, um sich über die Regeln der gemeinsamen Nutzung zu einigen. So ist das eben, wenn man Dinge nicht als sein Eigentum betrachtet, sondern als Gemeinschaftseigentum.

Das Teilen ergibt noch mal eine neue Perspektive auf die Dinge. Es steckt zwar auch viel Konfliktpotenzial darin. Zum Beispiel, wenn es nur drei Grabgabeln gibt und vier Leute wollen sie jetzt gerade nutzen. Diese Konflikte muss man dann aushandeln. Doch ich denke, das ist ein gewaltiger und auch wichtiger Lernprozess. Wenn man alles, was man irgendwann vielleicht mal brauchen könnte, für sich besitzt, dann muss man natürlich mit niemanden etwas aushandeln. Aber man lernt auch nicht wirklich, mit anderen Menschen zu kommunizieren, Lösungen zu finden, sich zu einigen, vielleicht einen Kompromiss zu schließen und einander zu helfen. Das Tauschen regt soziale Prozesse an, hilft Konflikte zu lösen und ich denke, dass man auch sehr viel dabei gewinnt. Für mich ist das Teilen nicht auf Materielles begrenzt, sondern schließt vor allem Immaterielles ein. Das sind letztlich Kompetenzen, die man in diesen Prozessen erwirbt, die man im Alltag auch brauchen kann. Es lässt sich sagen: Man wächst an seinen Aufgaben auch in seinem Garten! Der Garten ist auch ein Ort, an dem vielfältiges Wissen und soziales Miteinander wachsen.

Manuela Barth koordiniert und betreut das Projekt Urbane Gärten München. Das vernetzt Gärten miteinander und macht die Idee des urbanen Gärtnerns populärer.
urbane-gaerten-muenchen.de

ETWAS FÜR ALLE

Aber geht alles nicht eigentlich noch viel einfacher? Wir sitzen auf der Bank hinter dem Haus in der Abendsonne, schauen in den Garten und denken an all die vielen Geschäfte mit all dem vielen Plastikzeug, den Akku-Geräten, Mährobotern und Deko-Spielereien aus Fernost. „Warum braucht denn jeder alles? Reicht nicht etwas für jeden?", fragen wir uns. Ist es nicht viel schlauer, das Geld zu sparen und Dinge gemeinschaftlich zu nutzen? Gemeinschafts- und Schrebergärten sind nicht ohne Grund wesentliche Keimzellen einer neuen Allmende-Kultur. Die Idee ist schon so alt wie die Menschheit: Eine Gemeinschaft teilt sich ein Gut unter bestimmten, von ihnen gemeinsam festgelegten Regeln und Bedingungen. Der Clou ist, dass es hier kein individuelles Eigentum mehr gibt. Wer etwas nutzt, besitzt es auch – so lange, bis er oder sie es nicht mehr braucht. Dann kann jemand anderes die Sache nutzen. Das geht mit Land ebenso wie mit Gartengeräten. Lange Zeit dachte man, dass das nur schiefgehen kann: Man sprach von der „Tragödie der Allmende" und meinte damit, dass es unter diesen Voraussetzungen nicht lange dauern könnte, bis die Menschen das gemeinschaftlich Genutzte heruntergewirtschaftet und kaputt gemacht hätten.

Doch die Politikwissenschaftlerin und Wirtschaftsnobelpreisträgerin Elinor Ostrom wies nach, dass das Gegenteil der Fall ist: Überall auf der Welt teilen sich Menschen Dinge und sind dabei genauso glücklich und zufrieden wie wir – wenn nicht sogar mehr. „Denn Teilen ist ein wichtiger sozialer Beitrag zu einer Gemeinschaft", bestätigt Manuela Barth. Sie koordiniert das Vernetzungsprojekt Urbane Gärten München und erklärt uns in einem Telefongespräch: „Indem man teilt, lernt man nicht nur Menschen kennen. Man lernt auch, wie man mit Konflikten umgeht. Und man lernt durch den Austausch zudem neue gärtnerische und kulturelle Kompetenzen." Für sie ist eine Gartengemeinschaft daher immer auch ein Lernort für Vielfalt und Offenheit. Ein Ort, an dem die Menschen nicht nur Obst und Stauden oder Saatgut tauschen oder an dem sie Geräte, Werkzeuge und Materialien ausleihen. Nein, es ist vor allem auch ein Raum, in dem sie Wissen und Fähigkeiten, Arbeitskraft, Kontakte, Adressen, Bücher und Tipps austauschen und teilen können. Wir stimmen zu und sehen das nicht nur als lokale Lösung, sondern als ein grundsätzliches Prinzip mit großer Hebelwirkung für einen verantwortungsvolleren Umgang mit den weltweiten und auch lokalen Ressourcen. Überlege einfach mal, ob du deinen Garten oder euer Gartenprojekt nicht von vorneherein so organisieren kannst: alte Dinge upcyceln, reparieren, sparen, sorgsam mit Energie umgehen, vor allem aber Dinge teilen und gemeinsam nutzen. Je mehr dies geschieht, desto mehr wird ein Garten zu einer Quelle von Kreisläufen. Nehmen und Geben ist ein Grundprinzip der Natur. Und vielleicht ist ja auch unser Wunsch zu gärtnern zugleich der Wunsch, unsere Welt zu einem friedlicheren und freundlicheren Ort des Austausches, der Gerechtigkeit und des Miteinanders zwischen Mensch und Natur zu machen. Genau diese Idee wollen wir in unserem letzten Kapitel vertiefen, indem wir uns mit dem Thema Ernte beschäftigen. Wir sind gespannt.

DIE DEUTSCHEN WÜRDEN:

88 %
Dinge verleihen

79 %
nur an jemand verleihen, den sie kennen

31 %
lieber etwas von Privatmenschen leihen

19 %
Gartengeräte teilen

AKTION

TAUSCHEN UND TEILEN

3–8 STD. MITTEL

Vernetze dich mit deinen Nachbarn zum Tauschen und Teilen:

1. WAS WILLST DU TEILEN?
Gehe in Ruhe alles in deinem Garten durch. Was willst du tauschen oder teilen: Töpfe? Setzlinge? Gartenschlauch? Rasenmäher? Häcksler?

2. DIE VERLEIH-LISTE
Lege für die Dinge, die du teilen (also verleihen) magst, eine Liste an, und überlege dir die Regeln dafür. Lade deine Nachbarn ein. Vielleicht haben sie ja auch etwas beizutragen.

3. DIE TAUSCH-PARTY
Zusätzlich oder stattdessen, kannst du eine Tauschparty organisieren, bei der du mit deinen Nachbarn Dinge wie Töpfe, Werkzeug, Baumaterialien, Setzlinge, Stauden, Saatgut und noch vieles mehr tauschen kannst.

TIPP: ONLINE-TAUSCH

Einen Tauschring in deiner Nachbarschaft kannst du auch über eine Nachbarschaftsplattform wie **nebenan.de** organisieren.

AKTION

DER STROMFREIE KÜHLSCHRANK

3 STD. MITTEL

Wie kühlten die Menschen eigentlich früher, als es noch keinen Strom gab? Zum Beispiel mit Wasser und das geht so:

DAS GRUNDGERÜST

Du brauchst eine Kiste aus Alu oder Blech. Das ist nachher die Aufbewahrungsbox für die Dinge, die du kühlen möchtest. Um diese Kiste herum baust du mit Hilfe von Holzleisten einen Rahmen. Auf diesen Rahmen nagelst du rundherum Hasendraht. Lass jedoch die Seite frei, an der sich die Klappe befindet, damit du sie anschließend öffnen und schließen kannst.

DAS KÜHLAGGREGAT

Zwischen der Kiste und dem Hasendraht müsste nun an allen Seiten ein Hohlraum sein. Fülle diesen im nächsten Schritt mit Holzkohle. Sie hat eine sehr poröse und damit große Oberfläche. Das führt dazu, dass sie Wasser fast wie ein Schwamm aufsaugen kann. Alternativ kannst du zum Füllen auch Tongranulat verwenden. Achte darauf, dass die einzelnen Stücke größer sind als die Maschen des Hasendrahtes, damit sie nicht herausfallen können. Notfalls musst du den Draht doppelt legen und dabei so versetzen, dass die Öffnungen kleiner werden.

DER RICHTIGE STANDORT

Der Kühlschrank ist nun fast schon fertig. Bevor du ihn gießt und er richtig schwer wird, solltest du ihn schon an seinen endgültigen Standort bringen. Am besten stellst du den stromfreien Kühlschrank an einem halbschattigen, zugigen Ort auf. Je mehr Luft an ihm vorbeistreicht, desto besser kann er die Inhalte durch die Verdunstung des Wassers kühlen. Laut der Urban-Gardening-Community KulturEnergieBunkerAltonaProjekt (KEBAP) in Hamburg kühlt der Schrank bei einer Außentemperatur von 30 °C rund 8 °C runter.

KÜHLEN MIT WASSER

Nun musst du die Holzkohle so lange mit Wasser tränken, bis sie nichts mehr aufnimmt. Außerdem solltest du in regelmäßigen Abständen dafür sorgen, dass der stromlose Kühlschrank nicht austrocknet. Der Grund: Das Innere der Kiste wird durch die Verdunstung des Wassers heruntergekühlt.

AUTOMATISCH BEWÄSSERN

So richtig sinnvoll ist der stromlose Kühlschrank erst mit einer automatischen Bewässerung. Die wohl einfachste Lösung ist eine Tonne mit Wasser, die du über der Kiste anbringst und aus der tröpfchenweise Wasser in die Holzkohle sickert. Allerdings gilt: Je heißer es ist, desto mehr Wasser verdunstet (und desto stärker kühlt der Kühlschrank). Das bedeutet, dass auch der Wassernachschub an die Außentemperatur angepasst sein müsste, wenn man es perfekt machen will. Hier ist noch Entwicklungsarbeit notwendig. Melde dich bei KEBAP, wenn du eine Lösung hast.

NOTIZ: IDEEN-LISTE

Hast du weitere Ideen für (energiefreie) Gartengeräte?

Holzlatten, um ein Gerüst um die Metallkiste zu bauen.

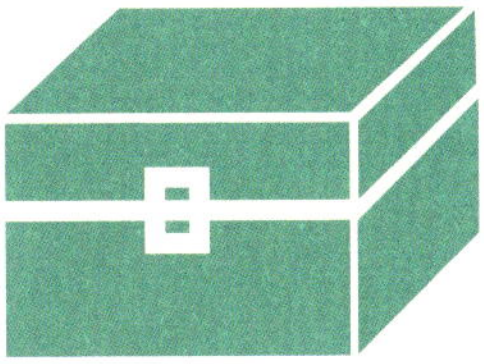

Metallkiste, die sich schließen lässt und das Kühlgut aufnimmt.

Nasse Holzkohle, sodass durch Verdunstung Kälte entsteht.

Hasendraht, der von außen auf das Holzgerüst genagelt wird.

DIE ANLEITUNG

für diesen Prototypen eines stromlosen Kühlschrank stammt vom Hamburger Urban-Gardening-Projekt KEBAP. **bit.ly/stromfrei-kuehlen**

FAZIT

ALLER GUTEN DINGE: DIE MATERIAL-KUR

TRAINING

DEIN INNERER GARTEN

Meditiere über die Materialien in deinem Garten, indem du eine Gedankenreise machst!

DIE ROUTE

Diese Meditation kannst du überall machen. Lege zuerst die Route durch den Garten im Detail fest: Wähle Stationen mit Materialien wie Holz, Stein, Glas und Metall im Vordergrund.

GEHEN UND BEOBACHTEN

Schließ deine Augen und mach dich auf eine innere Wanderung. Schreite in Gedanken deinen Weg ab und verharre an den Stationen mit den besonderen Materialien: Male dir den Steinhaufen, den Holzstapel, das Hochbeet, den alten Eimer und so weiter aus ...

AUSWERTEN

Wenn du deinen Rundgang abgeschlossen hast, notiere deine Eindrücke. Überlege, was dir aufgefallen ist und was du ändern möchtest. Wiederhole die Übung zu allen Jahreszeiten.

TEST

ENERGIE-BREMSE

Energie sparen kannst du auch im Garten. Finde heraus, wie gut du dabei bereits bist. Kreuze auf der Skala von 1 (gar nicht) bis 10 (immer) an, wie stark du die folgenden Punkte schon beachtest.

Ich baue und repariere Dinge selbst.
1 2 3 4 5 6 7 8 9 10

Ich nutze lokale Materialien (aus dem Garten).
1 2 3 4 5 6 7 8 9 10

Ich nutze manuelle statt elektrische Geräte.
1 2 3 4 5 6 7 8 9 10

Ich kaufe Dinge aus zweiter Hand.
1 2 3 4 5 6 7 8 9 10

Ich erzeuge meine Energie selbst.
1 2 3 4 5 6 7 8 9 10

Ich kühle Getränke in einem Eimer Wasser.
1 2 3 4 5 6 7 8 9 10

Ich mache in meinem Garten Urlaub.
1 2 3 4 5 6 7 8 9 10

Ich grille vegetarisch oder vegan.
1 2 3 4 5 6 7 8 9 10

Ich upcycle Materialien und alte Gegenstände.
1 2 3 4 5 6 7 8 9 10

NOTIZ: MEINE GUTEN VORSÄTZE

Notiere dir hier, wie du im Laufe der nächsten Zeit noch mehr Energie in deinem Garten einsparen möchtest:

TUTORIAL

DIE GARTEN-DIÄT

Immer mehr Menschen wünschen sich einen minimalistischen Lebensstil. Das geht auch im Garten:

1. DIE INVENTUR

Geh durch deinen Garten und erstelle eine schonungslose Inventarliste: Notiere alle Geräte, Werkzeuge, Möbel, Utensilien und Dekoartikel.

2. AUSSORTIEREN

Gehe nun deine Liste durch und notiere dir, welche der Dinge du mehr als 12 Monate nicht mehr genutzt hast. Frage dich: Brauche ich das wirklich? Teile alle Punkte deiner Liste in die Kategorien „Brauche ich“, „Brauche ich vielleicht“ und „Kann weg“ auf. Packe alle Sachen der zweiten Kategorie in einen Karton und hole sie in den nächsten 12 Monaten nur heraus, wenn du sie brauchst. Sieh dir in einem Jahr den Rest an und sortiere noch einmal aus.

3. EIN ZWEITES LEBEN

Schmeiße wirklich nur die Dinge weg, die kaputt sind. Bei allem anderen kannst du überlegen, ob du sie weiterverkaufen oder -verschenken möchtest. Oder eignen sie sich zum Tauschen?

TIPP: GEMEINSAM SCHLAUER

Teilen kann man nicht nur Geräte, Material und Werkzeuge, sondern vor allem auch Wissen. Das Schöne daran: Es wird dabei immer mehr! Finde doch mal heraus, was deine Nachbarn, Freunde, Verwandten oder Kollegen an gärtnerischen und handwerklichen Fähigkeiten besitzen. Vielleicht haben sie ja Lust, sich auszutauschen?

CHECKLISTE

WERKZEUGE PFLEGEN

Kaufe grundsätzlich hochwertige und langlebige Gartengeräte und -werkzeuge. Bei guter Pflege halten sie ein Leben lang. Hier deine persönliche Checkliste (vor allem für den Herbst):

- ☐ **Die Metallteile von Gartengeräten habe ich von Erde und Pflanzenresten befreit, damit sie nicht rosten.**
- ☐ **Holzgriffe habe ich bei Bedarf festgeschraubt und mit Leinöl gepflegt.**
- ☐ **Gartenscheren habe ich mit einem feuchten Lappen gereinigt und abgetrocknet.**
- ☐ **Scheren, Messer, Sense, Spaten und Co. schärfe ich regelmäßig.**
- ☐ **Die Regentonne und den Gartenschlauch mache ich vor dem Winter frostfest.**
- ☐ **Meinen Rasenmäher reinige ich regelmäßig und lasse ihn jährlich warten.**

NOTIZ: MEINE IDEEN

Welche Dinge für deinen Garten willst du künftig leihen oder tauschen?

1,75 TONNEN TREIBHAUSGASE

erzeugt unsere Ernährung pro Person und Jahr in etwa. 2.000 Tonnen dürften wir eigentlich insgesamt nur verbrauchen, sollte unsere Lebensweise klimafreundlich und global gerecht sein.

22 % DER CO_2-EMISSIONEN

könnten wir in etwa einsparen, würden wir nur die Obst- und Gemüsesorten importieren, die bei uns nicht wachsen.

7 MIO. HEKTAR

nutzen wir in Deutschland für den Anbau von Lebensmitteln. 13,1 Millionen Hektar importieren wir über Nahrungsmittel und 9,8 Millionen Hektar Ackerfläche nutzen wir für den Export oder den Anbau von Energiepflanzen.

103.000.000.000.000 LITER

virtuelles Wasser importieren wir Deutschen in etwa über Lebensmittel. Wasser, das Menschen im globalen Süden oft dringend bräuchten.

ERNTE

WIR ERNTEN, WAS WIR SÄEN: PFLANZE DIE VERÄNDERUNG, DIE DU DIR WÜNSCHST FÜR DIESE WELT!

Sie haben es geschafft! Mal wieder! Deutlich lugen aus der feuchten Anzuchterde die ersten zarten Blättchen hervor. Wir sind bei einer Nachbarin, mit der wir seit einigen Jahren gemeinsam jedes Frühjahr unser Gemüse ziehen. Denn nirgendwo gedeihen die kleinen Setzlinge so gut wie in ihrer Veranda. Und jedes Jahr ist es das Gleiche: Wenn wir die kleinen, schrumpeligen Samen von Kürbis, Rote Bete, Mangold, Gurken, Tomaten oder Salat in der Hand halten, können wir uns nicht vorstellen, dass daraus eine kraftstrotzende Pflanze wird, die uns den ganzen Sommer Nahrung schenkt. Und doch fängt sie an zu wachsen, sobald wir ihre Samen in die Erde stecken. Erst nimmt sie Wasser auf und quillt. Dann bricht zunächst die erste Wurzel durch die Hülle des Samens. Die Wurzeln tasten sich ins dunkle Erdreich vor. Sie suchen Wasser, Nährstoffe und Halt für die Pflanze. Dann streckt sich die sogenannte Sprossachse langsam, aber sicher dem Sonnenlicht entgegen. Sie wird später die Wurzeln mit den Blättern verbinden. Im Moment drückt sie aber die Keimblätter wie ein kleines Häkchen nach oben durch die Erde, bis sie an die Oberfläche stoßen. Dort entfalten sie sich zart und überaus verletzlich. Sie suchen die Wärme und Energie der Sonne. Ein neues Leben ist geboren …

Ab jetzt kann man den Pflänzchen beim Wachsen förmlich zuschauen. Und wie sie wachsen! Jeden Tag zeigen sich weitere Fortschritte. Zu dem ersten Blattpaar – den Keimblättern – kommen bald weitere dazu, die die kleinen Wesen unterscheidbar machen: Die welligen Blättchen des Pflücksalats, die lila Stängelchen der Roten Bete. Die winzigen Blättchen des Kürbis lassen jetzt schon erahnen, wie groß er einmal werden wird. Dann ist es Zeit, die kleinen Setzlinge zu pikieren: Vorsichtig verfrachten wir die Sämlinge aus der Anzuchtschale in kleine Pflanztöpfchen, die wir aus altem Papier selber basteln. Danach geht es ab mit ihnen ins Gewächshaus unserer Nachbarin. Sie sollen sich langsam an die Außentemperaturen gewöhnen, bevor sie ins Hochbeet in unseren Garten übersiedeln. Wer dort neben wem stehen wird, das wissen wir auch schon. Denn den Winter über haben wir hin und her überlegt, was wir im Sommer, Herbst und Winter ernten wollen. Welche Pflanzen sich gut miteinander vertragen. Und welche Gewächse in dieser Saison gut wären, um einen sinnvollen Fruchtwechsel einzuhalten, der den Boden schützt, Schädlinge fernhält und damit der Gesundheit der Pflanzen zugute kommt. Aus all diesen Überlegungen entsteht bei uns jedes Jahr ein neuer Pflanzplan. Gespannt erwarten wir dann jedes Mal, ob unsere Vorstellungen in den folgenden Monaten auch aufgehen.

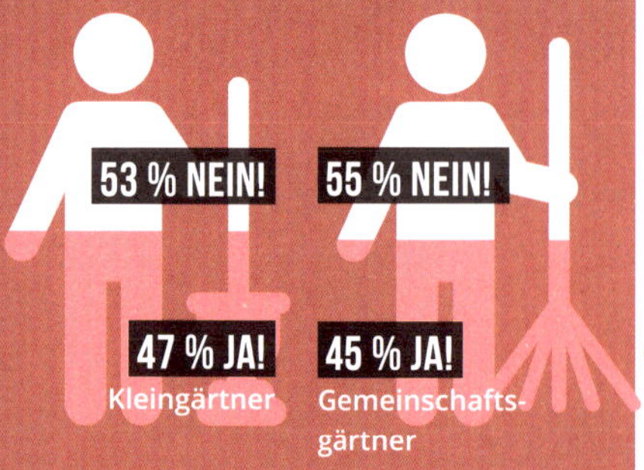

WER GÄRTNERT ÖKOLOGISCH?

AKTION

ERDBEER-KINDER

2–3 STD. MITTEL

Einige Pflanzen lassen sich nicht nur durch Saatgut vermehren, sondern auch durch Ableger. Zum Beispiel Erdbeeren:

1. PFLANZE AUSWÄHLEN

Die Nachkommen einer Erdbeerpflanze sind Klone, wenn du sie über die Ableger vermehrst, die sie über den Sommer bildet. Markiere dazu die Mutterpflanzen mit einem kleinen Stöckchen, die besonders gut tragen.

2. ABLEGER EINPFLANZEN

Wähle im Spätsommer die Ableger der markierten Pflanzen aus. Grabe nun Tontöpfe ein und fülle sie bis 2–3 cm unter dem Rand mit humusreicher Erde. Drücke die Ableger vorsichtig in der Mitte der Töpfe fest.

3. TOCHTERPFLANZEN ZIEHEN

Schneide die Triebe hinter den eingetopften Ablegern ab, damit die Mutterpflanze keine weiteren Triebe versorgen muss. Wenn die Tochterpflanzen gut angewachsen sind, dann kannst du sie von der Mutterpflanze lösen und an einem anderen Ort einpflanzen.

Wer jemals den ganzen Kreislauf vom Saatkorn zur Pflanze über den Kochtopf bis hin zum Kompost mit Liebe und einem Blick für's Detail mitverfolgt hat, wird nie wieder einfach so in Plastik eingeschweißtes Billiggemüse im Supermarkt kaufen wollen. Wer erkannt hat, das jede Pflanze ein Individuum ist, geht nur noch mit Beklommenheit an dem massenhaft aufeinandergestapelten und zum Produkt reduzierten Obst vorbei. Niemand hat ihren Werdegang mit Zuwendung oder gar Liebe verfolgt. Nein, diese Pflanzen sollen funktionieren. Sie sollen die richtige Größe, Form und Farbe zur richtigen Zeit bekommen. Es spielt keine Rolle, dass sie Lebewesen sind. „Vielleicht auch, weil sie so stumm herumstehen und nicht weglaufen können", grübeln wir und blicken auf unsere kleinen Setzlinge herab. Doch diese Sicht auf Pflanzen hat zu einer industriellen Landwirtschaft geführt, die lebendige Pflanzen wie leblose Gegenstände betrachtet, die möglichst viel Profit bringen sollen. Im besten Fall denkt noch jemand daran, dass sie gesund und schmackhaft für uns Menschen sind. Aber meistens noch nicht einmal das.

GEMÜSE AUS PLASTIK

Bei diesen Gedanken fällt Ilona ein Erlebnis in Spanien vor vielen Jahren ein. Damals wanderte sie von Granada aus durch die atemberaubende Berglandschaft der Sierra Nevada. Nach einem Tag voller Sonne, guter Luft und überwältigender Ausblicke prallte das reiche Naturerlebnis auf die zerstörerische Macht der Menschen: Ilona stand und blickte auf ein Tal, das in der Sonne glänzte und glitzerte. Vor ihr erstreckte sich über rund 35.000 Hektar das „Mar de Plástico" – das Plastikmeer, wie es die Spanier nennen. Jahrhundertelang hatte hier eine unfruchtbare Steinwüste gelegen. Dann entdeckten die Menschen unterirdische Seen und Flüsse und errichteten die weltweit größte Fläche unter Gewächshausfolie. Drei Millionen Tonnen Obst und Gemüse wachsen hier jedes Jahr – das sind etwa vier Kilogramm pro Europäer. Weil dafür mehrere Milliarden Liter Wasser notwendig sind, sinkt der Grundwasserspiegel in der Region natürlich dramatisch. Und da die Pflanzen in riesigen Monokulturen auf den immer gleichen, mittlerweile ausgelaugten Böden wachsen, braucht es Unmengen von Pestiziden und Kunstdünger. Wer diese Chemikalien bei etwa 50 Grad Celsius unter den Plastikplanen verteilen muss, arbeitet nicht aus Liebe zum Gärtnern. Er tut das, weil er keine andere Wahl hat: Etwa 80 % der rund 100.000 Arbeiterinnen und Arbeiter kommen aus Afrika oder Osteuropa. Viele haben keine reguläre Aufenthaltserlaubnis. Sie sind ihren Arbeitgebern deshalb schutzlos ausgeliefert und sollen oft zu ganz fürchterlichen Bedingungen arbeiten.

Damals war Ilona der bitteren Erkenntnis aus dem Weg gegangen, dass hier etwas gewaltig schiefläuft. Sie hat bedrückt den nächsten Bus bestiegen und ist zurück in die Stadt Grenada gefahren. Heute wollen wir uns der Sache stellen und erkundigen uns, wie es mit dem Anbau des Obsts und Gemüses eigentlich so aussieht, das wir in unseren Supermärkten kaufen sollen. Die Ergebnisse sind ernüchternd. Nur rund 4 % aller Agrarflächen in Europa werden ökologisch bewirtschaftet, zumindest wenn man nach der Anzahl der zertifizierten

GENUSSVOLL WACHSEN

WIE EIN HOCHBEET ZU KULINARISCHEN EXPERIMENTEN EINLÄDT

Das Gärtnern hat bei mir extrem viel bewirkt. Erst durch meine Ausbildung als Permakultur-Gärtner und meinen Hochbeetgarten nahe meiner veganen Kochschule habe ich wieder richtig verstanden, was Saisonalität und Regionalität bedeuten. Das hat meine Sichtweise auf Lebensmittel sehr verändert – und auch mein Kochen. Das Gleiche sehe ich auch bei den Teilnehmenden meiner Kochkurse. Im Sommer und Herbst gehen wir zunächst rüber in den Garten. Ich erzähle ein bisschen was zu den Gemüsesorten und der Anbauweise. Da sehe ich die Augen der Leute leuchten, weil sie zum Beispiel noch nie gesehen haben, wie ein Brokkoli aussieht, wenn er wächst. Der ist ja wunderschön. Und dann ernten wir gemeinsam, was gerade reif ist. Wir nehmen uns also nicht nur das mit, worauf wir gerade Lust haben, sondern auch das, was verarbeitet werden muss.

Heute bestimmen hauptsächlich mein Garten und die Saison, welche Gerichte ich entwickle und koche. So gehe ich zum Beispiel für ein Dinner-Event etwa zwei Wochen vorher in den Garten und schaue, was gerade heranreift. Daraus kreiere ich dann etwas. Das ist für mich einfach die schönste Küche, weil ich glaube, dass die Gemüsesorten, die gerade reif sind, uns in der jeweiligen Jahreszeit auch besonders guttun. Außerdem habe ich manche Gemüsesorte wieder neu für mich entdeckt. Zum Beispiel bin ich mittlerweile ein großer Kohl-Fan. Spitzkohl vierteln und mit Barbecue-Sauce und Öl bestrichen im Spätsommer auf den Grill packen: Das ist der Oberknaller. Und ich verarbeite nun auch mehr vom Gemüse. Früher habe ich zum Beispiel nur die Röschen vom Blumenkohl verwendet, heute bin ich mehr scharf auf die Blätter. Das passiert automatisch, wenn man einen Garten hat, weil das Extrembeispiel Kohl – der drei, vier Monate im Beet steht und den meisten Schädlingen trotzen muss – viel zu kostbar ist, um etwas davon wegzuschmeißen. So bekommt man durch einen Garten als Koch auf einmal ein viel breiteres Experimentierfeld. Das macht einfach Spaß. Und das ist auch nicht so gekünstelt. Man muss nichts Exotisches von irgendwoher einfliegen lassen. Es gibt so tolle und für viele ungewöhnliche Sachen, die bei uns wachsen. Das muss man als Koch halt einfach nur wissen. Deshalb versuche ich auch, jedes Jahr ein paar neue Gemüsesorten anzupflanzen. Letztes Jahr war das zum Beispiel der Rattenschwanzradi. Dabei muss man allerdings daran denken, dass ein paar Sorten mehr Arbeit beim Kochen machen oder auch ein bisschen ungewöhnlich schmecken. Die Haferwurz zum Beispiel. Ich mag sie total gerne. Aber sie braucht deutlich mehr Aufwand beim Putzen und in meinen Kursen habe ich bemerkt, dass nicht alle ihren ungewohnten Geschmack zu schätzen wissen.

Außerdem gibt es Gemüsearten, die ein bisschen mehr Zuwendung und Fingerspitzengefühl brauchen. Andere Arten sind entspannter, wie Bohnen, Zucchini, Tomaten oder Kürbis – und zu denen würde ich für den Anfang raten. Wer wenig Platz hat, sollte außerdem auch lieber etwas pflanzen, das sich dauerhaft beernten lässt. Einen Stangensellerie, einen Mangold, eine Zucchini, eine Tomate und eine Bohnenpflanze kann ich dauerhaft ernten. Den Anbau von eigenem Gemüse sollte eigentlich jeder mal versuchen, weil es die Sichtweise auf Ernährung, Konsum und auch Nachhaltigkeit komplett verändert. Das ist etwas ganz Wertvolles, das niemand missen sollte. Auch wenn man denkt, man hat keinen grünen Daumen. Ich hab das auch immer von mir gedacht und das stimmt einfach nicht. Denn den Bezug zur Natur, den kann wirklich jeder haben.

Foto: Hansi Heckmair

Sebastian Copien ist veganer Koch und Permakultur-Gärtner in München. Unweit seiner Kochschule hat er 12 Hoch- und zwei Hügelbeete im Garten eines Altersheimes stehen und erntet dort seltene Leckereien für seine kulinarischen Kreationen.

sebastian-copien.de

Maria Hagmann ist Gärnerin und für die Koordination der Jungpflanzen von Arche Noah verantwortlich, der Gesellschaft für die Erhaltung der Kulturpflanzenvielfalt in Österreich. Außerdem vermittelt sie in Kursen, wie man am Extremstandort Balkon richtig pflanzt und erntet.
arche-noah.at

Landwirte geht. Das bedeutet, dass auf rund 96 % aller Äcker Gifte und Kunstdünger zum Einsatz kommen und Aspekte wie Artenvielfalt, Bodenpflege oder Klimaschutz hinter wirtschaftlichen Überlegungen zurückstehen müssen. Angeblich lässt sich anders nicht die Menge an Lebensmitteln erzeugen, die wir Menschen brauchen. Zumal wir unsere Äcker immer öfter nutzen, um Energiepflanzen anzubauen, aus denen wir den Kraftstoff für unsere Autos gewinnen anstatt Lebensmittel. Doch nicht nur die Tatsache, dass in Deutschland gut 40 % aller Lebensmittel im Müll landen, sollte uns stutzig machen. Auch die Erkenntnis, dass die industrielle Landwirtschaft zwar 70 % der weltweiten landwirtschaftlichen Ressourcen verbraucht, aber nur 30 % der Lebensmittel liefert. Denn die industrielle Produktion, Verarbeitung und Verbreitung der Ernte soll vier bis zehn Mal so viel fossile Energie verbrauchen, wie sie an Nahrungsenergie letztlich liefert. So kann eine Mahlzeit mit 600 Kilokalorien (etwa Reis mit Gemüse, Fleisch und Wein) für ihre Herstellung schon mal 4.500 Kilokalorien benötigen.

Wie es scheint, verwechseln wir hier Effizienz mit Produktivität: Je mehr Ertrag pro Hektar herausspringt, desto effizienter scheint das Ganze. Doch das ist gar nicht wahr. Denn Landwirtschaft kann nur dann wirklich effizient sein, wenn sie den Boden fruchtbar, das Wasser sauber und die natürlichen Ökosysteme im Gleichgewicht hält – kurz, wenn sie dafür sorgt, dass unsere Kinder und Enkel auch noch gesunde Lebensmittel anbauen können. Aber das ist nicht der Fall. Wissenschaftlerinnen und Wissenschaftler halten die industrielle Landwirtschaft mit-

BALKON-GÄRTNERN

WAS MAN AM EXTREMSTANDORT BALKON BEACHTEN SOLLTE

Am Beginn meiner Balkongartenseminare gehen wir zum einen davon aus, was die inneren Bedürfnisse und Wünsche der Bewohnerinnen und Bewohner sind. Zum anderen davon, was auf dem Balkon möglich ist und wachsen kann. Dazu müssen folgende Fragen geklärt werden: Wie viel Erdvolumen steht mir zur Verfügung, in Töpfen, Trögen oder sogar einem Hochbeet – und kann mein Balkon dieses Gewicht tragen? Dann spielt die Lage des Balkons eine wichtige Rolle, also ob er nach Norden, Osten, Süden oder Westen zeigt. Habe ich ein wüstenähnliches Klima auf meinem Balkon oder liegt er den ganzen Tag im Schatten, weil ein anderes Haus davorsteht? Und schließlich muss ich wissen, wofür ich den Balkon sonst noch nutzen möchte: Ist es okay, wenn alles vollsteht mit Pflanzen, oder will ich mich auch noch irgendwo hinsetzen können, vielleicht noch mit einem Tisch dazu? In jedem Fall aber kann man auf einem Balkon wirklich ganz schön viel machen. Zum Beispiel wachsen da Paprika und Tomaten, dann Spinat, ebenso Knollenziest und sogar ein paar Stängel Topinambur sind möglich. Auf manchen Balkons wachsen auch Wein und Pfirsiche oder Erdbeeren. Auch Kräuter wie Rosmarin, Basilikum, Oregano und Lavendel sind ganz einfach. Es geht unheimlich viel. Man muss nur herausfinden, was auf dem eigenen Balkon gut wächst. Und dann muss man das clever mit dem verbinden, was man gerne isst, welche Pflanzen man am liebsten mag und am sympathischsten findet. Dann kann man versuchen, sie zu kultivieren. Wer einen Südbalkon hat und Blattgemüse mag, sollte diesen halt vielleicht schon im Januar oder Februar kultivieren – also sehr früh. Als einfache Faustregel gilt: Alle Gemüse, von denen wir die Früchte ernten, brauchen viel Erde und haben eine längere Vegetationszeit als solche, von denen wir nur die Blätter ernten.

samt der Massentierhaltung schon lange für eine der Hauptursachen solch existenzieller Katastrophen wie das weltweite Artensterben oder den vom Menschen verursachten Teil des Klimawandels. Dabei ist sie noch nicht mal die Hauptemährerin der Menschen. Rund 80 % aller Lebensmittel kommen in Asien und Teilen Afrikas von Kleinbäuerinnen und -bauern, die meist weniger als zwei Hektar Land bewirtschaften. Überall dort, wo sie genügend Bildung, soziale Sicherheit, Land, Wasser und Mittel bekommen, produzieren sie mehr Nährwert pro Fläche als die industrielle Landwirtschaft. Und das, obwohl sie der Umwelt zumindest wesentlich weniger schaden, sie unter den richtigen Bedingungen sogar schützen und wieder aufbauen können. So kommt der Weltagrarbericht schon 2015 zu dem Schluss: „Kleinbäuerliche Strukturen ... sind die wichtigsten Garanten und die größte Hoffnung einer sozial, wirtschaftlich und ökologisch nachhaltigen Lebensmittelversorgung von künftig 9 Milliarden Menschen ...".

SUPERMARKTMACHT

Dass die industrielle Landwirtschaft in Europa dennoch so dominant ist, liegt nicht daran, dass Bauern böse sind, sondern an den Strukturen. Neben Börsenspekulanten und globalen Saatgut- sowie Pestizidkonzernen gewinnen vor allem die Supermarktketten: In Deutschland teilen sich die fünf Riesen Aldi, Edeka, Metro, Rewe und die Schwarz-Gruppe (Lidl und Kaufland) rund 90 % des Marktes. Dadurch haben sie eine enorme Marktmacht und können die Nahrungsmittelkette – vom Anbau auf dem Acker bis zum Platz im Regal – maßgeblich bestimmen. Darüber hinaus unterstützt die Landwirtschaftspolitik der EU den Trend zu immer größeren Agrarfabriken. Nach dem Motto „Wachsen oder weichen" subventioniert sie die landwirtschaftlichen Betriebe nach Fläche. Kleine Bauernhöfe haben da immer weniger Chancen. Das Ergebnis liefert das Statistische Bundesamts in Zahlen: Demnach haben seit 1971 etwa 72 % der Bäuerinnen und Bauern ihre Höfe in Deutschland aufgegeben. Vor allem in Ostdeutschland machen sich immer größere Landwirtschaftsbetriebe breit.

Doch die Bäuerinnen und Bauern leisten zusammen mit den Verbraucherinnen und Verbrauchern Widerstand – im globalen Süden genauso wie hier in den Industriestaaten. Sie gehen auf die Straße und fordern eine faire und vor allem nachhaltige Agrarpolitik. Parallel dazu schließen sie sich mit Konsumentinnen und Konsumenten zusammen und probieren Alternativen. Zum Beispiel die Solidarische Landwirtschaft (sogenannte SoLaWi), bei der eine feste Gemeinschaft einen Hof unabhängig von der Ernte finanziert, die alle Mitglieder gerecht unter sich aufteilen. Oder die Stadtmärkte der Food Assemblys, bei denen Städterinnen und Städter über das Internet bestellen, was die Bäuerinnen und Bauern aus der Region zum nächsten Treffen mitbringen sollen. Besondere Medienaufmerksamkeit genießt in letzter Zeit jedoch vor allem die Urbane Landwirtschaft. Damit gemeint sind all jene, die Lebensmittel in der Stadt anbauen – als Privatmensch, als Gemeinschaft mit oder ohne politisches Anliegen oder auch als Unternehmer. „Neu ist es ja nicht, dass Menschen in der Stadt gärtnern", finden wir und denken an unsere Siedlung. Sie wur-

FLÄCHENVERBRAUCH

Wie viel Platz wir für den Anbau unserer Nahrungsmittel brauchen, hängt auch von unserer Ernährungsweise ab. Die Grafik oben zeigt den Verbrauch pro Jahr und Bundesbürger.

VERTIKALE GÄRTEN

Sie sind ideal bei wenig Platz. Der Gartenkünstler Patrick Blanc träumt sogar von Städten voller Fassadengärten. Bis es so weit ist, kannst du Folgendes tun:

WINDOW FARMS

Unter diesem Stichwort bauen Menschen weltweit aus alten Plastikflaschen vertikale Innenraum-Gärten. windowfarms.org

PALETTEN

Du kannst alte Paletten hinten mit Folie bespannen, mit Erde füllen, sie aufhängen oder aufstellen und dann Kräuter aus den Spalten wachsen lassen.

PFLANZTASCHEN

Aus alten Reis- oder Kartoffelsäcken oder Jeans kannst du robuste Pflanzsäcke nähen und aufhängen oder aufstellen.

GETRÄNKEKARTONS

Alte Milch- oder Saftkartons eignen sich vor allem für junge oder kleine Pflanzen. Du kannst sie mit Kabelbindern aufhängen.

DIE SCHICHTEN EINES HOCHBEETES

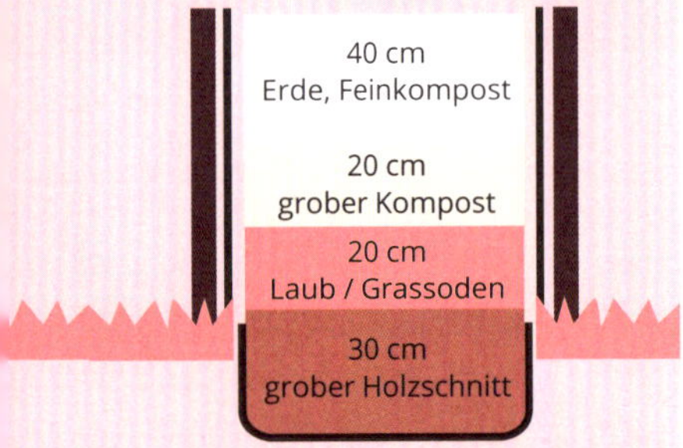

AKTION

HOCHBEET BAUEN

3–5 STD. MITTEL

Hochbeete lassen sich überall aufbauen und liefern reiche Ernte.

1. DER RAHMEN

Nutze für den Rahmen alte Paletten, Recycling-Holz oder Steine. Mach ihn so breit, dass du immer an die Mitte kommst. Eine Höhe von rund 80 cm ist ideal. Stelle dein Hochbeet der Länge nach von Norden nach Süden auf.

2. AUSKLEIDEN UND AUFFÜLLEN

Kleide den Rahmen mit einer Folie aus und den Boden mit Hasendraht, sodass keine Wühlmäuse hineinkommen können. Schichte dann die Materialien ein (siehe Grafik oben).

3. ANPFLANZEN

Die Schichten machen ein Hochbeet sehr nährstoffreich. Pflanze daher im ersten Jahr Starkzehrer, im zweiten Mittelzehrer und im dritten Schwachzehrer. Sind die Schichten verkompostiert, kannst du das Hochbeet neu füllen.

TIPP: EIN MOBILES BEET

Mach eine alte Holzkiste zu einem mobilen Beet: Schraub einfach stabile Rollen drunter.

de in den 1920er-Jahren als sogenannte Gartenstadt gebaut. Das Ziel der Stadtplaner war es damals nicht nur, grünen Erholungsraum in die seinerzeit schnell wachsenden Städte zu bringen und jeder Familie einen Nutzgarten zu verschaffen, sondern auch Land und Boden über die Rechtsform der Genossenschaften sozial gerechter zu verteilen. Ein auch heute noch recht revolutionäres Ansinnen. Doch natürlich gab es schon lange davor und danach auch außerhalb der Gartenstädte Menschen, die auf ihren Balkonen, in ihren Schreber- oder Hausgärten Obst und Gemüse zogen – während der beiden Weltkriege sogar in Parks und öffentlichen Anlagen.

Doch seit den 1980ern sind neue Gärtnerinnen und Gärtner dazugestoßen: Menschen, die nicht nur für ihren Magen oder ihr Gemüt ackern, sondern dabei auch noch politisch etwas bewegen möchten. Nicht selten schließen sie sich zu Gemeinschaften zusammen und bauen ihre Gärten dort, wo Stadtflächen bislang verlassen und ungenutzt dalagen: auf Brachen, alten Autobahnauffahrten, in Hinterhöfen, auf Dächern und Plätzen. Oder auch dort, wo sozialer Notstand herrscht: etwa in Form von interkulturellen Gemeinschaftsgärten in der Nähe von Flüchtlingsunterkünften oder in sozialen Brennpunkten. Sie alle eint der Wunsch, ihre Stadt mitzugestalten – und zwar auch mit nicht kommerziellen Absichten. Sie wollen Gemeinschaft erleben, in interkulturellen Gärten sogar Weltgemeinschaft. Sie wollen kreativ sein und Wissen miteinander teilen. Zum Teil gibt es in den Gärten daher auch Workshops und andere Veranstaltungsangebote. Und selbstverständlich spielt auch die Selbstversorgung mit frischen Lebensmitteln mal mehr, mal weniger eine Rolle. Denn regionaler und damit umweltfreundlicher als aus dem eigenen Garten geht es nun wirklich nicht.

SELBSTVERSORGUNG MACHT STARK

Nur wenige Monate später stehen wir vor unserem Hochbeet im Garten und stellen zufrieden fest: Dieses Jahr hat alles gut geklappt. Es ist schon erstaunlich, mit welch stürmischer Wuchskraft das Gemüse das bisschen Erde ausnutzt. Über den dicken Knollen der Roten Bete schießen ihre schmackhaften Blätter in den Himmel. Der Mangold scheint sich geradezu über jedes Blatt zu freuen, das wir zum Essen abschneiden, denn dann kann er – schwupps – ein neues nachwachsen lassen. Dazwischen die kleinen Radieschen und der üppige Salat, die besonders gut in Kombination mit Mangold und Rote Beete wachsen sollen. Hinten im Garten überwuchern zwei Kürbisse den Kompost mit Stängeln und Blättern, die fast so dick und so groß sind wie die der Rhabarber, der unweit davon gedeiht. Ja, es scheint ihnen gut zu gehen.

Dennoch müssen wir einräumen: Von Selbstversorgung sind wir meilenweit entfernt. Sicher, im Sommer verkürzt unser Beet unsere Einkaufsliste für den Wochenmarkt schon. Doch satt würden wir alleine davon sicher nicht. Rund 25 m^2 muss ein Mensch einplanen, wenn er sich teilweise mit Gemüse, Kräutern, Beeren und Obst selbst versorgen will. Mit 70 m^2 soll er sich schon weitgehend und mit 170 m^2 vollständig selbst versorgen können. Das sind natürlich nur

SELBSTVERSORGER-GLÜCK

WIE GARTENZONEN UND WALDETAGEN DAS LEBEN LECKERER MACHEN

Um eine Familie mit Obst und Gemüse zu versorgen, braucht man etwa zwei bis vier Stunden Arbeit pro Tag. Das ist noch nicht mal ein Halbtagsjob für eine Person. Wer neben Kräutern, Gemüse und Obst zum Beispiel auch noch Hühner und Hasen halten will, braucht natürlich mehr Platz und muss auch mehr Zeit einplanen. Viel Zeit und Arbeit spare ich mir, indem ich unseren Garten nach den Kriterien der Permakultur gestaltet habe. Das bedeutet etwa, dass unser Garten in Zonen aufgeteilt ist: Nahe am Haus stehen die hauptintensiven Beete. Das sind zum Beispiel die Radieschen, die Salate, die Tomaten oder die Kräuter, die ich täglich beobachte, gieße und wo ich auch mal eine Schnecke entfernen muss. Würden diese Pflanzen im hintersten Gartenneck stehen, müsste ich mir extra Zeit nehmen, um da konsequent dranzubleiben. Dann wird das Ganze Arbeit. Kartoffeln, Kürbis oder Zuckermais können dagegen gut in der hintersten Ecke wachsen, denn die ernte ich ja nur einmal im Jahr.

Von den Anbauformen ist das Hochbeet äußerst praktisch. Das kann ich einfach befüllen und habe dann alles im Blick. Das Hügelbeet hat den Vorteil, dass sich die Anbaufläche verdoppelt. Aber man braucht dafür auch viel Material. Das ist in der Stadt oft schwierig: In den rund 30 Zentimeter tiefen Aushub kommen etwa ein bis zwei Kubikmeter Holz, darauf Laub, trockener Rasenschnitt, Mist und Mutterboden, bis die richtige Höhe erreicht ist. So ein Beet ist dann aber auch über Jahre sehr fruchtbar. Und es spricht nichts gegen den normalen Bodenanbau, wobei man in der Permakultur niemals umgräbt. Um eine Wiese in ein Beet umzuwandeln, lege ich einfach Pappe auf. Auf die Pappe kommen dann 30 bis 40 Zentimeter Mulchmaterial – getrockneter Rasenschnitt (Heu), Holzhäcksel (Laubgehölz) oder Laub. Mitte April stecke ich Kartoffeln hinein. Sie bereiten das Beet vor. Und im Herbst kann ich nach der Ernte entweder noch eine Herbstkultur einpflanzen oder noch mal mulchen und im Frühling mit dem Mischkulturanbau beginnen. Dann kann man dort etwa eine Reihe Salat, eine Reihe Möhren, eine Reihe Zwiebeln und eine Reihe Bohnen anpflanzen. Danach lässt man einen 40 Zentimeter breiten Weg frei, auf den man Weißklee als Gründüngung sät. Und im Jahr darauf versetzt man die Reihen um 40 Zentimeter. Dann wachsen auf dem Kleeweg zum Beispiel die Bohnen oder der Salat. Man kann ein Beet aber auch in Sektoren planen. Dann wachsen im ersten Segment etwa die Starkzehrer, im zweiten die Mittelzehrer, im dritten Schwachzehrer und im vierten die Gründüngung. Und dann wechselt man durch und hat wieder eine Fruchtfolge. So kann man sich die Gartenarbeit richtig einfach machen. Ein weiteres Konzept der Permakultur ist der Waldgarten. Wir haben darin jede Menge Obstbäume, Wildobst, Beerenobst und Kräuter. Das Ganze ist stockwerkartig aufgebaut und folgt einem System von Schichten und Stapeln: In verschiedenen Stockwerken wachsen Bodendecker neben Wurzelgemüse und Kräutern wie Beinwell oder Brennnessel, Knoblauch, Beeren und Obstbäumen. Und wenn genug Sonnenlicht an einen schmal wachsenden Baum herankommt, kann man dort sogar noch eine Rankpflanze hochwachsen lassen, etwa eine Weintraube. Das bedeutet, man nutzt den Raum komplett aus und schafft darüber hinaus ein ganz besonderes Mikroklima, das sich selbst erhält. Das spart sehr viel Arbeit und bringt eine besonders reiche Ernte.

Hannelore Zech versorgt sich und ihre Familie seit Jahren selbst. Außerdem bewirtschaftet sie den Mienbacher Waldgarten, leitet dort die Selbstversorger-Akademie und ist zuständig für das bayerische Permakultur-Netzwerk.
waldgarten.wordpress.com

AM RANDE DER UTOPIE

WARUM NUR DIE EIGENE ERNTE UNSERE WELT RETTEN KANN

Unter dem Motto „Eine andere Welt ist pflanzbar" gibt es eine weltweite Bewegung, die so viel praktische Veränderung bietet, wie ich sie sonst nirgendwo sehe. Das sind im engeren Sinne die globalen Bauernbewegungen. Was mit dem Aufstand der zapatistischen Kaffeebauern begann, wuchs in nur einem Jahrzehnt zu einer global kritischen Masse heran. Dahinter steht im Bereich Landwirtschaft vor allem La Via Campesina, eine Vereinigung von 200 Millionen Kleinbauern, die auf allen Kontinenten jetzt schon eine andere Welt pflanzen. Daneben gibt es im zivilgesellschaftlichen Bereich unheimlich viele Organisationen. Von der Menschenrechtsorganisation gegen Hunger FIAN über die Urban-Gardening-Bewegung bis hin zu Foodcoops, Solidarischer Landwirtschaft oder Ernährungsräten in unseren westlichen Städten.

Ich glaube, dass von dieser Bewegung tatsächlich eine Weltrettung ausgehen kann. Denn die Alternative dazu, dass wir unseren Planeten runterrocken, ist die Rückkehr zur Erde. Und das sieht dann eben genauso aus, dass wir – nicht als Vollzeitbäuerinnen und -bauern, sondern nur mit einem Teil unserer Zeit – das Essen selbst anbauen, das wir brauchen, im direkten, nahen Umgang mit der Natur und der Erde. Ich glaube, das ist keine bloße Weltanschauung oder lustige Idee – wie das in der Feuilleton-Aufbereitung von Urban-Gardening-Themen immer so ein bisschen rüberkommt. Wenn man versucht, die Utopie einer besseren Welt praktisch durchzubuchstabieren, dann erkennt man irgendwann: die Lösung liegt in humaner Handarbeit, im Herumprökeln mit Gemüse und dem, was wir Menschen eigentlich schon immer getan haben. Wenn wir Luft, Wasser, Pflanzen, Tiere, Ressourcen und all das, was wir immer in großen, aber leeren Begriffen umschreiben, im Alltag praktisch schützen wollen – dann geht es ums Gärtnern.

Dennoch gibt es hinter der Utopie des Urban-Gardening auch den Aspekt des unverbesserlichen Menschen, wie ich ihn nenne. Ein Beispiel: Ich habe mich über mehrere Jahre in dem Urban-Gardening-Projekt „Keimzelle" engagiert. Damals sind wir mit der Vorstellung angetreten, dass wir schon mal anfangen und dann andere dazustoßen werden. Da sich das Projekt an einem sehr exponierten Ort in Hamburg befand, kamen wir auch ständig ins Gespräch mit Passanten. Das mediale Interesse war groß und viele Leute kamen vorbei, um uns zu sagen, dass sie es super finden, was wir da machen. Doch dann haben wir erkannt, dass wir mit unseren Aktivitäten einfach nur Kulisse sind und niemand zum Mitmachen dazukommt. Daher haben wir irgendwann beschlossen, dort aufzuhören. Zum Abschluss gab es eine Veranstaltung zum Thema „Das Ende der Utopie". Dabei kam aber auch die Frage auf: Na, und was kommt nach dem Ende der Utopie? Die Antwort: die Utopie! Denn es geht eben nicht ohne – also keimt auch „die Keimzelle" weiter.

Deshalb sollte man es sich auch nicht kleinreden lassen, wenn man die Optionen nutzt, die der Alltag bietet. Der ideologische Totschläger, dass das alles zwecklos sei, ist schnell ausgepackt. Doch da sollte man sich nicht beirren lassen. Denn die Hoffnung, dass Veränderungen nur von Regierungen kommen, sollten wir nicht schüren. Wir Bürgerinnen und Bürger müssen aus der Opferhaltung heraus und sagen: „Wir fangen jetzt mal an und machen das selbst." Denn die Politik und die Ökonomie haben keinen Grund, sich zu ändern – es sei denn, sie bekommen Druck von unten.

Foto: Enver Hirsch

Harald Lemke ist Philosoph, Gastrosoph und Urban-Gardening-Aktivist. In zahlreichen Büchern beschäftigt er sich mit allen Aspekten rund ums Ernten und Essen.

haraldlemke.de

grobe Schätzungen. Der tatsächliche Platzbedarf hängt erstens von den Ernährungsgewohnheiten ab (wer Fleisch, Milchprodukte und Eier essen möchte, braucht einfach mehr). Zweitens spielen die äußeren Bedingungen eine Rolle wie Boden, Klima oder Lage. Und drittens hängt der Ertrag zumindest in den ersten Jahren auch von den gärtnerischen Fähigkeiten ab, die man so mitbringt. „Dennoch funktioniert die vollständige Selbstversorgung sicher nur, wenn man bereit ist, sich deutlich anders zu ernähren, als die meisten von uns das mittlerweile gewohnt sind", überlegen wir. Immerhin könnte man dann ja nur das essen, was gerade lokal (im Garten) wächst. Das fühlt sich anfangs sicher wie Verzicht an (keine frischen Tomaten oder Paprika im Winter!) – auch wenn Selbstversorger wie Hannelore Zech vom Mienbacher Waldgarten schwören, dass die Freude auf die nächste Saison nur umso größer ist und damit auch der Lustgewinn. Und es bedeutet mehr Arbeit und Kreativität, denn wir müssten beispielsweise wieder – wie früher – Obst und Gemüse für den Winter in sogenannten Erdmieten oder -kellern richtig lagern, einkochen, einmachen oder fermentieren.

WIR ERNTEN, WAS WIR SÄEN

„Doch so konsequent muss man auch gar nicht sein, um etwas zu verändern", finden wir. Denn wie bereits gesagt: sich auch nur in kleinen Teilen selbst zu versorgen, ändert den gesamten Blick auf die Ernte unserer Erde eben ganz erheblich. Wer einmal eine Pflanze großgezogen hat, um sie voll Stolz und Dankbarkeit zu essen, für den gewinnt der Wert von Lebensmitteln eine tiefere Dimension. Wer dann auch noch die grausamen Auswirkungen der konventionellen Lebensmittelversorgung dagegensetzt, sucht mit Sicherheit auch außerhalb des eigenen Gartens nach Alternativen wie Selbsterntefelder, Foodcoops, Solidarische Landwirtschaft, Marktschwämer-Gemeinschaften oder Bio-Kisten, um sich in Zukunft ökologischer und fairer zu ernähren. Das ist, so sagt der Gastrosoph Harald Lemke, per se politisch. Ganz egal, ob die Gärtnerinnen und Gärtner selbst das nun so sehen oder nicht: Die Folgen ihrer Gartenarbeit sind es. Denn je mehr wir unsere Lebensmittel selbst produzieren oder in enger Gemeinschaft von lokalen Produzenten erhalten, desto mehr geraten die globalen Konzernstrategen mit ihrer Profitlogik ins Hintertreffen. Das macht Gärtnern zu einer Form des friedlichen Widerstands ,und zwar zu einer besonders charmanten. Denn es ist aktiv, ohne feindlich zu sein. Es rüttelt an Fundamenten, indem es sie einfach links liegen lässt und vergnügt etwas anderes wachsen lässt. Und vor allem zeigt es praktisch, handfest und bodenständig, dass Ideen von sozialen und ökologischen Alternativen zu Konkurrenzkampf und kommerziellen Profitstreben keine Sozialromantik sein müssen. Wer jemals einen reich tragenden Apfelbaum in seinem Garten hatte, weiß, dass Teilen das einzig Sinnvolle ist – und nicht Horten. Nicht zu Unrecht hat sich die internationale Urban-Gardening-Bewegung das selbstbewusste Motto „Eine andere Welt ist pflanzbar!" auf die Fahne geschrieben. Für eine solche Utopie könnte die eigene Ernte unseres Essens gerade mal der Anfang sein. „Was, wenn wir die Pflanzen

ERNTE-ALTERNATIVEN

SOLIDARISCHE LANDWIRTSCHAFT

Eine Gemeinschaft finanziert einen Landwirt und teilt die Ernte. **solidarische-landwirtschaft.org**

MARKTSCHWÄRMER

Ein Netzwerk aus Erzeugern und Verbrauchern trifft sich zum Wochenmarkt. **marktschwaermer.de**

FOODCOOP

Einkaufsgemeinschaften kaufen Bio-Produkte direkt beim Erzeuger. **foodcoops.de**

SELBST-ERNTE-ÄCKER

Verbraucher mieten Ackerstreifen und bauen selbst Gemüse an. Zum Beispiel bei **meine-ernte.de**

MUNDRAUB

Die Online-Plattform zeigt dir Obstbaumwaisen, die du ernten kannst. **mundraub.org**

AKTION

POLITISCH KOCHEN

8 STD. SCHWER

Beim Politischen Suppentopf kochen Menschen zusammen und diskutieren über Ernährung, auch im Garten. Hier der Leitfaden: **bit.ly/politischer-suppentopf**

für unsere Kosmetik, unsere Heilmittel und unsere Kleidung selbst anbauen?", überlegen wir und denken an unser Gespräch mit der Berliner Künstlerin Anja Fiedler. Sicher, dieser Sprung ist für normale Verbraucherinnen und Verbraucher mit Sicherheit viel zu groß. Dennoch wissen wir von unseren eigenen Alltagsexperimenten, wie viel Spaß es macht, nach und nach zu entdecken, dass wir gar nicht so auf die passive Rolle des Konsumenten eingeschränkt sind, wie wir das vielleicht denken. Putzmittel aus Zitrusschalen, Waschmittel aus Kastanien oder Tee aus selbst gesammelten Brennnesseln sind wirklich leicht gemacht. Sie sind mindestens so nützlich wie die gekauften, dafür aber viel günstiger und auch noch umweltfreundlich.

ERNTEDANK-GEDANKEN

Nachdenklich, aber zufrieden packen wir die frisch geernteten Mangoldblätter und Kräuter in unseren Korb und machen uns in der Küche ans Kochen. Und während die Zwiebeln in der Pfanne glasig werden, wird uns bewusst, wie reich es unser Leben macht, eigenhändig zu ernten. „Nicht nur reich an Obst und Gemüse, sondern auch an schönen Eindrücken und Empfindungen", denken wir. Seine Zeit mit einem Garten und all den Lebewesen zu verbringen, die – auch dank der eigenen gärtnerischen Obhut – wachsen und gedeihen, ist ein besonderes Geschenk. Es gibt auf einmal so vieles, was einem wirklich nahesteht: Die frische Erdbeermarmelade, die reife Tomate im Salat oder das Pesto aus dem früher zu Unrecht so verachteten Giersch – mit allen verbindet uns eine Geschichte und, ja, wir möchten auch sagen, eine Freundschaft. Durch unseren Garten ist unser Leben angefüllt mit wertvollen Einzelstücken anstatt voll austauschbarer Massenware.

Das bewegt nicht nur um uns herum so einiges, sondern auch tief in uns drinnen. Denn wo wir vorher achtlos an einer Pflanze oder einem Tier vorbeigegangen sind, da kennen wir nun ihre Bedürfnisse besser, ihren tieferen Wert und auch ihre Bedeutung innerhalb der gesamten wunderbaren Verflechtung von Nahrung und Nährstoffen, Leben, Wachsen und Vergehen. Wir wissen nicht nur theoretisch, sondern ganz praktisch und anfassbar: Wir sind mit allem um uns herum verbunden. Ja, nicht nur das. Wir erfahren, dass wir ein erwünschter und wichtiger Bestandteil des Ganzen sind. Bedingungslos schenkt uns das Leben in unserem Garten, was uns schmeckt und guttut – körperlich und seelisch. Das macht uns dankbar und erfüllt uns mit dem Wunsch, es ihm gleichzutun. Aus einem Ort voller lebloser, vielleicht sogar feindlich erscheinender Dinge wird so eine freundliche, vielleicht sogar verschwenderisch großzügige Gemeinschaft, die wir Gärtnerinnen und Gärtner mit Freude und Hingabe pflegen und schützen – so wie sie uns. „Wenn wir Menschen das erkennen, dann können wir von heute auf morgen viele unserer individuellen, ökologischen und sozialen Probleme lösen", finden wir und geben den frisch geputzten Mangold in die Pfanne. Er zischt, als würde er uns zustimmen wollen. Und uns wird klar, warum sich all die Mühe mit dem Garten lohnt: Darin reifen eben nicht nur Kräuter, Obst und Gemüse, sondern auch wir!

ERNTE MAL ANDERS

Obst und Gemüse aus dem Garten ist nicht nur zum Essen gut. Ein paar Anregungen:

PUTZMITTEL

Aus Rosskastanien kannst du Spül-, Wasch- oder Putzmittel machen. Mit Kartoffelschalen kannst du Edelstahlflächen putzen oder Spülmittel erzeugen. Zitrusschalen ergeben in Essig eingelegt ein hochwirksames Putzmittel.

KOSMETIK

Tomaten sind gut für eine Haarpackung, Birnen oder Gurken ideal als Gesichtsmaske. Aus Roter Bete und Kokosöl kannst du Rouge und aus Kräutern einen Badezusatz machen.

PFLANZEN-FARBEN

Früher haben die Menschen alles mit Pflanzen gefärbt: Aus Löwenzahnblättern kannst du etwa Gelb gewinnen, aus Roter Bete Rot, aus Brombeerblättern Grün und aus Holunderbeeren Blau.

HEILMITTEL

Seit Jahrtausenden nutzen Menschen Pflanzen auch zum Heilen. Aus Kräutern, Obst und Gemüse kannst du heilsamen Tee, Sud oder Sirup herstellen.

TIPP: SMARTICULAR

Das Online-Magazin Smarticular liefert viele Anleitungen für Kosmetik, Putz- und Heilmittel
smarticular.net

KULTUR PFLANZEN

WIE ERNTE ZU KUNST AM EIGENEN KÖRPER WIRD

Als Künstlerin verwende ich ungenutzte Potenziale und Ressourcen, um neue Perspektiven zu finden und Menschen zusammenzubringen, die sich sonst nie treffen würden. Bei meinem Projekt „Stadt macht satt" geht es darum, Lebensmittel neu zu sehen und zu denken. Vier Monate lang habe ich zum Beispiel mich und meine Familie im Selbstversuch von geretteten Lebensmittelüberschüssen aus der Nachbarschaft ernährt. Wir sind in die Stadtnatur gegangen und haben geschaut, was sich im öffentlichen Raum ernten lässt. Und wir sind schließlich auch zum Stadtgärtnern in Miniräumen gekommen, denn ich habe gemerkt: Wir Städterinnen und Städter müssen schon auch mal erleben, wie Pflanzen wachsen. Es reicht ein kleines Radieschen, um die Relationen kennenzulernen: Wie viel Erde, wie viel Zeit, wie viel Mühe und wie viele Ressourcen brauche ich denn für ein Radieschen? Und was bedeutet es, dass es ein ganzes Bund für 49 Cent im Supermarkt gibt?

Um gemeinsam mit Kindern und anderen Menschen ungenutzte Stadtflächen zu begrünen, habe ich viele Module für Mini-Gärten gebaut – immer mit dem Hintergedanken, dass Raum in der Stadt begrenzt ist und der Anbau tatsächlich sinnvoll sein soll. Womit ich super Erfahrungen gemacht habe, sind Sackgärten. Da ich immer versuche, alle Ressourcen in der Nachbarschaft zu finden, bin ich einfach zum Asia-Restaurant um die Ecke gegangen und habe nach Reissäcken gefragt. Sie sind lebensmittelecht, relativ umweltfreundlich und halten das Wasser recht gut, ohne ganz dicht zu sein. Alternativ kann man auch Säcke aus Umzugsvlies nähen. An ein Geländer, einen Zaun oder einen Laternenpfahl gehängt, kann so jeder mit einem minimalen Budget in der Stadt einen kleinen Kräuter- und Gemüsegarten anlegen. So habe ich etwa einen hängenden Gemeinschaftsgarten mit Säcken an einem Bauzaun organisiert. Dort konnte zwei Jahre lang jede Anwohnerin und jeder Anwohner eine Pflanztasche von 20 x 20 oder 40 x 40 Zentimetern haben. Mit Farben konnten die Menschen zeigen, ob sie die Kräuter und Gemüse, die darin wuchsen, mit anderen teilen wollten oder nicht. Das hat die Nachbarn, aber auch die Kinder in einer Kita und einer Schulklasse total vernetzt. Und auch mein Leben hat sich durch die Experimente von „Stadt macht satt" total bereichert. Alle Lebensmittel haben auf einmal eine Geschichte, sind mit Menschen verbunden oder mit Erlebnissen. Ich kenne nun die Leute in jedem Supermarkt und in jeder Bäckerei. Jede Kartoffel, die wir ernten, hat ihren ganz persönlichen Geschmack – sei sie nun blau, rosa oder gelb. Beim Projekt „Apfelschätze", bei dem wir verwaiste Apfelbäume in und um Berlin ernten, warten wir schon das ganze Jahr sehnsüchtig auf die Früchte unserer Lieblingsbäume.

Eine meiner wichtigen Erkenntnisse mit dem Selberernten ist, dass man nicht immer alles kaufen muss. Das gilt nicht nur für Lebensmittel. Deshalb experimentiere ich in meinem neuen Projekt unter dem Titel „Skinfood" mit selbst geernteter Kosmetik. Wir sind ja so daran gewöhnt, einfach immer alles zu kaufen – von der Blumenerde bis zum Shampoo. Daher wissen wir gar nicht mehr, dass wir fast alles selbst herstellen können, was wir im Alltag brauchen. Auch in der Stadt. Mich reizt es, die Lücken zu schließen, wo man denkt: „Es ist unmöglich, das selber zu machen." So kann man einige Gemüsereste zum Reinigen nutzen oder – wie ich mit „Skinfood" zeige – manche Gerichte auch für Kosmetik verwenden. Ich finde es toll zu sehen, dass die Dinge, die wir gerne essen, sowohl innen als auch außen gut für uns sind.

Anja Fiedler ist Künstlerin und hat das Projekt „Stadt macht satt" ins Leben gerufen. Damit will sie neue Perspektiven auf das Thema „Ernten und Essen" in der Stadt aufzeigen.
stadtmachtsatt.de
apfelschaetze.de

AKTION

ERNTEN MIT PLAN

1 STD. MITTEL

Kaum jemand orientiert sich heute beim Einkauf von Obst und Gemüse noch an der Saison – noch nicht mal Bio-Läden und -Märkte. Dabei kannst du rund ums Jahr Frisches ernten! Damit das funktioniert, brauchst du aber einen Plan:

1. DIE FRUCHTFOLGE

Zeichne einen Grundriss deiner Beete auf. Mach dir dann eine Liste mit allem, was du anbauen möchtest, und notiere dir, wie viel Platz die Pflanzen brauchen. Wähle dann die Arten, die langsam wachsen, wie Kartoffeln, Möhren, Gurken oder Zuckermais. Das ist deine Hauptkultur. Schnell wachsende Arten wie Buschbohnen, Lauch, Feldsalat, Kohlrabi, Spinat oder Radieschen sind deine Vor- oder Nachkulturen. So kannst du Spinat innerhalb einer Saison etwa vor Möhren anbauen oder Feldsalat nach Kohl. Überlege dir, welche Kombinationen sinnvoll sind.

2. DER FRUCHTWECHSEL

Bis auf mehrjähriges Obst und Gemüse wie Rhabarber oder Spargel sollte man niemals Pflanzen einer Familie zwei oder mehrere Jahre hintereinander an der gleichen Stelle anbauen. Denn erstens verbrauchen sie ähnliche Nährstoffe und laugen so den Boden aus. Zweitens können Krankheitserreger überwintern und finden dann ideale Bedingungen. Das gilt vor allem für Kohl, Nachtschattengewächse (etwa Kartoffeln und Tomaten) und Starkzehrer mit hohem Nährstoffbedarf. Wenn du also bereits letztes Jahr Obst und Gemüse angebaut hast, dann überlege dir, was ein guter Wechsel wäre.

3. STARK- UND SCHWACHZEHRER

Pflanzen wie Kartoffeln, Mais, Zucchini oder Kürbis brauchen viele Nährstoffe. Sie sind sogenannte Starkzehrer. Baue sie vor Mittelzehrern wie Rote Bete, Mangold oder Lauch und Schwachzehrern wie Erbsen, Radieschen oder Salat an.

4. DIE RICHTIGE MISCHKULTUR

Vermeide Monokulturen in deinem Beet. Denn manche Pflanzen ergänzen sich gegenseitig ganz hervorragend, weil sie unterschiedliche Stoffe aus dem Boden brauchen. Gute Partner sind zum Beispiel Zwiebeln und Möhren, Feldsalat und Kohlrabi oder Tomaten und Paprika. Es gibt sogar Arten, die sich gegenseitig vor Schädlingen beschützen: So verteibt der Duft der Möhre die Zwiebelfliege und der Geruch der Zwiebel die Möhrenfliege. Die Mischkulturtabelle rechts zeigt dir, was gute und was weniger gute Beetpartner sind.

5. WINTER-GEMÜSE

Wenn der Herbst kommt und die ersten Fröste da sind, schließen viele Gärtnerinnen und Gärtner ihr Gewächshaus ab. Das ist schade, denn es gibt etliche Wintergemüse, die du auch in der kalten Jahreszeit anbauen und ernten kannst. Allerdings musst du die Pflänzchen vorziehen oder vorübergehend in Töpfchen kultivieren, bis Platz im Beet ist. Säe Wintersalate wie Feldsalat zum Beispiel im Juli aus, ziehe sie in Töpfen vor und versetze sie im Spätherbst ins Beet und du hast den Winter über Salat. Winterpotulak kannst du Anfang September aussäen, Winterspinat Ende September.

6. DEIN JAHERSPLAN

Gehe nun deine Liste vom Anfang durch und wähle die Gemüsearten, die du dieses Jahr anbauen willst. Trage dir alle Aussaattermine in deinen Kalender ein, damit du die richtigen Zeitpunkte nicht verpasst. Prüfe zum jeweiligen Termin noch mal, ob sie sich aufgrund der Wetterlage verschieben. Bestelle das Saatgut zeitig im Frühjahr bei einem Anbieter alter Sorten.

MEINE SAATGUT-LISTE:

	Auberginen	Bohnen	Bohnenkraut	Blumenkohl	Brokkoli	Dill	Erbsen	Erdbeeren	Fenchel	Gurken	Kapuzinerkresse	Kartoffeln	Knoblauch	Kohl	Kohlrabi	Kopfsalat	Lauch/Porree	Mais	Mangold	Möhren	Paprika	Pastinake	Pfefferminze	Pflücksalat	Radieschen	Rettich	Rote Bete	Schwarzwurzel	Sellerie	Spinat	Tomaten	Zucchini	Zwiebeln
Auberginen				+	+		–					–		+		+					–			+			–			+			
Bohnen			+			+	–	+	–	+		+	–	+	+	+	–	+				+		+	+	+	+	+	+	+		+	–
Bohnenkraut		+														+								+			+						
Blumenkohl	+						+					+		–															+				–
Brokkoli	+						+					+		–															+				–
Dill		+					+			+				+		+				+				+			+						+
Erbsen	–	–		+	+	+			+	+		–	–	+	+	+	–	+		+	–	+			+	+				+		+	–
Erdbeeren		+											+	–		+	+								+	+				+			+
Fenchel		–					+			+					–	+					–			+							–		
Gurken		+				+	+		+				+	+		+	+	+			+				–	–			+	+	–	–	+
Kapuzinerkresse												+																					
Kartoffeln	–	+		+	+		–				+			–	+			+			–		+	–			–		–	+	–		–
Knoblauch		–					–	+		+				–						+							+				+		
Kohl	+	+		–	–	+	+	–		+		–	–		–	+	+		+		+		+		+	+	+		+	+	+		–
Kohlrabi		+					+		–			+		–		+											+		+	+	+		
Kopfsalat	+	+	+			+	+	+	+	+				+	+		+	+		+			+		+	+	+	+	–	+	+		+
Lauch/Porree		–					–	+		+				+		+				+		+					–	+	+				–
Mais		+					+			+		+				+											–		–	+		+	
Mangold														+						+		+			+	+	–	–		–			
Möhren						+	+						+			+	+		+		+		+		+	+		+			+		+
Paprika	–						–		–	+		–		+						+							–				+		
Pastinake		+					+										+		+					+									+
Pfefferminze												+		+		+				+											+		
Pflücksalat	+	+	+			+			+			–										+			+	+	+	+		+			+
Radieschen		+					+	+		–				+		+			+	+				+				+		+			
Rettich		+					+	+		–				+		+			+	+				+				+		+			
Rote Bete	–	+	+			+						–	+	+	+	+	–	–	–		–			+						–		+	+
Schwarzwurzel		+														+	+		–	+				+	+	+							
Sellerie		+		+						+		–		+	+	–	+	–												+			
Spinat	+	+					+	+		+		+		+	+	+		+	–					+	+	+	–		+	+			
Tomaten									–	–		–	+	+	+	+				+	+		+										+
Zucchini		+					+			–								+									+						+
Zwiebeln		–		–	–	+	–	+		+		–	+	–		+	–			+		+		+			+				+	+	

FÜR DEINEN MISCHPLAN –
AUF EINE GUTE NACHBARSCHAFT!

FAZIT

ERNTE GUT, ALLES GUT: WAS IST DEIN ERTRAG?

TRAINING

ERNTEDANK

Seit Jahrtausenden feiern die Menschen ein Erntedankfest. Heute ist es fast in Vergessenheit geraten. Dabei ist Dank ein wichtiger Schlüssel zum Glück. Feiere also am ersten Sonntag im Oktober einfach mal wieder! Hier unsere Ideen dazu:

ERNTEGABEN SAMMELN

Sammle aus deinem Garten besonders schöne Exemplare deiner Ernte wie einen Apfel, einen Kohlkopf, eine Möhre oder eine Kartoffel und breite sie vor dir aus.

DANKBARKEIT SPÜREN

Betrachte die Früchte, rieche an ihnen und empfinde Dankbarkeit für den Baum oder die Gemüsepflanzen, die dir diese Ernte geschenkt haben.

VERBINDUNGEN ERKENNEN

Bedenke, was der Baum oder die Gemüsepflanze geschenkt bekam, um das zu werden, was sie ist: Licht, Wasser, Erde und vieles mehr. Mach dir bewusst, dass wir alle miteinander verbunden sind im Kosmos und nur gemeinsam wachsen können.

TEST

WAS SOLL REIFEN?

In einem Garten reifen nicht nur Früchte, sondern auch Erfahrungen, Fähigkeiten und Eigenschaften. Was willst du ernten? Antworten von 1 (nicht so) bis 10 (unbedingt) sind möglich.

Ich möchte lernen, möglichst viel zu ernten.
1 2 3 4 5 6 7 8 9 10

Ich will experimentieren und lebe mit Fehlern.
1 2 3 4 5 6 7 8 9 10

Ich will vor allem der Natur näher kommen.
1 2 3 4 5 6 7 8 9 10

Ich wünsche mir gesundes Obst und Gemüse.
1 2 3 4 5 6 7 8 9 10

Ich will Beharrlichkeit und Ausdauer gewinnen.
1 2 3 4 5 6 7 8 9 10

Ich möchte Ruhe und Gelassenheit finden.
1 2 3 4 5 6 7 8 9 10

Ich will mich körperlich verausgaben können.
1 2 3 4 5 6 7 8 9 10

Ich suche Alternativen zur Konsumgesellschaft.
1 2 3 4 5 6 7 8 9 10

Ich möchte meine Kreativität fördern.
1 2 3 4 5 6 7 8 9 10

NOTIZ: MEIN FAZIT

Was kam bei deinem Test heraus und was bedeutet das für deinen Garten? Mach dir Notizen:

TUTORIAL

GEMÜSE FERMENTIEREN

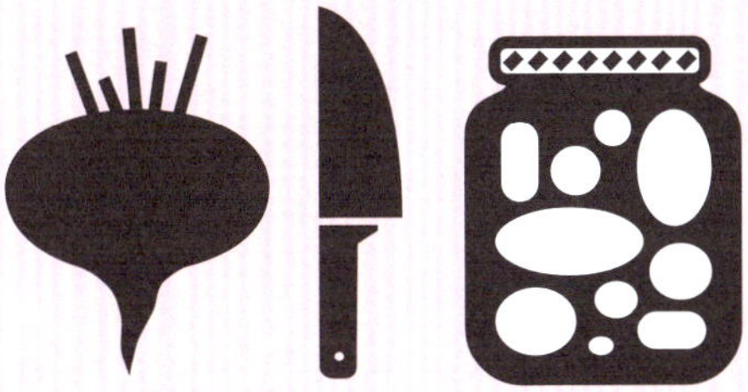

1. WAS WILLST DU FERMENTIEREN?

Beim Fermentieren wird Gemüse milchsauer vergoren. Bekanntestes Beispiel ist das Sauerkraut. Du kannst aber alles feste Gemüse fermentieren wie Gurken, Möhren, Rote Bete oder Kohl. Schneide das Gemüse klein oder raspele es mit einer Reibe. Mische es mit so viel Salz, wie es dir gut schmeckt.

2. INS GLAS SCHICHTEN

Schichte das Gemüseferment zusammen mit Kräutern, Senfkörnern oder Knoblauch in ein Einmachglas und drücke alles richtig fest, sodass die Eigenflüssigkeit des Gemüses austritt. Fülle das Ganze so mit Salzwasser auf, dass noch ein paar vm Luft im Glas bleiben. Das ist wichtig, weil beim Gären Gase entstehen. Lege ein Gewicht auf, das das Gemüse unter Wasser drückt. Es darf keinesfalls an die Luft kommen, sonst schimmelt es.

3. DIE GÄRUNG

Nun stellst du das Glas bei Raumtemperatur an einen dunklen Ort. Wie lange das Gemüse gären soll, hängt von deinem Geschmack ab. Probiere ab dem 7. Tag einfach mal. Wenn es gut ist, iss es auf oder stelle es in den Kühlschank, um den Gärprozess zu stoppen.

TIPP: WARUM FERMENTIEREN?

Roh fermentiertes Gemüse liegt voll im Trend, denn es ist nicht nur haltbar und lecker, sondern auch gut für die Darmflora. Außerdem ist es besonders umweltfreundlich, denn du brauchst dazu weder Energie noch Konservierungsstoffe.

CHECKLISTE

ERNTE RICHTIG LAGERN

Was tust du, damit Obst und Gemüse möglichst lange frisch oder haltbar bleiben:

- ☐ Blattgemüse wie Spinat verbrauche ich gleich.
- ☐ Bei Möhren, Pastinaken, Radieschen, Rettich, Roter Bete, Kohlrabi oder Fenchel entferne ich die Blätter.
- ☐ Bei Mais und Kohl lasse ich die Blätter dran.
- ☐ Wurzelgemüse wie Möhren oder Kartoffeln lagere ich in einer Kiste mit feuchtem Sand, einem Erdkeller oder einer Erdmiete.
- ☐ Obst und Gemüse lagere ich getrennt voneinander.
- ☐ Was sich lange halten soll, koche oder friere ich ein.
- ☐ Einen Teil meines Gemüses fermentiere ich.

NOTIZ: MEINE LISTE

Was brauchst du noch, um deine Ernte richtig einzulagern, einzumachen oder zu fermentieren?

7 TIPPS

GÄRTNERN FÜR EINE BESSERE WELT

1 ARBEITE MIT DER NATUR

Lass dich auf die Natur ein. Nimm dir Zeit für sorgfältige Beobachtungen und arbeite mit der Natur und nicht gegen sie.

2 SCHAFFE KREISLÄUFE

Verwende möglichst alles aus deinem Garten in deinem Garten wieder: Kompostiere, nutze Holzschnitt oder Heu zum Mulchen, lass Wasser nicht einfach in die Kanalisation fließen und vieles mehr.

3 ERZEUGE SYNERGIEN

Vielfalt ist hilfreich, wenn sich die Orte, Materialien, Pflanzen und Tiere in einem Garten gegenseitig unterstützen und heilen. Halte dazu Ausschau nach Mustern, Verbindungen und Wechselwirkungen.

4 SPEICHERE ENERGIE

Überlege dir, wie du in deinem Garten Energie sparen, selbst erzeugen und speichern kannst. Denke und investiere langfristig in Hochwertiges und Nachhaltiges.

5 DENKE LANGFRISTIG

Ob du heute einen Nussbaum pflanzt oder ein Gift versprühst: Denke immer darüber nach, was dies für deine Kinder und Enkel bedeutet.

6 GÄRTNERE MIT GEDULD

Heiße Veränderungen willkommen, aber gehe in kleinen Schritten vor. So kannst du die Ergebnisse stets prüfen und daraus lernen.

7 DENKE GLOBAL

Global denken, lokal handeln – das ist das Motto, das sich durchs ganze Buch zieht. Frage dich deshalb bei allem, was du tust, welche Folgen dies für die Tiere, Pflanzen, Menschen und Ressourcen weltweit hat.

REGISTER

A

Achtsamkeitsübung in der Natur 15
Allen, Laura (Organisation Greywater Action) 49
Allmende 19
Amber, Conrad (Naturfotograf und Autor) 68
anstiftung, Münchner Forschungsprojekt für Urban Gardening 17
Apfelschätze 133
Arche Noah 126
Artensterben 79
Artenvielfalt 80, 88

B

Balkon 126
Barth, Manuela (Urbane Gärten München) 116
Bastelparty 114
Baum pflanzen 69
Baumaterialien 111
Benediktinerinnenabtei zur Heiligen Maria in Fulda 34
Bienenkiste 102
Bienensterben 97, 99
Bodenarten 28, 40
Bodenpflege 34
Bokashi 32
Boomgaarden, Heike (Essbare Stadt Andernach) 77
Brauchwasser 49
Brunnen bohren 52
Buron, Sarah (Grüne Liga) 83

C

CO_2-Speicherkapazität von Böden 31
Common Grounds 23
Copien, Sebastian (Permakultur-Gärtner und veganer Koch) 125

D

Dawanda 113
Deutschland summt 97
Die Gartendiät 121
Do-it-yourself 111

E

Ehrentag der Pflanze 76
Einlagern 137
Elektroschrott weltweit 108
Energie sparen 120
Erd-Charta 21
Erdatmosphäre 60
Erdbeeren vermehren 124
Erdkeller 137
Erdmiete 137
Erdüberlastungstag 12
Ernte lagern 137
Essbare Stadt 76

F

Fahrradhäcksler 112
Farben 132
Feinstaub 60
Fermentieren 137
Fiedler, Anja (Stadt macht satt, Apfelschätze) 133
Foodcoop 131
Fruchtfolge 134
Fruchtwechsel 134
Fukuoka, Masanobu (Mikrobiologie und Landwirt) 15

G

Gartenarten 18, 19
Gartenbank aus Paletten 113
Gartenkartierung 64
Gartenteich 56
Gartentherapie 20
Gemeingüter 19
Gemeinschaft planen 16
Gemeinschaftsbildung nach Scott Peck 16
Giftfrei gärtnern 83, 88
Glyphosat 31, 82
Grauwasser 49
Grauwasserturm 52
Greywater Action 49
Grünanteil 76
Gründüngung 28, 40
Grüne Liga 83, 89
Grüne Wüsten 79
Grundwasser 44
Guerilla Gardening 18, 78

H

Hagmann, Maria (Arche Noah) 126
Hammer, Edith (Bodenökologin, Universität Lund) 29
Heine, Susanne (vegane Permakultur-Gärtnerin) 100
Hemmer, Cornelis (Deutschland summt) 97
Henning, Judith (Permakultur-Gärtnerin) 18, 39
Hochbeet 128
Hocker aus Autoreifen 113
Hölzer, Corinna (Deutschland summt) 97
Holzer, Sepp (Landwirt, Agrarrebell) 13

Holzkohle 41
Humus 41

I

Incredible Edible 18, 76
Institut für Abwasserwirtschaft, TU Hamburg 30
Instructables 112
international water affairs 45
Ithaka Institut 33

K

KanTe, Kollektiv für angepasste Technik 115
Klimazonen 64, 66, 67
Knebel, Monika (Gartentherapeutin) 20
Kompost 35
Kompost-Tee 37
Komposttoilette 52
Kosmetik 132
Kranz, Volker (Baumschuler und Permakultur-Designer) 65
Krause, Ariane (KanTe, Kollektiv für angepasste Technik) 115
KulturEnergieBunkerAltona-Projekt (KEBAP) 118

L

Langner, Marcel Dr. (Geoökologe beim Umweltbundesamt, Grundsatzfragen der Luftreinhaltung) 61
Lanz, Dr. Klaus (Wasserforscher, Gründer des Instituts international water affairs) 45
Lemke, Harald (Philosoph, Gastrosoph und Urban-Gardening-Aktivist) 130
Lernort Garten 22
Liegestuhl aus Paletten 113
Luftdaten.info 60
Luftreinhaltung 61
Luftreinigende Pflanzen 66
Luftverschmutzung 61
Luftzusammensetzung 60

M

Marktschwärmer 131
Meeresverschmutzung 46, 47
meine ernte 131
Mienbacher Waldgarten 129
Mikrobewässerung 50
Mikroklima 65, 66, 67, 72
Miller, Heiner (Sensenverein Deutschland) 109
Mineraldünger 31
Mischkultur 134, 135
Möbel selbst machen 113
Mulch 36
Müller, Dr. Christa (Leiterin der Münchener Forschungsgesellschaft anstiftung) 17
Mundraub 131

N

Naturgarten e.V. 84
Naturschutzbund (NABU) 94
Nebenan.de 117
Nette, Svenja (Prinzessinnengarten Berlin) 110

O

Ökologischer Fußabdruck 12
Open-Source-Geräte 112
Otterpohl, Ralf (Leiter des Instituts für Abwasserwirtschaft, TU Hamburg) 30
Ozon 61

P

Peck, Scott 15
Permakultur 13
Permakultur-Campus Hamburg 62
Pestizideinsatz 82
Pflanzenarten 74
Pflanzenjauche 82
Pflanzenfarben 132
Pflanzenvielfalt 80, 86, 88
Pflanzlöcher 28
Pflanzplan 134
Phänologie 62
Philosophie des Nichtstuns 15
Phosphor 31
Photosynthese 76
Pieplow, Heiko (Bodenkundler und Gründer des Ithaka Instituts) 33
Pilze züchten 86
Plastikmüll 47
Politischer Suppentopf 131
Prinzessinnengarten Berlin 110
Putzmittel 132

R

Radhacke 112
Refill Deutschland 44
Regal aus Obstkisten 113
Regengarten 53
Reinhard, Ursula (Verein zur Erhaltung der Nutzpflanzenvielfalt, VEN) 80
Repair Café 114
Rottleb, Marja (Naturschutzbund, NABU) 94

S

Saatguttauschbörse 88
Saatgutbomben 79
Saatgutkonzerne 81
Schnecken 101
Schrödl, Prof. Dr. Michael (Weichtierforscher an der Zoologischen Staatssammlung München) 93
Schwachzehrer 134
Schwester Christa (Benediktinerin und Gartenbau-Ingenieurin, Benediktinerinnenabtei zur Heiligen Maria in Fulda) 34
Selbstversorger-Akademie 129
Seilpumpe 52
Selbsterernte Acker 131

Sensenverein Deutschland 109
Solidarische Landwirtschaft 131
Spuren lesen 98
Stadt macht satt 133
Starkzehrer 134
Storl, Wolf-Dieter (Selbstversorger, Permakultur-Gärtner) 14
Stromfreier Kühlschrank 118

T
Tauschen und Teilen 117
Terra Preta 32, 33, 41
Tierarten 92, 95
Tierbeobachtungen 104
Tierschutz im Garten 105
Tomaten-Saatgut 81
Torffrei gärtnern 31
Trommelsieb 112

U
Umgraben 36
Uran im Dünger 31
Urbane Gärten München 116
Urbane Gartenbewegung 17

V
Van Diem, Edouard (Leiter des Permakultur-Campus Hamburg) 62
Vegan gärtnern 100, 105
Verein zur Erhaltung der Nutzpflanzenvielfalt (VEN) 80
Vertikale Gärten 127
Virtuelles Wasser 44
Vögel füttern 105

W
Waechter, Dorothée (Journalistin und Staudengärtnerin) 52
Waldgarten 35, 129
Wanderallee 69
Wasser sparen 48, 51, 56
Wasserkreislauf 48
Wassersegel 52
Wasserverbrauch, global 51
Wasserverbrauch, privat 48
Wasservorräte der Erde 44
Werkzeuge pflegen 121
Wetter 62, 72
Wetterstation 70
Wildbienen 97
Wildbienen-Kita 99
Wildblumenwiese 84
Wildkräuterwanderung 87
Wildpflanzen 84
Wind 58
Wintergemüse 134
Witt, Reinhard (naturnaher Grünplaner, Naturgarten e.V.) 84
Wolken 58, 63
Wurmkiste 38

Z
Zech, Hannelore (Mienbacher Waldgarten und Selbstversorger-Akademie) 129
Zeigerpflanzen 40
Zierul, Sarah (Journalistin) 46
Zoologische Staatssammlung München 93

QUELLENANGABEN

Alle Angaben in diesem Buch sind sorgfältig geprüft. Die Quellen zu den Zahlen, Zitaten und Fakten in diesem Buch findest du in einer PDF-Datei, die du dir unter **www.kosmos.de/gfebw-quellen** herunterladen kannst. Viele Zahlen basieren auf Schätzungen, weshalb unterschiedliche Studien zu unterschiedlichen Zahlen kommen. Wir haben uns informiert und die Zahlen gewählt, die uns plausibel erschienen – wohl wissend, dass sie möglicherweise nicht exakt die Wirklichkeit wiedergeben. Zumal sich das Wissen laufend und in rascher Folge weiterentwickelt und vergrößert. So muss jede und jeder prüfen, ob die Angaben nicht durch neuere Erkenntnisse überholt sind. Alle Gebrauchsnamen, Handelsnamen und Warenbezeichnungen sind in diesem Buch ohne nähere Kennzeichnung in Bezug auf Marken, Gebrauchsmuster und Patentschutz wiedergegeben. Daraus kann nicht abgeleitet werden, dass diese Namen und Verfahren als frei im Sinne der Gesetzgebung gelten und von jedermann benutzt werden dürfen.

IMPRESSUM

Mit 471 Vektor-Icons, davon 449 von flaticon.org
Alle weiteren Icons sind urheber- und lizenzfrei.
Mit 34 Fotos. Alle Fotos stammen, soweit nicht anders angegeben, von den Interviewpartnerinnen und -partnern, die Rechte liegen bei ihnen.

Umschlaggestaltung von WHOOPEE CONNECTIONS, Ilona Koglin, Hamburg, unter Verwendung von drei Icons von flaticon.org; außerdem mit zwei Fotos: Hintergrund von Hellen Sergeyeva/shutterstock, Lastenfahrrad von KOSMOS.

Gedruckt auf umweltfreundlichem Papier, klimaneutral hergestellt.

greenprint*
klimapositiv gedruckt

Gedruckt nach der Richtlinie „Druckerzeugnisse" des Österreichischen Umweltzeichens. gugler*print, Melk, UWZ-Nr. 609, www.gugler.at

Höchster Standard für Ökoeffektivität.
Cradle to Cradle™ zertifizierte
Druckprodukte innovated by gugler*.
Bindung ausgenommen

ISBN 978-3-440-16074-9
Projektleitung: Birgit Grimm
Redaktion: Birgit Grimm
Konzept und Innenlayout: Ilona Koglin, Marek Rohde
Satz: Ilona Koglin
Produktion: Klaus Jost
Printed in Austria / Imprimé en Autriche

MACH MIT! MACH WEITER!

NACHSCHLAGEN – MITDENKEN – MITMACHEN

Die Welt kannst du auf viele Arten ändern. Wenn du dir weitere Tipps wünschst, dann schau doch auch mal hier rein:

UND JETZT RETTEN WIR DIE WELT!

Ein Buch voller Hintergrundinformationen, Aktionen, Tipps und Anleitungen für den Alltag. In 6 Schritten und 18 Kapiteln erfährst du, wie du deine Ernährung, deinen Konsum, dein Haus, deine Mobilität, deine Arbeit, deinen Umgang mit Geld und noch vieles mehr öko-sozial gestalten kannst. *192 Seiten, ca. 19,99 Euro (D)*

ICH MACH DAS NÄCHSTE JAHR ZUM BESTEN MEINES LEBENS

Willst du dein Leben ändern, mit Sinn erfüllen, umweltfreundlich und fair gestalten? Dann hilft dir dieses Buch dabei. Die Mischung aus Ratgeber, Jahrsplaner und Tagebuch unterstützt dich dabei, Vorsätze für eine bessere Welt nicht nur zu finden, sondern auch wahr zu machen. *144 Seiten, ca. 16,99 Euro (D)*

KLICK: HANDELN!

Viele der Anleitungen aus diesem Buch und noch einige mehr findest du in multimedialer Form auch auf der Website der Initiative „Und jetzt retten WIR die Welt!“

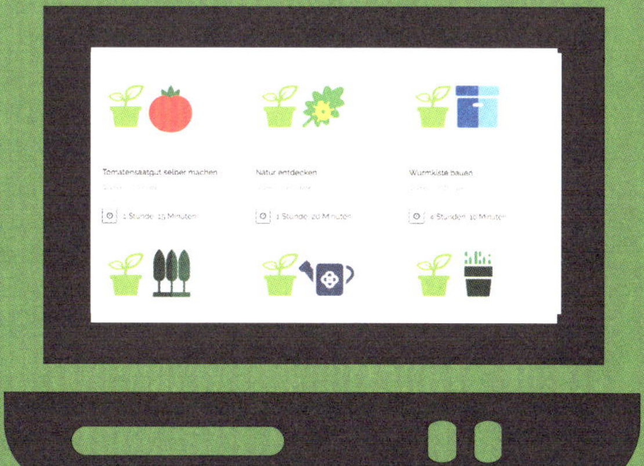

WWW.JETZTRETTENWIRDIEWELT.DE

MACH MIT!

ALLE AKTIONEN, TUTORIALS, TESTS UND CHECKLISTEN

PHILOSOPHIE

- [ ] Dein Fußabdruck 12
- [ ] Natur erkunden 15
- [ ] Gemeinschaft säen 16
- [ ] Was ist genug? 21
- [ ] Lernort Garten 22
- [ ] Natürlich achtsam 24
- [ ] Erwartungen klären 24
- [ ] Dein Gartenplan 25
- [ ] Das Starter-Kit 25

ERDE

- [ ] Bokashi 32
- [ ] Kompostieren 35
- [ ] Statt umgraben 36
- [ ] Kompost-Tee 37
- [ ] Wurmkiste bauen 38
- [ ] Erdreich erkunden 40
- [ ] Grün düngen 40
- [ ] Terra Preta machen 41
- [ ] Humus aufbauen 41

WASSER

- [ ] Plastik adieu 47
- [ ] Wasser sparen 48
- [ ] Mikro bewässern 50
- [ ] Schlau anpflanzen 51
- [ ] Brunnen bohren 53
- [ ] Regenwassersegel 53
- [ ] Seilpumpe 53
- [ ] Grauwasserturm 53
- [ ] Komposttoilette 53
- [ ] Regengarten anlegen 54
- [ ] Die Reise des Tropfens 56
- [ ] Das Wasser-Quiz 56
- [ ] Ein Teich für überall 57
- [ ] Sparmaßnahmen 57

LUFT

- [ ] Kleine Wolkenkunde 63
- [ ] Garten-Kartierung 64
- [ ] Pflanze einen Baum 69
- [ ] Wetterstation selber bauen 70
- [ ] Wind-Meditation 72
- [ ] Die Luft verbessern 72
- [ ] Sei ein Wetter-Frosch 73
- [ ] Der Klima-Plan 73